제5판

특수아동의 이해

전경원 · 권미은

창지사

머리말

2004년도 『특수 유아 교육』이란 도서명으로 초판이 출간된 이후 2009년도에 개정을 했고, 제3판부터는 『특수아동의 이해』로 도서명을 개칭하면서 그 대상을 아동까지 확대한 내용으로 출간하였습니다. 국립특수교육원(2010) 특수교육백서에 의하면 그동안 유치원과 고등학교 과정 특수교육대상자에 대한 교육을 의무교육으로 실시할 수 있는 법적 근거가 마련됨에 따라 특수아동의 수요가 점차 확대되었습니다. 이런 시대적 변화와 요구에 따라 책명도 이에 적절한 『특수아동의 이해』로 변경하게 되었습니다.

점차 특수아동교육에 관심을 갖는 학생들이 많아지고, 대학원으로 진학하여 특수교육을 전공하는 학생도 늘어나고 있는 추세입니다. 이에 다양한 장애영역에 따른 장애 특성을 이해하여 특수아동을 교육하는 데 도움이 되었으면 합니다.

2023년도 제5판에서는 책의 내용을 다소 보완하여, 1장에서 2022년 특수교육연차보고서의 새로운 내용을 새롭게 정리하였고, 3장부터 10장까지에서는 지적장애 및 특수교육법에서 사용하는 용어와 교육내용들을 수정 보완하였습니다. 새로운 통계자료와 특수교육 관련 내용을 참고로, 미래의 특수교육을 위해 활용하시면 좋겠습니다.

본서는 다음과 같은 특징이 있습니다. 첫째, 장애아들도 일반아들과 마찬가지로 창의적인 삶을 살 권리가 있으므로, 유아기부터 성공적인 통합교육을 강조해야 한다는 점에 역점을 두었습니다. 둘째, 미술 치료와 음악 치료 및 원예 치료를 중심으로 다양한 치료를 소개하고 있습니다. 셋째, 유아교육과와 아동학과 및 사회복지학과에서 학습해야 할 기초적인 특수교육 내용만을 다뤘습니다.

본서는 다음과 같이 이론과 실제를 접목시켜 총 14장으로 구성하였습니다. 1장부터 3장까지는 특수아동교육의 기본적인 내용을 중심으로 하여, 1장은 '특수아동과 특수교육', 2장은 '장애아동의 통합교육'을 다루고 있습니다. 3장에서 10장까지는 장애 유형별로 '지적장애', '정서·행동장애', '자폐성 장애', '학습장애', '의사소통장애', '시각장애', '청각장애', '지체장애' 등을 소개하고 있습니다. 끝으로 11장은 '영재교육', 12장에서 15장까지는 '미술 치료', '음악 치료', '원예 치료', '장애 영역별 창의성 통합교육'에 대해서 다루고 있습니다.

본서는 2, 3, 4년제 유아교육과, 아동학과, 사회복지학과 학부생들 및 전공 대학원생들이 기본적으로 다뤄야 할 특수교육 내용을 정리한 교과서 성격의 교재입니다. 그러므로 특수아동들의 통합교육을 위하여 다양한 특수교육 분야의 기초적인 개념들을 잘 이해하여 현장에서 적극적으로 활용하기를 바랍니다.

개개인의 특수한 능력과 특성에 따라
행복하고 편안한 삶을 영위하길 희망하면서
2023년 7월

전경원 · 권미은

CHAPTER 1 특수아동과 특수교육 15

1. 특수아동의 이해 16

1) 특수아의 개념 • 16
2) 특수아의 분류 • 18
3) 특수아의 판별 • 21
4) 특수아의 출현율 • 24

2. 특수교육의 이해 26

1) 특수교육의 개념 • 26
2) 특수교육의 유형 • 27

3. 특수아의 역사 29

1) 원시 시대와 고대 사회 및 중세 사회 • 29
2) 근대의 특수교육 • 30
3) 20세기의 특수교육 • 31
4) 우리나라 특수교육의 발전 • 31

CHAPTER 2 장애아동의 통합교육 43

1. 통합교육의 이해 44

1) 통합교육의 개념과 발달 • 44

2. 통합교육의 중요성과 통합교육의 효과 47

1) 통합교육의 중요성 • 47
2) 통합교육의 효과 • 48

3. 통합교육의 전제 요인과 교사의 유의 사항 51

1) 통합교육의 전제 요인 • 51
2) 통합교육에서 유아특수교사가 유의할 점 • 54

4. 개별화교육 프로그램 57

1) 개별화교육의 법적 배경 • 57
2) 개별화교육 프로그램의 작성과 개발 절차 • 58
3) 개별화교육 프로그램의 실제 적용 • 61

CHAPTER 3 지적장애 아동의 이해 63

1. 지적장애의 정의와 분류 64
1) 지적장애의 정의 ● 64
2) 지적장애의 분류 ● 67
3) 지적장애 아동의 출현율 ● 69
2. 지적장애의 원인 70
1) 염색체 이상 ● 70
2) 유전적 대사장애 ● 71
3) 감 염 ● 71
4) 중 독 ● 72
3. 지적장애의 판별 72
1) 지능 검사 ● 73
2) 적응 행동의 평가 ● 74
3) 조기 판별 ● 75
4. 지적장애 아동의 특성 76
1) 장애의 정도에 따른 특성 ● 77
2) 인지 능력과 학업 성취 특성 ● 78
3) 언어 발달 ● 79
4) 사회성 발달 ● 79
5. 지적장애 아동의 교육 80
1) 경도 지적장애 아동을 위한 교육적 접근 ● 81
2) 통합교육을 위한 교수 방법과 교사의 역할 ● 84

CHAPTER 4 정서 · 행동장애 아동의 이해 87

1. 정서 · 행동장애의 정의와 분류 88
1) 정서 · 행동장애의 용어 ● 88
2) 정서 · 행동장애의 정의 ● 89
3) 정의상의 문제점 ● 90
4) 정서 · 행동장애의 분류 ● 91
5) 정서 · 행동장애의 출현율 ● 92
2. 정서 · 행동장애의 원인 93
1) 생물학적 요인 ● 93
2) 심리 · 사회적 요인 ● 94
3. 정서 · 행동장애의 판별 95
1) 판별 방법 ● 97

4. 정서 · 행동장애 분류 및 특성 98
1) 주의력결핍 및 과잉행동장애 • 98 2) 분리불안장애 • 102
3) 적대적 반항장애 • 104 4) 기타장애 • 105
5. 정서 · 행동장애 아동의 지도와 교육 106
1) 문제 행동 지도 • 106 2) 사회적 문제 행동 지도 • 110

CHAPTER 5 자폐성 장애 아동의 이해 115

1. 자폐성 장애의 정의 116
1) 우리나라 장애인 등에 대한 특수교육법에 의한 정의 • 116
2) 미국정신의학협회 • 116
2. 자폐성 장애의 원인 119
1) 유전적 요인 • 119 2) 신경학적 요인 • 119
3) 환경적 요인 • 120
3. 자폐성 장애의 판별 120
1) 아동기 자폐증 평정척도 • 121
2) 이화-자폐아동 행동발달 평가도구 • 121
3) 한국 자폐증 진단검사 • 122 4) 자폐증 진단 면접지 • 123
5) 자폐증 진단관찰 스케줄 • 123
4. 자폐성 장애아동의 특성 123
1) 사회적 상호작용 • 124 2) 사회적 의사소통 • 125
3) 제한적이고 반복적인 행동 • 126
5. 자폐성 장애아동의 교육 130
1) 구조화된 교실환경 • 131 2) 시각적 구조화 • 132
3) 전이를 위한 단서 사용 • 132 4) 또래와의 관계 촉진 • 132

CHAPTER 6 학습장애 아동의 이해 135

1. 학습장애의 정의와 분류 136

1) 학습장애의 용어 • 136
2) 학습장애의 정의 • 136
3) 학습장애 아동의 출현율 • 139

2. 학습장애의 원인 141

1) 생물학적 요인 • 141
2) 유전적 요인 • 141
3) 환경적 요인 • 142

3. 학습장애의 판별 143

1) 학습장애 아동의 판별 과정 • 143
2) 학습장애 아동의 판별 방법 • 144

4. 학습장애 아동의 특성 147

1) 과잉행동 및 주의집중장애 • 147
2) 지각운동상의 문제 • 147
3) 사고와 기억의 문제 • 148
4) 학업상의 문제 • 149
5) 언어상의 문제 • 151
6) 사회 · 정서적 문제 • 151

5. 학습장애 아동의 교육 152

1) 언어 교육 • 153
2) 산수 및 셈하기 교육 • 154
3) 학습장애 아동의 통합교육 • 155

CHAPTER 7 의사소통장애 아동의 이해 157

1. 의사소통장애의 정의와 분류 158

1) 의사소통장애의 용어 • 158
2) 의사소통장애의 정의 및 분류 • 159

2. 의사소통장애의 원인 162

1) 생물학적 요인 • 163
2) 환경적 요인 • 163

3. 의사소통장애 아동의 판별 164

1) 판별 과정 • 164
2) 선별 검사와 진단 검사 • 165

4. 의사소통장애 아동의 특성 166

1) 심리 · 사회적 특성 • 166
2) 학업 성취 • 166

5. 의사소통장애 아동의 지도와 교육 167

1) 의사소통장애 유형별 지도 방법 • 167
2) 통합교육을 위한 접근 방법 • 170

CHAPTER 8 시각장애 아동의 이해 173

1. 시각장애의 정의 174
   1) 우리나라 장애인 등에 대한 특수교육법에 의한 정의 • 174
   2) 미국의 법적 정의 • 174
   3) 교육적 정의 • 175
2. 시각장애의 원인 176
   1) 굴절 이상 • 176
   2) 사 시 • 177
   3) 안구진탕증 • 177
   4) 백내장 • 178
   5) 녹내장 • 178
   6) 백색증 • 178
3. 시각장애의 판별 178
4. 시각장애 아동의 특성 181
   1) 개념 발달 • 181
   2) 심리 · 사회적 발달 • 181
   3) 운동 발달 • 182
   4) 지적 발달 • 182
5. 시각장애 아동의 지도와 교육 183
   1) 시각장애 아동을 위한 통합교육적 접근 방법 • 183
   2) 시각장애 아동을 위한 특수교육적 접근 방법 • 185

CHAPTER 9 청각장애 아동의 이해 189

1. 청각장애의 정의 190
   1) 우리나라 장애인 등에 대한 특수교육법에 의한 정의 • 190
   2) 교육적 정의 • 190
2. 청각장애의 원인 191
   1) 외이의 손상 • 192
   2) 중이의 손상 • 192
   3) 내이의 손상 • 193
3. 청각장애의 판별 193
   1) 선별 검사 • 193
   2) 순음 청력 검사 • 194
   3) 어음 청력 검사 • 194
   4) 아동 청력 검사 • 194

4. 청각장애 아동의 특성 197
1) 언어적 발달 • 197 2) 사회 · 심리적 발달 • 197
3) 지적 발달 • 198
5. 청각장애 아동의 지도와 교육 199
1) 청각장애 아동을 위한 통합교육적 접근 방법 • 199
2) 청각장애 아동을 위한 특수교육적 접근 방법 • 200

CHAPTER 10 지체장애 아동의 이해 205

1. 지체장애의 정의 206
1) 독일의 지체부자유아보호법에 의한 정의 • 206
2) 우리나라의 장애인 등에 대한 특수교육법에 의한 정의 • 206
3) 미국백악관 회의 특수교육분과(1939)에 의한 정의 • 207
2. 지체장애의 출현율 207
3. 지체장애의 유형 208
1) 뇌성마비 • 208 2) 뇌전증 • 212
3) 소아마비 • 214
4. 지체장애 아동의 판별 214
5. 지체장애 아동의 특성 215
1) 지적 능력과 학업 성취 • 215 2) 심리 · 사회적 특성 • 215
6. 지체장애 아동의 교육 216
1) 지체장애아 교육을 위한 일반적 지침 • 217
2) 통합교육을 위한 교사의 역할 • 219

CHAPTER 11 영재아동의 이해 225

1. 영재교육의 이해 226
1) 영재교육의 필요성 • 226 2) 영재의 정의 • 229
3) 영재의 출현율 • 234 4) 영재아의 특성 • 235
5) 영재아의 판별 • 241

2. 영재교육 담당 교사 245

1) 교사 교육의 중요성 ● 245

2) 영재 담당 교사의 자질과 특성 ● 246

3. 한국의 영재교육 방향과 미래 영재교육 방향 249

1) 한국의 영재교육 방향 ● 249

2) 미래의 영재교육 발전 과제 ● 251

CHAPTER 12 미술 치료 253

1. 미술 치료의 개념과 견해 254

2. 미술 치료의 적용 대상 256

3. 미술 치료의 물리적 환경 및 치료 시간 257

4. 미술 치료의 기법 258

1) 진단적 도구로서의 미술 ● 258 2) 치료 도구로서의 미술 ● 261

5. 미술 치료 프로그램의 예 263

1) 자아 개념 미술 치료 프로그램 ● 263

2) 대인 관계 프로그램 ● 264

3) 정서 · 행동장애 아동을 위한 자기 표현 미술 치료 프로그램의 예 ● 268

CHAPTER 13 음악 치료 271

1. 음악 치료의 이해 272

1) 음악 치료의 개념 ● 272

2) 음악이 치료에 사용되는 원리 ● 273

2. 음악 치료의 실제 274

1) 음악 치료의 형태 ● 274 2) 음악 치료의 방법 ● 275

3) 음악 치료 활동 ● 276 4) 음악 치료 과정 ● 279

3. 음악 치료의 적용 279

1) 음악 치료의 대상 ● 279 2) 음악 치료의 적용 ● 280

CHAPTER 14 원예 치료 289

1. 원예 치료의 정의 290
2. 원예 치료의 효과 293
3. 원예 치료의 대상 296
4. 원예 치료의 적용 분야와 활용 범위 297
5. 원예 치료의 적용 과정 298
   1) 진단 및 준비 단계 ● 299 2) 계획 단계 ● 300
   3) 실행 단계 ● 307 4) 평가 단계 ● 310
6. 지적장애 아동의 사회 적응 훈련을 위한 원예 치료 프로그램 310
   1) 연구 목적 및 대상 ● 311 2) 프로그램 특징 ● 311
   3) 프로그램 구성 ● 311 4) 효 과 ● 312
7. 지적장애 아동의 사회성 발달(적응 행동)을 위한 프로그램 313
   1) 연구 대상 ● 313 2) 프로그램 ● 313
   3) 효 과 ● 315

CHAPTER 15 장애 영역별 창의성 통합교육 317

1. CAPA 프로그램과 ACCM 모델 318
   1) CAPA 프로그램과 ACCM 모델 ● 318
   2) CAPA 프로그램 교수 활동 ● 320
2. 장애 영역별 창의성 통합 교육 활동 321
   1) 음성/언어장애 ● 322 2) 시각장애 ● 324
   3) 청각장애 ● 328 4) 신체장애 ● 331

표 목차

〈표 1-1〉 특수아의 분류에 따른 교수 방법상 고려 사항 ● 20
〈표 1-2〉 특수아동의 판별 도구 ● 22

〈표 1-3〉 장애 영역별 특수교육 대상자 현황 • 25
〈표 1-4〉 특수학교 현황 • 36
〈표 1-5〉 과정별 특수학급 현황 • 37
〈표 1-6〉 특수학교 교사 자격 기준 • 38
〈표 1-7〉 유아특수교육기관 현황 • 40
〈표 1-8〉 유치원 과정 특수교육대상자 수 • 41
〈표 1-9〉 유치원 및 교육요건을 갖춘 어린이집 현황 • 42
〈표 2-1〉 장애아동이 특수교육 서비스를 받기 위해 이동 시 교사의 주의 사항 • 62
〈표 3-1〉 지적장애의 정도 • 67
〈표 3-2〉 지적장애 출현율 • 70
〈표 3-3〉 기능적 연습 활동의 예 • 82
〈표 4-1〉 미국국립정신건강 및 특수교육협회에서 제안한 정서 · 행동장애의 정의 • 89
〈표 4-2〉 장애인 등에 대한 특수교육법에서 규정하고 있는 정서 · 행동장애의 정의 • 90
〈표 4-3〉 Quay의 문제 행동 차원 • 92
〈표 4-4〉 DSM-5 진단 기준 • 100
〈표 4-5〉 DSM-5 분리불안장애 진단 기준 • 103
〈표 4-6〉 DSM-5 적대적 반항장애 진단 기준 • 104
〈표 5-1〉 DSM-5 자폐스펙트럼장애 진단 기준 • 117
〈표 8-1〉 시각장애 아동의 징후 • 179
〈표 8-2〉 통합 환경에서 시각장애 아동을 위한 교수 전략 • 184
〈표 9-1〉 청력 손실의 정도에 따른 말과 언어의 이해 관계 • 198
〈표 9-2〉 통합교육을 위한 교수 전략 • 200
〈표 10-1〉 지체장애 아동의 출현율 • 207
〈표 10-2〉 아동의 경련 발생 시 교사가 취해야 할 행동 • 213
〈표 10-3〉 건축 장애물과 환경적 위험물들 • 222
〈표 11-1〉 영재아 판별도구 • 244
〈표 12-1〉 자아 개념 미술 치료 프로그램의 예 • 265

〈표 12–2〉 대인 관계 프로그램의 예 • 266

〈표 12–3〉 정서 · 행동장애 아동을 위한 자기 표현 미술 활동 프로그램의 예 • 269

〈표 13–1〉 지적장애 아동을 위한 음악 치료의 네 가지 원리 • 280

〈표 13–2〉 지적장애 아동을 위한 치료 목표 • 281

〈표 14–1〉 원예 치료의 발달 단계 • 290

〈표 14–2〉 원예 치료에 관련된 영어 호칭과 내용 • 291

〈표 14–3〉 오감을 사용하는 원예 치료 프로그램 특성 • 294

〈표 14–4〉 원예 치료를 적용할 수 있는 시설 및 단체 • 297

〈표 14–5〉 대상자에 따른 원예 치료의 일반적인 목표 • 301

〈표 14–6〉 원예 치료 대상자별 특성과 프로그램상의 유의점 • 302

〈표 14–7〉 실내외에서 할 수 있는 원예 활동 • 304

〈표 14–8〉 원예 치료 측면에서 원예 활동의 특징 • 306

〈표 14–9〉 원예 치료 프로그램의 진행 시 유의점 • 309

〈표 14–10〉 지적장애 아동의 사회 적응 훈련을 위한 원예 치료 프로그램 구성표 • 312

〈표 14–11〉 지적장애 아동의 사회성 발달을 위한 프로그램 구성표 • 314

〈표 15–1〉 ACCM 모델 • 319

〈표 15–2〉 CAPA 프로그램의 교수 단계 • 320

그림 목차

[그림 1–1] 특수교육의 연계적 서비스 체계 • 27

[그림 2–1] 개별화교육 계획 수립 절차 • 60

[그림 4–1] 정서 · 행동장애 아동의 판별에서 교육까지의 과정 • 96

[그림 5–1] 사회적 스크립트 • 133

[그림 8–1] 눈의 구조 • 176

[그림 8–2] Snellen 시력표 • 180

[그림 8–3] 한천석의 시력표 • 180

[그림 8-4] 한글판 점자 ● 186
[그림 9-1] 귀의 구조 ● 192
[그림 9-2] 한국 표준 수화 영어 ● 201
[그림 9-3] 한국 표준 수화 지문자와 지숫자 ● 202
[그림 10-1] 루즈벨트 ● 214
[그림 11-1] Renzulli의 영재 개념 ● 232
[그림 13-1] 체계적인 치료의 과정 ● 278
[그림 14-1] 원예 치료의 적용 과정 ● 298
[그림 14-2] 원예 치료 진단 및 준비 과정 ● 299
[그림 14-3] 원예 치료 계획 과정 ● 300
[그림 14-4] 원예 치료 실행 과정 ● 307
[그림 14-5] 원예 치료 평가 과정 ● 310
[그림 15-1] 장애 영역별 창의성 통합교육 활동의 예시 ● 321

참고문헌 ● 336

CHAPTER

1

특수아동과 특수교육

1 특수아동의 이해

우리나라 헌법 제29조에 "모든 국민은 능력에 따라 균등한 교육을 받을 권리가 있다."고 규정하고 있듯이 오늘날 민주주의 사회에서는 평등성에 입각하여 개개인의 잠재력을 계발시키고자 노력하고 있다. 하지만 인간이 가진 독특하고 다양한 개별적 특성 때문에 개개인의 잠재력을 완전히 실현한다는 것은 쉬운 일이 아니다. 특히 장애아나 영재아 같은 특수아를 둔 학급에서는 이들의 다양성의 범위도 커지므로 구성원들 모두가 적절한 교육을 받기가 어렵다.

특수아 중에서도 특수유아의 교육은 더욱 중요하다. 1980년대 중반 이후 특수유아교육의 중요성이 고조됨에 따라 일부 특수학교에서는 유치부를 설치 운영하면서 특수유아교육이 발전해 왔다. 특수유아는 3세에서 6세 사이의 특수아를 일컫는데, 이 기간 동안 조기 중재하면 장애의 감소 및 2차적 예방을 가져올 수 있다. 그렇기 때문에 특수유아교육이 제대로 이루어지기 위해서는 장애를 조기에 발견하고 판별하여, 특수아가 제대로 된 특수교육 서비스를 제공받을 수 있게 해야 한다. 이러한 서비스와 함께 특수교육 전문가들의 처치와 조력이 조화롭게 이루어지면 특수유아의 잠재 능력이 최대한 계발되고, 더불어 특수유아 개개인은 행복한 삶을 영위하게 될 것이다.

1) 특수아의 개념

특수아는 시대나 문화 및 사람에 따라 다르게 정의되지만, 일반적으로 특수아란 일반아에 대한 상대적 개념으로 볼 수 있다. 그 명칭도 특수아(exceptional child), 장애아(handicapped child), 문제아(problem child) 등으로 사용되기도 한다. 또한

* 본서에서는 특수유아와 더불어 특수아동에 대한 내용도 다루어지므로, '특수아'와 '특수유아', '특수아동' 등의 용어를 혼용하겠다.

사회 통념상 '특수아'라는 의미가 '손상', '장애', '불이익'이라는 용어의 개념과 잘 구분이 되지 않아 섞여 사용되는 경우를 볼 수 있다. 손상이란 심리적, 생리학적, 해부학적 구조나 기능의 손실 혹은 기형 즉, 인간의 신체구조나 조직기능이 손실된 상태(World Health Organization, 1993)를 의미하고, 장애(Disability)란 손상으로 인해 인간에게 정상이라고 간주되는 범위 안에서 활동을 수행할 수 있는 능력의 제한 즉, 손상으로 인해 읽기, 쓰기 등의 학습과제를 적절한 방법으로 이행하는데 제한된 태도를 갖게 되는 상태를 의미한다.

또한 불이익(handicap)은 나이, 성별, 사회문화적 측면에서 볼 때, 손상이나 장애로 인해 불리한 경험을 하게 됨으로써, 개인과 환경과의 상호작용이 잘 되지 않아 환경적 기능 요구에 무력하게 된 상태를 의미한다.

교육 현장에서 교육자들이 사용하는 '특수'라는 의미 속에는 어떤 면에서는 기준 이하의 기능을 갖고 있거나, 또 어떤 면에서는 일반아보다 탁월하게 뛰어난 영재아의 개념까지도 포함하고 있다. 교육을 목적으로 사용되는 특수아란 자신의 잠재력을 계발하기 위해서 특수교육 및 그와 관련된 서비스를 필요로 하는 아동을 의미한다(Hallahan & Kauffman, 1994). Kirk와 Gallagher(1986)에 의하면 "특수아동이란 지적, 신체적 특성, 사회 혹은 정서적 행동, 감각, 의사소통 능력 등 복합장애 영역에 있어서 정상 아동으로부터 벗어난 정도가 심하기 때문에 잠재 능력을 최대한 계발시키기 위해서 특별한 교육 서비스가 요구되는 아동이다."라고 정의하고 있다.

이와 같이 특수아동은 특정 영역에서 다른 아동과 차이가 나는 아동으로 장애아뿐만 아니라 특수교육을 필요로 하는 모든 아동을 포함하는 개념으로 볼 수 있다. 그러나 여기서 '차이'가 난다는 의미를 특수아동이 지니고 있는 장애로 인한 차이점으로 보면 안 된다. 장애아들은 일반아들과 다른 점보다는 비슷한 점을 훨씬 더 많이 지니고 있다(Turnball & Schulz, 1979)는 것이다. 특히 경도 장애아 (학습 장애, 정서·행동장애, 경도 지적장애 등 포함)는 외모나 학업 영역에서 일반 또래와 거의 비슷한 특성을 지니고 있어 장애의 식별이 어려울 수도 있다. 그러므로 교사들은 특수아동을 대할 때 결함이나 문제를 부각시켜 '장애아'로서가 아니라, 차이점 이면에 유사한 발달이나 행동 특성이 있다는 것을 인정하고 무한한 잠재력이 있는 한 아동으로 인식해야 한다.

2) 특수아의 분류

특수성에 대한 구분은 과거로부터 계속적으로 이루어져 왔고, 이러한 구분은 특수아를 연구하고 처치하는 데 있어서도 분류를 목적으로 사용하고 있다.

(1) 우리나라 장애인 등에 대한 특수교육법(2007)에 따른 특수교육 대상 아동 분류

① 시각장애 ② 청각장애 ③ 지적장애 ④ 지체장애 ⑤ 정서·행동장애 ⑥ 자폐성장애 ⑦ 의사소통장애 ⑧ 학습장애 ⑨ 건강장애 ⑩ 발달지체 ⑪ 그 밖에 두 가지 이상의 장애가 있는 경우 등 대통령령으로 정하는 장애로 분류된다.

(2) 미국의 장애아교육법(IDEA : Individuals with Disabilities Education, 1997)에 따른 특수교육 대상 아동 분류

① 자폐 ② 농·맹 ③ 농 ④ 정서·행동장애 ⑤ 청각장애 ⑥ 지적장애 ⑦ 중복장애 ⑧ 지체장애 ⑨ 기타 건강 장애 ⑩ 특정 학습장애 ⑪ 말 또는 언어장애 ⑫ 외상성 뇌손상 ⑬ 시각장애의 열세 가지로 분류된다.

특수아에게 적절한 교육을 제공하기 위해서는 각 특수아에 대한 특성을 이해해야 한다. 우리나라 장애인 등에 대한 특수교육법과 영재교육진흥법을 참고하여 각 특수아를 간략하게 정의해 보면 다음과 같다. 각 특수 영역별 법적개념에 대해서는 각 장의 정의를 참고하도록 한다.

1 **영재아**: 뛰어난 능력을 갖고 있어서 높은 성취를 보일 가능성이 있는 자로서, 정규 학교가 제공하는 것 이상의 특별한 교육 프로그램이나 도움을 필요로 하는 자를 말한다.

2 **지적장애아**: 지적 기능과 적응행동상의 어려움이 함께 존재하여 교육적 성취에 어려움이 있는 아동을 말한다.

3 **정서 · 행동장애아**: 전반적인 불행감이나 우울증, 또래와 교사와의 대인관계, 일반적인 상황에서 부적절한 행동이나 감정, 학교나 개인문제에 관련된 신체적 통증이나 공포 등으로 학습상의 어려움이 있는 아동을 말한다.

4 **학습장애아**: 듣기, 말하기, 주의집중, 지각(知覺), 기억, 문제 해결 등의 학습 기능이나 읽기, 쓰기, 수학 등 학업 성취 영역에서 현저하게 어려움이 있는 아동을 의미한다.

5 **의사소통장애아**: 언어의 수용 및 표현능력, 조음능력이나 말 유창성이 현저히 부족하고, 기능적 음성장애가 있어 의사소통이 어려운 아동을 말한다.

6 **청각장애아**: 청력 손실이 심하여 보청기를 착용해도 청각을 통한 의사소통이 불가능 또는 곤란한 상태이거나, 청력이 남아 있어도 보청기를 착용해야 청각을 통한 의사소통이 가능하여 청각에 의한 교육적 성취가 어려운 아동을 의미한다.

7 **시각장애아**: 시각계의 손상이 심하여 시각기능을 전혀 이용하지 못하거나 보조공학기기의 지원을 받아야 시각적 과제를 수행할 수 있는 아동으로서 시각에 의한 학습이 곤란하여 특정의 광학기구·학습매체 등을 통하여 학습하거나 촉각 또는 청각을 학습의 주요 수단으로 사용하는 아동을 의미한다.

8 **지체장애아**: 기능·형태상 장애를 가지고 있거나 몸통을 지탱하거나 팔다리의 움직임 등에 어려움을 겪는 신체적 조건이나 상태로 인해 교육적 성취에 어려움이 있는 아동을 말한다.

9 **자폐성장애아**: 사회적 상호작용과 의사소통에 결함이 있고, 제한적이고 반복적인 관심과 활동을 보임으로써 교육적 성취 및 일상생활 적응에 도움이 필요한 아동을 말한다.

⑩ **발달지체아**: 신체, 인지, 의사소통, 사회 · 정서, 적응행동 중 하나 이상의 발달이 또래에 비하여 현저하게 지체되어 특별한 교육적 조치가 필요한 영아 및 9세 미만의 아동을 말한다.

⑪ **건강장애아**: 만성질환으로 인하여 3개월 이상의 장기입원 또는 통원치료 등 계속적인 의료적 지원이 필요하여 학교생활 및 학업 수행에 어려움이 있는 아동을 말한다.

〈표 1-1〉 특수아의 분류에 따른 교수 방법상 고려 사항

분류	고려 사항	
청각장애	• 특수한 언어 및 대화훈련 • 증폭 기재 (예: 보청기) • 특별한 측정기술	• 교사-학생의 낮은 비율 • 정규 학급 내에서 특별한 자리 배치 • 통역사
시각장애	• 읽기 서비스 • 특수교육 준비 자료(대형 인쇄, 자동 전사 장치) • 보행 훈련 • 정규 학급 배치시 자료실 교사나 지도 교사	• 점자나 기타 다른 기술
지체장애	• 특수 장비 • 시설을 이용할 수 있도록 가능한 구조로 변경 • 이차적인 장애 극복을 위한 특수한 교수 기술 • 교수 보조 자료(높은 책상, 페이지 넘기는 장치) • 특수 체육 활동	
지적장애	• 교육 과정 수정 • 인지 검사 • 사회성 발달에 특별한 관심	• 특수 교수 방법 • 직업 훈련의 조기 강조
정서 · 행동 장애	• 정신 치료 서비스 • 가정과 학교의 긴밀한 협조 및 개입치료	• 특수한 교육 · 행동적 기술 상담
영 재	• 교육 과정 수정 • 특별한 교육 시설의 이용	• 풍부한 경험 • 지도력 발달
학습장애	• 집중적 교정 • 학업 진전의 세밀한 조정 • 언어와 관련하여 자주 나타나는 수행 문제들	• 학교와 연관된 기능의 다양한 수행 • 진단이 어려운 특수한 문제들
의사소통 장애	• 일차적인 의사소통의 충격 • 빈번한 이차적 장애 • 모든 장애아동 중 가장 많은 빈도수 • 전문가나 정규 · 특수교사의 도움	• 언어 · 대화 발달 강조 • 개별 혹은 집단 치료

출처: Meyen, E. L.(1982). Exceptional Childrenin Today's School. Denver, Colorado: Love Pub. Co.

이와 같이 각 장애 영역의 유아들은 독특하고 다양한 개별적 특성을 지니고 있다는 것을 알 수 있다. 그러므로 유아 교육을 담당하는 교사들은 특수유아를 지도할 때 〈표 1-1〉과 같이 그들의 장애 유형과 특성을 고려해야 한다.

3) 특수아의 판별

실제 판별 과정에는 많은 전문가와 검사 도구, 일반교사와 학부모의 이해 및 제도적 지원이 마련되어 있지 않는 한 판별이 이루어지기는 어렵다.

참고로 「장애인 등에 대한 특수교육법 시행규칙」에 따른 특수교육 대상자별 선별검사 및 진단·평가에 필요한 검사 항목은 다음과 같다. 이에 대해서는 뒤에서 자세하게 소개된다.

- 발달지체 : 사회 성숙도 검사, 적응 행동 검사, 영유아 발달 검사
- 지적장애 : 지능 검사, 사회 성숙도 검사, 적응 행동 검사, 기초 학습 검사, 운동 능력 검사
- 시각장애 : 시력 검사, 시기능 검사 및 촉기능 검사, 기초 학습 기능 검사
- 청각장애 : 청력 검사, 기초 학습 기능 검사
- 정서·행동장애 및 자폐성 장애 : 적응 행동 검사, 성격 진단 검사, 행동 발달 평가, 학습 준비도 검사
- 의사소통장애 : 구문 검사, 음운 검사, 언어 발달 검사
- 학습장애 : 지능 검사, 기초 학습 기능 검사, 학습 준비도 검사, 시지각 발달 검사, 지각 운동 발달 검사, 시각 운동 통합 발달 검사

위의 판별 도구는 최소한의 도구이며, 보다 신뢰할 수 있고 타당한 검사를 위해서 많은 도구 개발이 절실히 요구되며, 정부의 적극적 지원이 필요하다. 우리나라에서는 국립특수교육원이나 장애인복지관 및 병원 등에서 판별이 이루어지고 있으나, 학교와 유아교육 기관에서는 체계적인 판별이 이루어지지 않고 있다. 판별의 과정은 문제를 가지고 있는 유아를 조기에 발견하고 문제의 심각성을 진단하고

그에 적절한 유아의 배치 그리고 교육 시행과 평가의 작업이 지속적, 통합적으로 이루어지는 것이다.

우리나라에서 특수유아를 선별하고 진단하기 위해 사용할 수 있는 지능, 발달영역, 언어, 기타 영역의 도구들은 〈표 1-2〉와 같다. 이러한 도구들 중에는 우리나라에서 개발된 것도 있지만 외국에서 개발된 것을 차용하여 사용하는 것이 많으므로, 그 목적에 맞는 검사를 사용하도록 해야 한다.

〈표 1-2〉 특수아동의 판별 도구

영역	검사명	대상연령	제작자	출판사(출판연도)
지능	한국형 개인지능 검사(KISE-KIT)	5~17세	박경숙 · 정동영 · 정인숙	교육과학사(2002)
	한국웩슬러 지능 검사 (K-WISC Ⅲ)	6~16세	곽금주 · 박혜원 · 김청택	도서출판특수교육(2002)
	카우프만(Kauffman)	2.6~12.5세	문수백 · 변창진	학지사(1997)
	한국웩슬러 유아지능 검사 (K-WPPSI)	3~7.3세	박혜원 · 곽금주 · 박광배	도서출판특수교육(2002)
	고대-비네지능검사(K-BINET)	4~14세	전용신	한국가이던스(1970)
적응행동	사회성숙도 검사	0~30세	김승국 · 김옥기	중앙적성출판사(1985)
	적응 행동 검사	3~15세	김승국	중앙적성출판사(1990)
	KISE-적응 행동 검사(KISE-SAB)	일반21개월~17세 지적장애5~7세	정인숙외	서울문화(주)(2003)
발달영역	한국 Bayley 영유아발달 검사 II		조복희 · 박혜원	아이린영재교육원(2006)
	포테이지 관찰표	0~6세	강순구 · 조윤경	도서출판 특수교육
	Denver 발달 평가(DDST)	0~6세	이근	이화여자대학교 부속병원
	장애유아를 위한 캐롤라이나 교육과정	24개월 이상	최진희외	대한사회복지개발원
	AEPS	0~6세	이영철외	도서출판특수교육(2005)
언어	취학전 아동의 수용언어 및 표현 언어 발달척도(PRES)	2~6세	김영태 · 성태제 · 이윤경	서울장애인종합복지관 (2003)
	영유아 언어 발달 검사(SELSI)	4~35개월	김영태외3인	도서출판특수교육(2003)
	언어 학습 능력 검사(ITPA)	5세11개월	장혜성 · 임선숙 · 백현정	도서출판특수교육

영역	검사명	대상연령	제작자	출판사(출판연도)
언어	그림 어휘력 검사	2~8/11세	김영태외4인	서울장애인종합복지관
	문장 이해력 검사	3~6개월	장혜성 · 임선숙 · 백현정	서울장애인종합복지관
	구문 이해력 검사		배소영 외 3인	서울장애인종합복지관(2004)
	아동용 한국판 보스톤 이종대기 검사		김향희 · 나덕렬	학지사(2007)
	우리말 조음-음운 평가(U-TAP)		김영태 · 신문자	학지사(2004)
	아동용 발음 평가(APAC)		김민정 · 배소영 · 박창일	휴브알앤씨(2007)
기타	KISE 기초학력 검사도구(BAAT)		박경숙외 4인	국립특수교육원(2005)
	기초 학습 기능 검사(KEDI)	유치원~초6	박경숙 · 윤점룡 · 박효정	한국교육개발원(1989)
	학습준비도 검사		김정권 · 여광웅	도서출판 특수교육
	기초학습기능 수행평가(BASA:읽기검사)		김동일	학지사(2000)
	기초학습기능 수행평가(BASA:수학검사)		김동일	학지사(2000)
	기초학습기능 수행평가(BASA:쓰기검사)		김동일	학지사(2008)
	지각-운동발달진단 검사(VMI)	3~1세	박화문 · 구본권	도서출판 특수교육
	시각-운동통합발달 검사(PMDT)	3~11세	박화문 · 구본권	도서출판 특수교육
	시지각 발달 검사(DTVP)	4~8세	여광응	도서출판 특수교육
	한국판 오세레츠기 운동능력 검사	4~16세	김정권 · 권기덕 · 최영하	도서출판 특수교육
	이화-자폐아동 행동 발달 평가 도구		김태련 · 박랑규	도서출판 특수교육
	아동기 자폐증 평가 척도(CARS)		박랑규역	도서출판 특수교육(2005)
	자폐증 진단 면담지(ADI-R)		유희정역	학지사(2007)
	한국자폐증 진단 검사(K-ADS)		강위영 · 윤치연	테스피아(2004)

4) 특수아의 출현율

특수교육 전문가들은 특수아의 발생률보다 출현율에 더 많은 관심을 가지고 있다. 이는 특수교육 계획을 수립하는 데 출현율이 더 필요하기 때문이다.

▶**발생률(Incidence)** : 일정 기간 내 인구 중에서 발생하는 새로운 사례의 비율
▶**출현율(Prevalence)** : 어느 한 시점의 인구 중에서 출현하는 모든 사례의 비율

하지만 여러 가지 이유로 출현율을 추정하기 어려운 경우가 있다. 그 이유는 다음과 같다(김승국, 1995; 김종현·이성현·이은림·정대영, 1996).

1 정의와 판별

특수아에 대한 정의가 일관성이 없고 불분명하여, 특수아를 어떻게 정의하느냐에 따라 출현율이 달라질 수 있다. 또한 장애 상태에 대한 판별 기준도 명확하지 않아 판별이 곤란하고 진단의 오류가 발생할 수 있다. 예컨대 중복 장애아일 경우 판별을 어떻게 하느냐에 따라 정서·행동장애가 될 수도 있고 학습장애가 될 수도 있다는 것이다.

2 부모의 태도

일부 부모는 자녀가 장애아라는 것을 모르고 있다. 특히 경도 장애아일 경우에는 일반아와 비슷한 행동 양상을 보이기 때문에 조기 발견이 어려울 수도 있다. 또한 자녀가 특수아로 판명되는 것을 꺼려서 아무에게도 말하지 않으려 한다. 이 같은 문제점 때문에 조사된 장애아의 수는 실제 특수아의 수보다 적을 수 있다.

3 표집의 오차

조사 연구는 대부분 전체 인구 중에서 추출된 소수의 표본을 대상으로 한다. 하지만 표집 지역을 너무 적게 하면, 그 결과를 전국으로 일반화하는 데 문제가 생기며, 특수아의 출현율도 달라질 수 있다. 그러므로 표집 지역은 전체 집단을 대표할 수 있도록 선정되어야 한다.

국립특수교육원(2020)에서 영아에서부터 중·고등학교 연령의 장애아동 95,420

명을 대상으로 10개 장애영역의 현황을 조사한 결과는 〈표 1-3〉과 같다.

조사 결과 장애영역별 특수교육 대상자 현황은 시각장애 1,753명(1.7%), 청각장애 2,961명(2.9%), 지적장애 53,718명(51.8%), 지체장애 9,639명(9.3%), 정서·행동장애 1,865명(1.8%), 자폐성 장애 17,024명(16.4%), 의사소통장애 2,622명(2.5%), 학습장애 1,078명(1.0%), 건강장애 1,948명(1.9%), 발달지체 11,087명(10.7%)로 나타났다(국립특수교육원, 2022).

〈표 1-3〉 장애영역별 특수교육대상자 현황

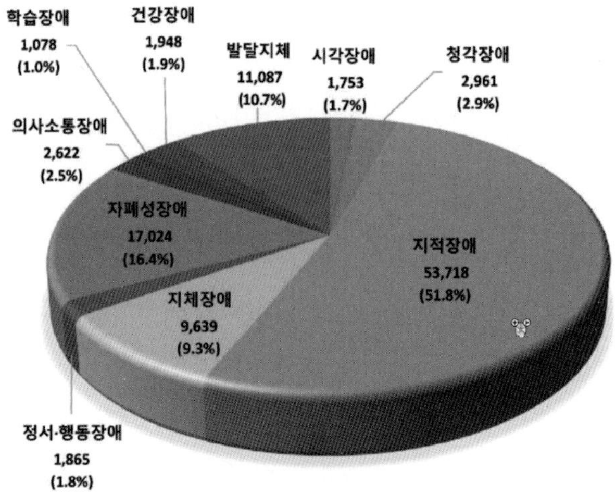

(단위: 명, %)

시각 장애	청각 장애	지적 장애	지체 장애	정서 행동 장애	자폐성 장애	의사 소통 장애	학습 장애	건강 장애	발달 지체	전체 학생 수
1,753	2,961	53,718	9,639	1,865	17,024	2,622	1,078	1,984	11,087	103,695
(1.7)	(2.9)	(51.8)	(9.3)	(1.8)	(16.4)	(2.5)	(1.0)	(1.9)	(10.7)	(100)

출처: 국립특수교육원(2022). 2022특수교육연차보고서

2021 장애 영역별 특수교육대상자 현황을 보면 51,788명으로 52.8%, 그 다음이 자폐성장애, 지체장애, 발달지체 순으로 많은 장애 영역으로 나타났다. 2022년은 3,718명으로 51.8%로 제일 많은 것으로 나타났다. 하지만 2022년에는 2018년, 2021년과 달리 지적장애, 자폐성장애, 발달지체, 지체장애 순으로 많은 것으로 나타났다.

2 특수교육의 이해

1) 특수교육의 개념

'특수교육'은 정상에서 벗어난 특수아(영재아와 장애아)의 독특한 욕구에 맞게 특별히 고안된 교수를 의미한다. Heward와 Orlansky(1992)에 의하면, "특수교육은 특수아가 최대한으로 계발할 수 있는 개인적인 자기–충족감을 달성하고 현재와 미래 환경에서 성공할 수 있도록 도와주며, 개별적으로 계획하고 체계적으로 실행하고, 주의 깊게 평가하는 교수"이다. 그리고 Kirk와 Gallagher(1979)는 "특수교육이란 특수아가 잠재력을 계발하고 장애를 교정하기 위해서 제공되는 일반학교 프로그램 이상의 보충적인 서비스"라고 밝히고 있다. 또한 우리나라 '장애인 등에 대한 특수교육법'에서는 특수교육을 "특수교육 대상자의 교육적 요구를 충족시키기 위하여 특성에 적합한 교육 과정 및 특수교육 관련서비스 제공을 통하여 이루어지는 교육을 말한다."고 규정하고 있다. 즉, 특수교육은 개개 특수아에게 알맞은 교육목표, 내용, 방법, 평가를 구성하여 운영하는 개별화교육이며, 특수아와 일반교사 모두에게 지원되는 특별한 서비스이다. 예컨대 특수아에게 특별한 교재나 교수 방법, 도구나 시설을 제공하는 것은 특수아를 지원하는 것이며, 일반학급에 상담 전문가, 순회교사를 배치하는 것은 일반교사를 지원하는 것이다.

특수유아교육이란 3세에서 6세 사이의 특수유아의 특별한 욕구를 충족시키기 위한 특수한 교수 방법을 의미한다고 볼 수 있다. 여기서의 특수유아란 유아 개개인의 잠재 능력을 최대한 계발하기 위해 특수한 교육과 교수 방법이 필요한 유아를 의미한다고 할 수 있다.

2) 특수교육의 유형

특수아교육은 특수아의 독특한 욕구에 따라 여러 가지 유형의 서비스로 이루어진다. 크게는 일반교육, 통합교육, 분리교육으로 나뉘며, 통합교육에는 일반학급과 특수학급이, 분리교육에는 특수학교와 병원, 기숙제 시설에서 이루어지는 교육이 포함된다(그림 1-1 참고).

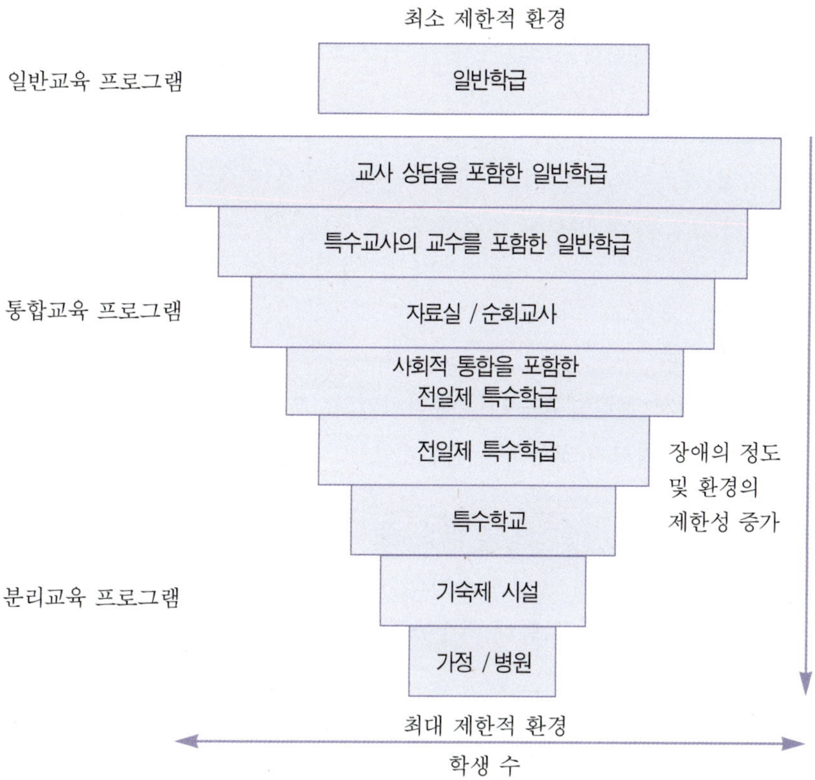

[그림1-1]특수교육의연계적서비스체계

출처 : Lewis, R. B. & Doorlag, D. H. (1995). Teaching Special Students in the mainstream (4th ed.) Englewood, NJ:Merrill.

특수교육의 연계적인 서비스 체계에 포함되는 세부적 유형은 다음과 같다(김종현 외, 1996).

1 일반학급

특수아가 최대한 정상아와 어울릴 수 있게 최소한의 제한적 교육 환경(정상 환경)을 제공하는 곳이다. 일반학급 교사는 특수아에 대한 1차적 책임자이고, 특수아의 욕구에 맞는 적합한 교육을 위해 개별 프로그램을 제공해야 한다.

2 순회교사 서비스

일반학교 프로그램을 제공받고 있는 특수아에게 일정 기간 도움을 주기 위해 훈련된 특수교사가 각 학교를 순회하는 서비스이다. 교사들은 특수아의 욕구에 따라 처치의 종류와 강도를 달리하며, 특수아를 직접 지도한다.

3 교육 상담가

특수아를 직접 가르치지는 않지만, 일반학급 교사들을 도와주고 일반학급 프로그램에 특수아가 포함될 수 있도록 지원한다.

4 시간제 특수학급

대부분의 교과목 시간에는 특수아를 분리시키고, 그 외 음악, 미술, 체육 등의 시간에만 특수아를 투입시켜 교육하는 방법이다.

5 전일제 특수학급

1960년대 가장 인기 있었던 특수아 서비스 체계로, 훈련된 일반교사가 일반학교 내에 특수학급을 구성해 수업을 통해 특수아들과 상호작용 하는 방법이다.

6 특수학교

특수아에 대한 특별한 훈련을 받은 특수교사와 전문가들이 중심이 되어 특수학교에서 특수아를 교육시키는 방법이다.

7 기숙제 시설

가정에서부터 특수아를 분리시켜 같은 특수아들끼리 생활하면서 교육을 받는 장소이다.

8 가정 및 병원

질병 및 신체 장애로 인해 가정이나 병원에 있는 특수아들에게 실시하는 방법이다.

3 특수아의 역사

특수아의 역사는 문명이 발생하기 이전인 원시 시대에도 있었다. 이 시기의 장애아들은 인간으로서 대우도 받지 못하고 무시당하거나 학대받았다. 그러나 시대가 변화함에 따라 장애아에 대한 태도가 변했다.

1) 원시 시대와 고대 사회 및 중세 사회

원시 시대와 고대 사회에서 장애아들은 집단 생존에 방해가 된다는 이유로 무시당하고 학대받아 왔다. 그리스, 로마에서는 장애아가 태어나면 바로 죽이도록 했고, 스파르타에서는 산중이나 광야에 버리기도 했다. 이 시대에는 용기와 신체적 힘이 생존의 필수 조건이었으며, 거친 자연 환경에 견딜 수 있는 건강한 아이만을 원했기 때문에 장애아는 살아남기가 매우 힘들었다.

중세 사회에서는 기독교의 확산과 발전을 계기로 장애아에 대한 태도에 좀더 인간적인 변화를 가져오게 되었다. 그것은 "모든 인간은 하나님 앞에서 동등한 권리와 의무를 지니며, 모든 사람의 영혼은 다같이 존중되어야 한다."는 기독교적 신념이, 장애아를 보호하고 보호 시설에 수용하려는 움직임을 가능하게 했던 것이다.

2) 근대의 특수교육

근대에서의 큰 발전은 장애아에 대한 잘못된 시각에서 벗어나 올바른 관점을 가지게 되었다는 점이다. 즉, 르네상스와 종교 개혁, 과학·의학의 발달로 근대 사상의 형성에 크게 기여했다고 볼 수 있다.

르네상스는 '재생'을 뜻하는 말로 인간이 세계의 주인이라는 인간중심주의 사상이 기본이 되었다. 인문주의 교육 사상은 이러한 르네상스의 영향을 받아 장애아의 본성과 장애의 본질을 이해하고, 장애아에 대한 교육 가능성을 제기하였다. 또한 이때에 일어났던 종교 개혁은 인문주의 교육 사상에서 진일보하여, 보통교육 사상에 입각한 공교육 제도의 실시를 주장한 점에서 교육사적 의의를 가진다. 후에는 특수아의 학교 교육 실현에 중요한 사상적 기반이 되기도 한다. 또한 의학적 발전은 특수아를 과학적으로 이해하는 데 크게 공헌하였다.

초기 특수교육은 농아교육 중심으로 실시되어 각 나라 나름대로 교수법을 개발하여 전개되었다. 파리에 국립 농아학교가 설립되었는데, 이것이 세계 최초의 특수학교이다. 이 학교는 이전의 학교가 귀족층 자녀를 대상으로 지도했던 것과는 달리 빈민층의 자녀와 고아들도 보호와 교육의 대상에 포함했다는 점에서 특수교육상 의의가 크다. 독일에서도 최초의 주립 농아학교가 설립되어 구화법에 의한 교육을 하였고, 영국에서도 정신병 환자들을 위한 휴양소가 개설되었다.

Itard(1775~1838)는 감각 훈련 방법을 중심으로 야생아에 대한 교육 실험을 했다. 이를 통해 인간 사회에서 격리되어 생활해 온 야생아에 대한 감각 교육을 검증하였다. Itard의 영향을 받아 Seguin(1812~1880)은 감각 기관을 훈련하는 생리학적 교육방법의 원칙을 확립했다. Seguin과 Itard의 교육방법은 지적장애 연구에 큰 영향을 미쳤고, 현재도 높이 평가되고 있다.

Montessori(1870~1962)는 19세기 말 이탈리아에서 Seguin이 개발한 감각 훈련법을 참고하여, 지적장애아에게 적용했다. 그녀는, 지적장애는 의학적 문제가 아니라 교육적으로 해결해야 할 문제라고 주장하였고, 특수아를 위한 교육 프로그램을 유아 교육에도 적용하여 정상아의 교육, 특히 조기교육을 위한 기초를 마련하였다.

3) 20세기의 특수교육

특수교육이 시작된 이래 1800년대에는 장애아에 대한 적극적이고 낙관적인 태도가 지배적이었다. 그러나 1900년대에 들어와서 장애는 유전에 의한 것으로, 교육을 통해서 해결될 수 없다는 비관적인 견해가 많았다. 그리고 20세기 초에는 Binet-Simon이 지능 검사를 개발하여 교육적 진단·분류에 큰 영향을 미쳤지만, Binet 역시 비관론적 입장에서 지적장애아는 교육을 해도 효과가 없다고 밝혔다. 1916년 Terman은 Binet-Simon 검사를 수정하여, 미국 아동을 표준화했다. 이로 인하여 '미국지적장애협회'에서는 저능아를 지적장애에 포함시켰고, 경도의 지적장애와 심각한 지적장애를 구별하기 시작하였다.

1940년대와 1950년대는 특수교육 서비스가 확대되고, 훈련과 보호에 대한 관심이 커졌고, 많은 교육자들로부터 일반학급과 분리된 채 행해지는 특수학급의 효과에 대한 논쟁이 시작되어, 1970년대를 지나는 동안에도 특수학급에 대한 불만은 계속되었다. 마침내 1976년 "모든 장애아동은 조기부터 교육하고, 일반학교에서도 교육할 수 있다."는 미국의 공법 94조가 시행되면서 특수교육 지침이 마련되었다.

4) 우리나라 특수교육의 발전

서양 특수교육의 발전 과정에서 살펴보았듯이 초기 원시 고대 사회에서는 장애아를 학대하거나 유기하는 등의 비인간적인 태도가 특히 심하였다. 그러나 우리나라에서의 장애인에 대한 태도는 김병하(1983)의 "특수교육의 역사적 이해"라는 책에서도 설명하듯이, 자비로운 태도를 지닌 인도적 윤리 사상을 강조한 유·불·선의 영향을 받아 장애인의 보호가 일찍이 이루어져 왔다.

우리나라에 최초로 특수교육이 소개된 것은 박정양 등이 일본의 맹아원을 돌아보고 소개한 신사유람단의 보고서였다. 또한 유길준도 그의 "서유견문록"에서 지적장애아 교육, 맹교육, 농교육 등에 관하여 그 당시 서양의 특수교육을 구체적으로 소개했다.

우리나라에서 최초로 특수교육을 시작한 사람은 미국의 선교사인 Hall이었다.

Hall은 1894년 평양여맹학교에서 맹소녀에게 직접 점자를 가르쳤는데, 이것이 근대적 특수교육의 효시라고 할 수 있다. 뒤이어 1903년 평양에 최초의 남자맹학교가 설립되었고, 그 후 1909년 Hall에 의해 한국 최초 농학교가 시작되었다.

우리나라 사람에 의해 설립된 최초의 특수학급은 1935년 설립된 평양광명맹아학교이며, 1937년에는 서울 동대문 공립학교에 신체 허약아를 위한 학급이 설치되었는데, 이것이 최초의 일반학교 내 특수학급이었다. 공립 학교로는 1953년에 제주맹아학교가 최초이며, 1955년에는 부산맹아학교가 설립되었다. 사립 특수교육기관으로서는 1946년 대구맹아학원이 최초의 교육 기관이었다.

그 후 우리나라 특수교육은 1970년대에 와서야 문교 정책에 반영되었고, 국가의 경제적 발전과 특수교육에 대한 국가적 관심이 증대되기 시작하면서부터 특수교육에 대한 양적·질적 측면의 변화가 일어나기 시작하였다. 이러한 변화 중 가장 중요한 사건은 1977년 특수교육진흥법 제정·공포였다. 1979년 특수교육진흥법의 시행과 더불어 특수교육이 본격적으로 발전하기 시작했다. 1987년에는 이 법의 개정으로 국립·공립·사립의 특수교육기관에 취학하는 자 모두가 무상으로 교육을 받을 수 있게 되었으며, 다시 1994년 특수교육진흥법이 전면 개정되면서, 의무·무상교육 실천으로 국가의 공적인 책임이 확대되었고, 통합교육, 조기교육, 직업교육 등 특수교육의 질적 제고를 위한 국가적 노력이 시작되었다(교육부, 1998).

다음에서는 특수교육과 관련된 법(헌법, 교육법 및 특수교육진흥법), 특수교육기관, 특수교육 교원 자격 제도와 양성 및 조기 특수교육에 대해 『특수교육백서』와 교육부에서 발행한 『교육 50년사』를 중심으로 그 내용을 살펴보고자 한다.

(1) 헌법, 교육법 및 장애인 등에 대한 특수교육법

1 헌 법

1948년 7월 12일 제헌 헌법이 전문 제7장 제103조로 제정·공포되었다. 제헌 헌법 제8조에는 "모든 국민은 법률 앞에 평등하며, 성별, 신앙 또는 사회적 신분에 의하여 정치적, 경제적, 사회적 생활의 모든 영역에 있어서 차별을 받지 아니한다."는 평등권을 규정하였고, 제16조에는 "모든 국민은 균등하게 교육을 받을 권리가 있다. 적어도 초등교육은 무상으로 한다."라고 규정함으로써 교육을 국민의 기본권으로 규정하였다.

2 교육법

제헌 헌법에 따라 1949년 12월 31일 법률 제86호로 교육법이 전문 제11장 제173조(후에 177조로 개정됨)로 제정되어 특수교육의 법적 근거를 마련하였다.

교육법 제8조에 "모든 국민은 6년의 초등교육을 받을 권리가 있다."고 하고, 제9조에는 "모든 국민에게 그 능력에 따라 수학할 기회를 균등하게 보장하기 위하여 국가와 지방자치단체는 그 방책을 실행하여야 한다."고 규정함으로써 의무교육과 교육 기회의 균등을 보장하였다.

제75조에는 "특수학교에는 교장, 교감과 교사를 둔다. 교장은 교무를 통괄하고 소속 직원을 감독하며 학생을 교육한다. 교감은 교장의 명을 받아 교무를 정리하며 학생을 교육하고 교장 유고시는 교장을 대리한다. 교사는 교장의 명을 받아 학생을 교육한다."고 교직원 및 임무를 규정하였다.

제81조에는 "모든 국민으로 하여금 신앙, 성별, 사회적 신분, 경제적 지위 등에 의한 차별 없이 그 능력에 따라 균등하게 교육을 받게 하기 위하여 다음과 같은 학교를 설치한다."고 규정하고 있다.

1. 초등학교, 중학교, 고등학교, 대학
2. 교육대학, 사범대학
3. 실업고등전문학교, 전문학교
4. 기술학교, 고등기술학교
5. 공민학교, 고등공민학교
6. 특수학교
7. 유치원
8. 각종 학교

위의 제6호에 심신장애아를 위한 특수학교 설치를 규정하고 있다.

동법 제9절 특수학교 규정 제143조에서는 특수교육 대상과 교육 목적, 그리고 그 교육 수준에 대하여 "특수학교는 맹자, 농자, 기타 심신에 장애가 있는 자에게 초등학교, 중학교에 준한 교육과 그 실생활에 필요한 지식, 기능을 가르침을 목적으로 한다."고 규정하였다. 동법에 의해 초등학교와 중학교 수준의 교육 제도가 마련되었고, 1963년 11월 교육법의 개정으로 "특수학교에는 특수학교를 졸업한 자 중·고등학교에 준하는 교육을 목적으로 하는 과정을 병설할 수 있다."가 추가되어 1964년 국립인 서울맹학교와 서울농아학교에 고등과가 설치됨으로써 초등학교, 중학교, 고등학교 과정을 병설하는 특수학교가 되었다.

제144조의 설립 의무에서는 "서울특별시, 부산시 및 도는 학교를 1개교 이상 설립하여야 한다." 한편 제145조에 "특별한 경우에는 공회당 기타 사용 가능한 건물을 이용하여 초등학교 또는 중학교는 다음 각호의 1에 해당하는 학생을 위하여 특수학급을 둘 수 있다."고 규정하였다.

1. 신체허약자
2. 성격이상자
3. 정신박약자
4. 농자 및 난청자
5. 맹자 및 약시자
6. 언어 부자유자
7. 기타 불구자

3 장애인 등에 대한 특수교육법

법률 제8483호 2007년 5월 25일에 제정된 장애인 등에 대한 특수교육법의 제2조, 제15조의 내용은 다음과 같다.

제2조 [정의] "특수교육기관"이란 특수교육 대상자에게 유치원, 초등학교, 중학교 또는 고등학교(전공과를 포함)의 과정을 교육하는 특수학교 및 특수학급을 말한다.

제15조 [특수교육 대상자의 선정]

1. 시각장애
2. 청각장애

3. 지적장애
4. 지체장애
5. 정서·행동장애
6. 자폐성 장애
7. 의사소통장애
8. 학습장애
9. 건강장애
10. 발달지체
11. 그 밖에 두 가지 이상의 장애가 있는 경우 등 대통령령으로 정하는 장애

장애인 등에 대한 특수교육법의 주요 골자는 다음과 같다.

첫째, 의무교육 실시이다. 장애인 등에 대한 특수교육법 제3조에 유치원, 초등학교, 중학교 및 고등학교 과정의 교육은 의무교육으로 하고 제24조에 따른 전공과 과정과 만 3세 미만의 장애영유아 교육은 무상으로 한다고 규정하여 영아에서부터 고등학교 과정까지 국가 및 지방자치단체에서 의무교육 및 무상교육에 드는 비용을 부담한다.

둘째, 특수교육 대상자의 확대이다. 새로운 특수교육법에서는 기존의 특수교육 대상자 즉, 언어장애, 시각장애, 청각장애, 정서·행동장애, 학습장애, 지적장애, 지체장애 외에도 자폐성 장애와 발달지체가 새로운 특수교육 대상자에 포함된다.

셋째, 특수교육 요원배치의 확대이다. 특수교육법 제27조에는 유치원 과정의 경우 특수교육 대상자가 1인이상 4인이하인 경우 1학급을 설치, 4인을 초과하는 경우 2개 이상의 학급을 설치한다고 규정하고 있다.

2008년 2월 29일 장애인 등에 대한 특수교육법이 일부 개정되었고, 2008년 5월 26일 특수교육법 시행령의 제정에 따라 특수교육 대상자에 대한 의무교육이 2010학년도에는 만 5세 이상, 2011학년도에는 만 4세 이상, 2012학년도에는 만 3세 이상 유치원 과정에서 순차적으로 실시된다. 또한 특수학교 및 특수학급에 두는 특수교육 담당교사는 학생 4명마다 1명으로 하되, 보육시설의 경우 장애아 3명마다 보육교사(3명 중 1명은 특수학교 유치원 교사 자격증 소지)를 배치하여야 한다.

이상의 장애인 등에 대한 특수교육법과 시행령 제정으로 특수교육기관에 대한

국가의 지원이 급격히 확대되었으며, 특수교육의 질과 책무성을 위한 교육 및 교사연수가 더욱 강화될 것이다.

(2) 특수교육기관

1 특수학교

유아를 대상으로 한 특수교육기관은 특수유치원, 특수학교 및 특수학급을 말한다. 〈표 1-4〉와 같이 2020년도 기준으로 보면 특수학교는 192개교로 특수교육진흥법 제정 직후인 1979년의 53개교에 비하면 4배 이상 증가된 것이며, 192개 특수학교의 5,255학급에 재학 중인 학생 수는 27,979명이고, 교원 수는 9,866명이다(특수교육연차보고서, 2022).

〈표 1-4〉 특수학교 현황

(단위: 교, 학급, 명)

구분	학교수	학급수	학생수	교원수
국립	5	167	848	322
공립	97	3,131	16,673	5,891
사립	90	1,957	10,458	3,653
계	192	5,255	27,979	9,866

출처: 교육부(2022). 2022특수교육연차보고서

2 특수학급

2022년 특수교육연차보고서에 의하면 전국적으로 유치원 병설 특수학급은 1,141학급으로 2013년(380학급)에 비하면 3배 정도 이상 증가했다. 초등학교에 6,701학급, 중학교에 2,614학급, 고등학교에 1,926학급에 13,632명의 학생이 특수교육을 받고 있는 것으로 나타났다(특수교육연차보고서, 2022).

〈표 1-5〉 과정별 특수학급 현황

(단위: 교, 학급, 명)

구분	학교수	학급수	학생수	교원수
유치원	1,141	1,437	5,291	1,473
초등학교	4,753	6,701	30,964	6,999
중학교	2,018	2,614	11,317	2,778
고등학교	1,126	1,926	10,172	2,312
전공과	18	34	204	70
계	9,056	12,712	52,744	13,632

출처: 교육부(2022). 2022 특수교육연차보고서

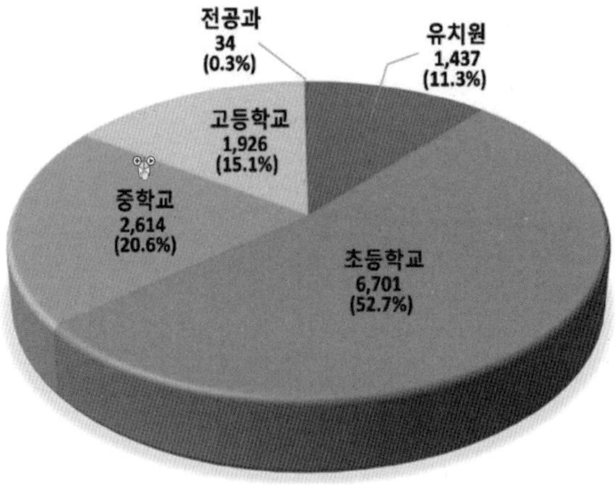

학교급별 특수교육대상자 현황을 보면 2021년은 장애 영유아 특수교육대상자는 총 7,566명(7.7%)로 초등학교, 중학교, 고등학교 특수교육대상자보다 적은 수로 나타났다. 2022년의 장애 영유아 특수교육대상자는 총 8,607 전체 특수교육대상자 103,695 중 8.3%로 전년도인 2021년도에 비해 수가 다소 증가한 것으로 나타났다. 22년도에도 21년과 같이 장애 영유아의 특수교육대상자 수가 초중 등에 비해 적은 것으로 나타났다.

(3) 특수교육 교원 자격 기준 및 양성

Ⅰ 특수학교 교원 자격 기준

특수교육 교원 자격 기준은 1949년 이후 법규로 명문화된 이후로 수차례 변천과정을 겪으면서 1993년 12월 27일 대폭 개정되었고, 그 후 1999년 8월과 2000년 1월 두 차례 걸쳐 개정되었다. 장애인 등에 대한 특수교육법(2007)에서는 '특수교육 교원'이라는 용어를 '특수학교 교원 자격증을 가진 자로서 특수교육 대상자의 교육을 담당하는 교원을 말한다.'라고 정의하고 있다. 따라서 특수교육 대상자의 교육을 담당하는 특수교육 교원은 〈표 1-6〉과 같은 특수교육 교사 자격 기준으로 특수학교, 특수학급, 특수교육 지원센터 등의 다양한 교육 환경에서 특수교육 대상자의 교육을 담당한다.

〈표 1-6〉 특수학교 교사 자격 기준

구분	특수학교
정교사 (1급)	1. 특수학교 정교사(2급) 자격증을 가지고 3년 이상의 교육 경력이 있는 자로서 소정의 재교육을 받은 자 2. 특수학교 정교사(2급)자격증을 가지고 1년 이상의 교육 경력이 있는 자로서 교육대학원 또는 교육부장관이 지정하는 대학원에서 특수교육을 전공하고 석사학위를 받은 자 3. 유치원 · 초등학교 또는 중등학교 정교사(1급) 자격증을 가지고 필요한 보수교육을 받은 자 4. 유치원 · 초등학교 또는 중등학교 정교사(2급) 자격증을 가지고 1년이상의 교육 경력이 있는 자로서 교육대학원 또는 교육부장관이 지정하는 대학원에서 특수교육을 전공하고 석사학위를 받은 자
정교사 (2급)	1. 교육대학 및 사범대학 특수교육과를 졸업한 자 2. 대학의 특수교육 관련 학과 졸업자로서 재학 중 소정의 교직과정을 이수한 자 3. 유치원 · 초등학교 또는 중등학교 정교사(2급) 자격증을 가지고 필요한 보수교육을 받은 자 4. 유치원 · 초등학교 또는 중등학교 정교사(2급) 자격증을 가지고 교육대학원 또는 교육부장관이 지정하는 대학원에서 특수교육을 전공하고 석사학위를 받은 자 5. 특수학교 준교사 자격증을 가지고 2년 이상의 교직 경력이 있는 자로서 소정의 재교육을 받은 자 6. 유치원 · 초등학교 또는 중등학교 준교사(2급) 자격증을 갖고 2년이상의 교육 경력이 있는 자로서 교육대학원 또는 교육부장관이 지정하는 대학원에서 특수교육을 전공하고 석사학위를 받은 자
준교사	특수학교 준교사 자격검증에 합격한 자

출처: 국립특수교육원(2010).2010특수교육백서.

2 특수학교 교사 양성

1970년대 이전까지의 유일한 특수학교 교사 양성 대학은 한국사회사업대학(현 대구대학교)이었으나 1971년 단국대학교와 이화여자대학교에 특수교육과가 신설되었고, 1980년에는 강남사회복지학교(현 강남대학교)에, 1981년에는 전주우석대학에 특수교직 과정이 신설되었으며, 1983년에는 국립 공주사범대학(현 공주대학교)에 특수교육과가 설치되어 특수학교 교사를 양성하였다.

2020년 기준 특수교육 교사양성과정을 설치한 대학은 36개교이고, 그중 국립은 6개 대학, 사립은 30개 대학이다. 교육대학원의 경우 19개 대학에서 27개 특수학교 정교사 양성과정을 운영하고 있다.

(4) 특수유아의 조기 특수교육

우리나라에서 특수유아의 조기교육과 통합교육을 본격적으로 시작한 것은 얼마 되지 않지만, 꾸준하게 발전해 왔다. 2007년 5월 '장애인 등에 대한 특수교육법' 이 제정되면서 이 법 제3조에는 특수교육 대상자에 대한 유치원 과정의 교육을 의무교육으로 하고 있고, 만 3세 미만의 장애영유아 교육은 무상으로 규정하고 있다.

2007년도에 교육인적자원부에서는 장애유아의 조기교육 기회를 확대하기 위해 다음과 같은 내용을 발표하여 장애유아의 조기 특수교육을 강화하는 방침을 발표했다.

- 영유아의 장애 및 장애 가능성을 조기 발견하기 위하여 해당 지역 내 보건소, 병원, 의원에서 선별 검사를 무상으로 실시(장애인등에 대한 특수교육법 제14조 1항)
- 조기 통합교육 및 유아특수교육기관의 확대
  - 장애유아의 조기 통합교육의 활성화를 위해 초등학교 병설유치원 및 단설 유치원 내 특수학급 신·증설 추진과 장애유아의 일반학급 배치 확대
  - 특수학교 내 유치부 학급 신·증설 추진
  - 유치부 과정만 운영하는 특수학교 신·증설 추진
  - 장애인 복지 시설 또는 이용 시설 내 유치부 특수학급 신·증설 추진

◎ 장애유아 교육 담당 교사 신규 임용시 유아특수교사 자격증 소지자 배치
(유특 81820-463, 2000. 9. 22)

◎ 만 3세 미만 장애영유아의 무상교육 실시(제3조 1항)

ⓘ 특수학교 유치부

1962년 7월 20일자 동아일보에 우리나라 첫 농아 유치원인 마포의 구화학교에서 12명의 3~5세 유아가 보청기를 사용하여 수화 교육을 받게 되었다고 소개되었다. 이 기사에 의하면 이 유치원이 우리나라의 최초 특수 유치원이라고 할 수 있다. 문교부가 특수학교에 유치부 병설을 인가하기 시작한 것은 1980년 중반부터였지만, 1987년 문교부에서 인가한 애화학교는 1977년부터 조기 통합교육과 부모 교육을 실시하여 긍정적인 교육적 효과를 얻은 것으로 알려져 있다. 그 외에 서울맹학교, 연세재활학교, 삼육재활학교, 광주은혜학교 등이 있다.

2022년 특수교육연차보고서에 의하면 특수학교 유치원은 138개교 293학급으로 나타났다. 이 중에서 유치원 과정만 운영하는 특수학교는 10개교 63학급으로 보고되었다. 그리고 유치원 특수학급만 운영하는 학교는 1,441개교 1,437학급으로 나타났다. 2022년에 보고된 유아특수교육 학교 수와 학급 수는 〈표 1-7〉과 같다.

〈표 1-7〉 유아특수교육기관 현황

(단위: 교, 학급)

구분	특수학교 유치원		유치원 특수학급	계
	특수학교 유치원 전체(A)	전체(A) 중 유치원 과정만 운영하는 특수학교		
학교 수	138	10	1,141	1,279
학급 수	293	63	1,437	1,730

출처 : 국립특수교육원(2020). 2020 특수교육연차보고서.

또한 2022년 특수교육연차보고서에 따르면 유치원 과정 특수교육대상자는 8,248명으로 나타났다. 이중에서 특수학교 유치원에 999명, 유치원 특수학급에 5,281명, 유치원 일반학급에 1,958명이 유치원 과정 특수교육을 받고 있다.

〈표 1-8〉 유치원 과정 특수교육대상자 수

(단위: 명)

구분	특수학교 유치원		유치원 특수학급	유치원 일반학급	계
	특수학교 유치원 전체(A)	전체(A) 중 유치원 과정만 운영하는 특수학교			
학생수	999	240	5,291	1,958	8,248

2 유치원 특수학급

일반 유치원에 장애유아의 통합교육을 위해 5명 이상의 장애유아가 취원한 유치원의 경우 1개 특수학급으로 인정하여 운영비 및 인건비 일체를 지원하고 있으나, 2020년 기준 특수교육을 받고 있는 특수교육대상유아 총 6,536명 중 유치원 특수학급 3,866명, 유치원 일반학급에 1,752명이 특수교육을 받고 있다. 이에 유아단계 통합교육 활성화를 위해 통합유치원 및 유치원 특수학급이 확대와 홍보, 적극적인 지원 등의 대책이 필요하다.

3 장애관련 어린이집

유치원 과정 특수교육 대상자는 특수학교, 특수학급, 유치원 또는 [교육요건을 갖춘 어린이집]에 배치하여 의무교육을 실시한다. 장애인 등에 대한 특수교육법 시행령 제15조에 따르면 교육 요건을 갖춘 어린이집이란 [영유아보육법] 제30조 제1항에 따른 평가 인증을 받은 어린이집으로 장애아 3명마다 보육교사 1명을 배치한 어린이집을 말하며, 보육교사가 3명 이상인 경우에는 보육교사 3명 중 1명은 「초·중등교육법」 제21조 제2항에 따른 특수학교 유치원 교사 자격증을 소지한 교사여야 한다. 2022년에 보고된 유치원 및 교육요건을 갖춘 어린이집 현황은〈표 1-9〉와 같다.

〈표 1-9〉 유치원 및 교육 요건을 갖춘 어린이집 현황

(단위: 개)

교육부(20. 4. 1. 기준)				보건복지부(19. 1. 31. 기준)				합계
특수학교 유치원	유치원		소계	장애아전문 어린이집	장애아 통합 어린이집	일반 어린이집	소계	
	유치원 특급학급 설치	운영 유치원 전일제 통합학급						
133	1,141	1,319	2,598	178	1,030	944	2,152	4,750

출처: 국립특수교육원(2022). 2022특수교육연차보고서.

CHAPTER

2

장애아동의 통합교육

1 통합교육의 이해

통합교육의 기본 이념은 장애아들도 일반아들과 같이 정상적인 환경에서 인간다운 삶을 영위하고 존엄성과 존재 가치를 가진 자로서 존중되어야 한다는 것이다. 즉, 어떤 아동도 장애로 인하여 교육 환경에서 소외되어서는 안 되며, 장애 여부와 관계없이 모든 아동에게 동등한 교육적 혜택을 받을 수 있는 권리가 주어져야 한다. 그러므로 통합교육이 목적하는 바, 교사나 정상아, 장애아가 서로서로 가치있는 인간으로 존중하여 함께 어울려 지내는 인간관계 형성이 무엇보다 중요하다.

무엇보다도 유아기 통합교육은 장애아들에게 제공되는 신중한 교수 학습 방법이 일반아들에게도 제공되면서 유아의 발달과 행동 측면에서 혜택을 받은 것으로 나타나(이소현 외, 1990), 앞으로도 유아기의 통합교육은 더욱 장려되어야 할 것으로 보인다. 특히 성공적인 유아기 통합교육을 위해서는 무조건적 실천이나 양적 확장만이 아닌 프로그램의 질적인 면에서 지속적인 평가가 이루어져야 한다. 즉, 통합교육 프로그램의 효과를 평가함으로써 의도한 방향으로 프로그램이 잘 진행되고 있는지 살펴보아야 한다.

1) 통합교육의 개념과 발달

'통합교육'이라는 개념은 여러 학자나 전문가들에 의해 다양하게 사용되어 왔다. Kauffman 등(1975)에 의하면, 통합은 장애아의 일반학급으로의 시간적 통합뿐만 아니라 교수 활동의 통합, 사회적 통합을 의미한다. 통합교육의 요청과 더불어 80년대 완전 통합에 이르기까지 통합교육의 발달은 꾸준하게 이루어졌다. 특수교육의 주요 흐름은 분리교육을 지양하고, 정상화 개념의 대두로 탈시설화와 통합교육을 추구하게 되었다.

장애인의 정상화라는 대전제를 바탕으로 통합교육은 주류화, 일반교육 주도의 특수교육, 완전 통합교육의 과정을 거치면서 단계적 통합에서 완전한 통합을 지향

하는 단계로 날로 발전하고 있다. 즉, 통합(integration/ inclusion)의 개념은 정상화, 주류화, 최소 제한적인 환경의 개념을 포함하면서 보다 확장시킨 포괄적인 개념이라고 할 수 있다. 여기에서는 통합교육의 역사적 배경이라 할 수 있는 정상화를 비롯한 몇 가지 기본 개념의 발달과 사회적 동향을 살펴보도록 하겠다.

(1) 정상화(Normalization)

13세기경부터 장애인들을 사회로부터 격리시켜 시설에 수용하기 시작했고, 60년대 이전까지는 분리교육이 장애인들에게 가장 적절한 교육으로 알려져 왔었다. 그러나 이러한 조치는 시간이 흐름에 따라 장애인의 처우에 관한 문제가 제기되면서 정상화 개념이 대두되었다. 이렇게 정상화는 1960년대 중반에 처음 주창되어, 장애인을 정상인과 동등한 사회 구성원으로 존중해야 한다는 윤리 원칙에 입각한 것으로 장애인의 사회 통합을 향한 첫 움직임이었다. 이는 정상인과 같은 행동이나 특성을 형성하고 유지하기 위해 장애인을 가능한 한 정상적인 사회에 통합한다는 것을 의미한다.

(2) 최소 제한 환경(The Least Restrictive Environment, LRE)

최소 제한 환경은 '미국장애인교육법(IDEA)'에 명시된 법적 용어로, 1960년대 특수교육 전문가들이 장애아들을 위한 특수교육 장소를 구분하는 데 사용하면서 나타나기 시작했다. 최소 제한 환경이란 장애아들이 교육받는 특수학급이 일반학급과 가장 유사한 환경을 말한다. 즉, 장애아와 일반아와의 교류가 보장된 환경을 의미한다. Hallahan과 Kauffman(1994)은 장애아를 위한 교육은 아동의 개별적인 필요에 의해서 이루어져야 하지만 절대적인 필요 이상으로 개인의 자유를 침해해서는 안 된다는 개념으로 해석하였다.

다시 말해 최소 제한 환경이란 특수교육이 요구되는 아동에게 제공되는 환경이 제한되거나 빈약해서는 안 되며, 제한이 불가피한 경우라도 환경의 제한을 최소화해야 한다는 것이다. 따라서 이들도 일반아동과 함께 교육을 받아야 하며, 일반아동과 분리된 환경에서 교육을 받게 되더라도 그 환경의 제한을 최소화해야 한다(김광웅, 1992).

(3) 일반학급 주류화(Mainstreaming)

주류화 Mainstreaming은 'Main(주요한, 주된)'과 'stream(능력별 반편성)'의 합성어로서 장애아와 일반아들을 함께 배치하는 것을 의미한다. 예컨대 장애아가 주로 특수학교(특수학급)로 등교하여 수업을 받고, 특별한 범위 내에서 일반학급으로 보내어 일반아동과 수업을 받는 것을 말한다. 1960년대에는 분리 특수교육의 효과에 대한 의문이 제기되어 단계적 통합교육의 '메인스트리밍'이라는 교육 서비스를 시도했다.

(4) 일반 주도 특수교육(Regular Education Initiative, REI)

일반 주도 특수교육은 1986년 Will에 의해 처음 주창된 것으로 이는 특수교육을 일반교육 안에 두어 교육하려는 차원에서 출발하였다(Will, 1986). 즉, 학교 밖에 있는 특수교육 프로그램을 일반학교 안으로 끌어들여 일반교사들이 특수교사 역할까지 맡아서 교육하는 것을 말한다. 하지만 가능한 한 일반교사로부터 교육을 받되 부득이할 경우에만 특수교사로부터 보조교육을 받기 때문에 완전 통합과는 차이가 있다고 할 수 있다.

이는 메인스트리밍이 대두되었던 시기에 분리교육이 비판을 받았던 것과 마찬가지 입장에서 메인스트리밍이 재평가되면서 일반 주도 교육이 통합교육의 새로운 방향으로 제시되었다.

(5) 완전 통합(Full-Inclusion)

완전 통합은 일반 주도 특수교육의 특별한 형태로, 1980년대 후반에 중도 장애아의 교육에 관심을 두고, 'Inclusion'이라는 용어로 시작되었다(Stainback & Stainback, 1992; Thousand & Villa, 1990). 완전 통합은 장애아가 전적으로 일반학급 내에서 일반교육은 물론 특수교육까지 겸하여 받는 것을 의미한다. Yell(1955)은 이를 두고 장애아를 완전한 통합교육에 포함시키기 위해서 일반교육과 특수교육을 병합하는 움직임이라고 말했다. 이는 일반학급 내에 일반교사와 특수교사가 서로 협동하여 가르치는 것으로, 장애아를 위한 가장 도덕적, 윤리적이고 인간적인 교육의 장이라는 점에서 주목받고 있다.

우리나라에서는 장애아를 정규 교실에 배치하여 교육한 지 불과 30~40년밖에 되지 않았다. 그러나 1960년대 말부터 일반학교에 특수학급을 설치하기 시작하였고 '통합교육'이 이때부터 시작되어 1970년대 초부터 특수학급 수가 크게 늘어 통합교육이 활성화되었다. 2007년에 제정된 '장애인 등에 대한 특수교육법'을 보더라도 제2조6항에서는 "통합교육이란 특수교육대상자가 일반학교에서 장애유형·장애정도에 따라 차별을 받지 아니하고 또래와 함께 개개인의 교육적 요구에 적합한 교육을 받는 것을 말한다."고 규정하면서, 제4조에서는 "① 각급학교의 장 또는 대학(「고등교육법」 제2조에 따른 학교를 말한다. 이하 같다)의 장은 특수교육대상자가 그 학교에 입학하고자 하는 경우에는 그가 지닌 장애를 이유로 입학의 지원을 거부하거나 입학전형 합격자의 입학을 거부하는 등 교육 기회의 부여에서 차별을 하여서는 아니 된다." 제21조에서는 "① 각급학교의 장은 교육에 관한 각종 시책을 시행함에 있어서 통합교육의 이념을 실현하기 위하여 노력하여야 한다. ② 제17조에 따라 특수교육대상자를 배치받은 일반학교의 장은 교육과정의 조정, 지원인력의 배치, 학습보조기기의 지원, 교원연수 등을 포함한 통합교육계획을 수립·시행하여야 한다. ③ 일반학교의 장은 제2항에 따라 통합교육을 실시하는 경우에는 제27조의 기준에 따라 특수학급을 설치·운영하고, 대통령령으로 정하는 시설·설비 및 교재·교구를 갖추어야 한다."고 규정하고 있어 통합교육의 발전은 더욱 가속화 될 것이다.

2 통합교육의 중요성과 통합교육의 효과

1) 통합교육의 중요성

장애아의 통합교육은 법적, 사회·윤리적, 교육적 측면에서 그 중요성을 설명할 수 있다(이소현, 1996; Bricker, 1978; Odom & McEvoy, 1988).

1 법적 측면에서의 중요성

미국의 공법 99−457조에 장애아의 '최소한의 제한된 환경'에서의 통합교육이 명시되어 있고, 우리나라의 경우 2007년 제정된 장애인 등에 대한 특수교육법에서도 '통합교육'이라는 용어가 정의됨으로써 법적 지지를 제공하고 있다. 또한 장애아의 입학 거부 등 교육 기회에 있어 차별 금지 조항(제4조)과 유치원 및 고등학교 과정의 의무교육 조항(제3조)의 명시로 통합교육의 중요성을 말한다고 할 수 있다.

2 사회 · 윤리적 측면에서의 중요성

사회·윤리적 측면에서 통합교육의 중요성은 다음 3가지로 제시된다.

통합교육은 장애아에 대한 사회의 태도를 긍정적으로 변화시킬 수 있다.

분리교육이 장애인에게 미칠 수 있는 부정적인 영향을 막을 수 있다.

부족한 교육 시설로 인해 적절한 교육을 받지 못하는 장애아들이 통합교육은 기존 시설을 이용할 수 있다.

3 교육적 측면에서의 중요성

교육적 측면에서도 많은 연구들이 통합교육의 중요성을 말해 주고 있다. 정상적인 발달을 보이는 일반아들과 함께 구성하는 진보된 교육 환경은 인지 및 언어 발달을 촉진하고(Bricker, 1978), 일반학급 아동들을 통한 관찰 학습으로 나이에 맞는 바람직한 행동을 배울 수 있다(Bricker & Sandall, 1979; Turnbull, 1982). 또한 통합교육을 함으로써 얻어지는 큰 효과로 장애아들의 사회적 발달을 들 수 있다(Mikkelsen, 1992; Schaps & Solomon, 1990).

2) 통합교육의 효과

통합교육을 함으로써 장애아와 일반아는 많은 혜택을 얻을 수 있다. 장애아들은 비슷한 연령의 일반아를 모방하고 상호작용함으로써 사회적 발달이 촉진될 수 있고, 일반아들도 장애아와의 경험을 통해서 사회적 책임감을 학습하게 된다(Friend & Bursuck, 1996).

통합교육의 효과는 장애의 정도와 종류, 연령, 프로그램에 따라서 그 결과가 다르다. 장애아 중에서도 경도의 장애유아들은 통합교육으로 인해 더 많은 효과를 얻게 된다. 경도의 지체유아들은 중등도 및 중도 지체아동들과 달리, 신체, 체중, 운동 능력, 협응 능력, 시력, 청력 등 신체적 발달 영역에서 정상의 범위에 속한다. 다만 인지 기능, 언어 능력, 적응 행동, 대인 관계, 사회 성숙도 등에서 1~2년 정도의 발달적 지체를 보일 뿐, 유아기의 경도 지체아는 정상아와 적은 발달 차이를 갖고 있다고 했다(김광웅, 1990).

장애유아의 통합교육에 대한 효과 연구(김광웅, 1990) 결과, 나이가 든 아동보다 장애유아의 경우 긍정적인 사회적 상호작용의 증가, 일반유아의 행동의 모방 학습, 사회적 친숙성의 증진 등에 있어서 효과적이라고 밝혀진 것을 보면, 통합교육은 유아기에 시작하는 것이 적절하다고 할 수 있다. 또한 김옥기(1993)의 연구를 보면 장애유아가 학령기 아동보다 통합교육을 통하여 효과를 거둘 수 있는 이유는, 유아들은 아직 특정 인간 집단에 대한 편견이나 인상이 형성되지 않았고, 어렸을 때의 장애-비장애의 접촉 경험은 상호 간의 수용 가능성을 훨씬 높여주기 때문이라고 했다.

장애아와 비장애아동에게 통합교육 실시로부터 기대되는 구체적인 효과는 다음과 같다.

(1) 장애아에게 기대되는 효과

통합교육으로 인해 장애아에게 기대되는 효과는 여러 가지가 있다(Bricker, 1978; Bricker & Sandall, 1979; Brown et al., 1989; Mikkelsen, 1992; Schaps & Soloman, 1990; Turnbull, 1982). 이런 장점을 정리해 보면 다음과 같다.

- 적절한 나이에 맞는 행동을 관찰, 모방하여 바람직한 행동을 학습
- 정상적인 발달을 보이는 또래들과의 상호작용으로 의사소통과 사회성 발달을 촉진
- 정상적인 발달을 보이는 일반아와 함께 구성하는 진보된 교육 환경을 통해서 인지 및 언어 발달 촉진

- 통합 환경에서 적절한 프로그램에 의한 학업적 성취
- 부모와의 밀착 관계에서 벗어나 자발적인 활동과 자기 자신의 존재감을 인식
- 아동에게 내재되어 있던 잠재 능력이 발견되어 자기 신뢰감을 획득

(2) 일반아에게 기대되는 효과

통합교육을 실시하면 일반아에게 부정적인 영향이 있을지도 모른다는 우려가 많지만, 통합교육은 장애아뿐만 아니라 일반아에게도 혜택이 있다(Brick, Bruder, & Bailey, 1982; Esposito & Peach, 1983; Friend & Bursuck, 1996). 유아들이 장애아동과 함께 교육을 받음으로써 일반아들은 장애에 대한 편견이 적어지고, 자기보다 불편한 동료를 돌보는 습관을 갖게 되어 어떻게 도움을 주어야 하는지 알게 된다(김숙경, 1985). 또한 박승희(1994)의 연구를 보면, 특수학급에 있는 일반아동을 대상으로 연구한 결과 장애인에 대한 관심과 지원이 향상되고, 다른 사람에 대한 배려, 인간의 다른 점에 대해 수용하는 마음이 더 증가한 것으로 나타났다. 이러한 장점을 정리해 보면 다음과 같다.

- 장애아도 나와 비슷한 점을 많이 가지고 있는 사회의 구성원으로 인식하고, 수용
- 유아교육기관이라는 지역 사회가 장애아들도 수용하고 포용할 수 있다는 사회적 책임 학습
- 일반아동들은 장애아들에 대해 상호 협력자, 모델 등의 역할을 함으로써 상대방을 돕는 마음, 양보심, 배려심 등과 같은 사회적인 행동을 학습
- 통합교육을 통해 장애인에 대한 긍정적인 태도와 행동 변화
- 자신의 지식을 장애아에게 가르쳐줌으로써 재학습의 기회

3 통합교육의 전제 요인과 교사의 유의사항

1) 통합교육의 전제 요인

성공적인 장애아 통합교육을 위해서는 해결되어야 하는 문제들이 많다. 이러한 문제들이 해결되지 않는다면 통합교육의 성공 여부에 영향을 미칠 뿐 아니라 통합교육의 효과도 기대할 수 없을 것이다. 여기에서는 통합교육에 있어 몇 가지 해결되어야 할 중요 문제점을 제시하고자 한다(구본권, 2002; 김삼섭, 1995; 김삼섭, 1996; 이소현·박은혜, 2011; 유수옥, 1998; Bailey & Winton, 1987; Donaldson & Martinson, 1977; Garrtt & Crunp, 1980 Handlers & Austin, 1980). 통합교육을 실시하기 전에 이러한 전제 요인과 기술을 유아특수교사가 잘 준비한다면, 장애유아의 통합에 더욱 효과적일 것이다.

(1) 일반아동을 대상으로 한 장애아의 이해

일반학급의 교사와 학생들은 통합된 장애아가 지니고 있는 능력과 문제에 대해서 많이 알수록 더 잘 수용하는 것으로 나타났다. 그러므로 성공적인 통합을 위해 일반아들은 통합될 장애아와 관련된 장애 지식과 정보를 학습하고, 장애아를 이해해야 할 것이다. 이러한 지식 학습과 이해는 다음과 같은 형태로 이루어질 수 있다.

1 단순한 지식과 정보 제공

교사가 일반아동을 대상으로 장애아에 대한 정보를 제공할 때, 장애아가 지니는 문제나 강·약점을 알게 하고 동시에 일반아와 장애아가 보이는 유사점에 대해서도 강조해야 한다.

2 장애인 접촉 경험

직접 장애인을 교실에 초청하여 그들의 생각과 요구들을 들어봄으로써 장애인을 이해할 수 있다.

3 장애 체험

일반아가 장애인이 되어 직접 몸으로 배워 보는 것이다. 예컨대 눈을 가리고 걸어보기, 휠체어 타고 운동장 돌기, 귀 막고 다녀보기 등 여러 가지 방법으로 체험을 할 수 있다. 이로 인해 일반아는 장애인들이 겪는 문제가 무엇인지 이해하게 되고, 결과적으로 장애아동에 대한 수용적 태도를 향상시키게 된다.

4 장애를 주제로 한 다양한 교수 매체 활용

장애와 관련된 도서 및 비디오 테이프는 긍정적인 가치를 증진시키고, 아동들이 책을 읽음으로써 장애아와 자신과의 유사점을 인식하고 차이점을 받아들이는 데 도움이 된다.

(2) 장애아 자신의 긍정적 자아 개념과 사회 기술 준비

장애아가 긍정적 자아 개념을 가지기 위해서는 유아교육기관, 교사, 일반아의 도움이 필요하지만, 무엇보다 장애아 부모가 아동에게 긍정적인 자아 개념을 심어 주어야 한다. 통합 환경에서 장애아가 적응을 못하는 원인 중에 하나가 사회적인 기술 부족 때문이다.

장애아들이 성공적으로 유아교육기관이나 사회에 적응하기 위해서는 사회적 기술을 습득하기 위한 훈련을 받아야 한다. 장애유아가 교실 내에서 또래들과 상호작용을 잘하기 위해서 기본적인 사회적 기술을 습득하는 것이 좋다. 예컨대 교실 내에서 지켜야 할 규칙과 같은 기본적인 기술을 익히는 것이 좋은데, 이러한 규칙을 이해하는 데 어려움이 있을 수 있다.

경도의 장애유아는 이러한 사회 적응 기술이 어느 정도 있어서 점차 적응이 되어가지만, 중도나 중등도 유아는 잘 적응하지 못하므로 유아교육기관 환경 적응에 필요한 기술을 사전에 습득하도록 유의해야 한다. 단순히 상호작용할 수 있는 기회만을 제공해서는 바람직한 사회적 기술을 학습시킬 수 없다. 경우에 따라서는 모델링이나 연습과 같은 특별한 교수가 필요하며, 가장 성공적인 사회 기술 교수로 알려져 있는 장시간을 통한 개별 학습이나 소집단 중심의 구조화된 학습 등을 통해서 사회 기술 준비를 시켜야 한다.

(3) 장애아와 일반아의 부모들의 태도

통합교육에 대하여 일반아 부모는 물론 장애아의 부모도 모두 염려를 하고 있다. 장애아와 일반아 부모들은 통합교육에 있어 장애아의 교육에 영향을 미친다. 장애아의 부모들은 장애아들이 사회적으로 거부되거나 놀림을 당하는 것에 대해 우려를 보였다. 장애아가 적절한 도움과 교육적 서비스를 받을 수 있는지, 정상적인 발달을 보이는 아동들로 인하여 장애아들이 스스로를 비정상이라고 인식하지나 않을지 등에 대해서 우려하고 있는 것으로 나타났다.

반면 일반아동의 부모들은 장애아의 통합으로 자신들의 자녀가 바람직하지 못한 행동을 모방하거나 학습에 방해를 받지 않을까 하여 두려움과 걱정을 가지고 있다. 이러한 우려는 의사소통의 부족에서 기인하므로, 특수교육 관련자들이 실제적인 통합교육의 필요성, 프로그램에 관한 정확한 정보를 제공함으로써 부모들은 통합교육에 대해 긍정적인 인식을 가질 수 있을 것이다.

1 장애아 부모 간의 의사소통

통합교육을 우려하는 장애아의 부모들은 같은 입장을 가진 부모들과 정기적인 모임을 가짐으로써 통합교육에 대한 장·단점을 이해하고 불안을 감소시킬 수 있다.

2 교사와 부모 간의 의사소통

부모들(장애, 일반아)은 장애인과의 직접적인 접촉의 기회가 없기 때문에 제한된 정보를 얻기 쉽고, 자녀들이 학교생활에서 장애아에 대한 부정적인 면을 전달할 수 있으므로 교사-부모 간 직접적인 대화는 반드시 이루어져야 한다.

3 일반아 부모 간의 의사소통

통합 프로그램에 자녀를 보내 본 경험이 있는 부모는 경험이 없는 부모보다 더 긍정적인 태도를 보이므로 통합교육의 경험이 있는 부모와의 대화를 통해 인식전환이 필요하다.

(4) 일반교사들의 장애아에 대한 태도

장애아에 대한 부정적인 감정들이 교사들에 의해 조성될 수 있다. 그러므로 교사들은 자신이 사용하는 언어나 행동이 유아들에게 모델로 작용됨을 인식하고 장애아에 대한 이해를 위해 필요한 지식을 습득해야 할 것이다. 예컨대 장애아에 관한 TV 프로그램이나 책을 본다든지 특수교육 현장을 방문할 수도 있다. 중요한 것은 장애아에 관한 정보가 증가함에 따라서 교사와 학생들의 태도가 긍정적인 방향으로 변화되었다는 것이다.

대부분의 일반교사들은 장애아에 대한 제한된 지식을 가지고 있고, 전문성에 있어 준비가 되지 않은 실정이다. 통합 환경에서 교사의 역할은 중요하므로 일반교사는 통합교육에 자질을 갖추도록 적절하게 준비해야 한다. 이를 위해 모든 예비교사는 직전 교육에서 장애아 교육과 관련된 교과목을 이수하고, 교사 재교육을 위한 연수 프로그램에서 통합교육을 심도 있게 다루어야 한다. 즉, 통합교육이 성공적으로 실천되기 위해서는 직전교육뿐만 아니라 현직교육에서 특수교육개론과 장애아 통합교육 과목이 개설되어 이론과 실제를 익힐 수 있어야 한다.

2) 통합교육에서 유아특수교사가 유의할 점

통합교육을 실시하기 위해서 유아특수교사는 다음과 같은 점에 유의하여 통합교육의 효과를 높이도록 해야 한다.

(1) 장애 유형별 특성을 이해

통합교육을 하기 위해서는 다양한 장애 유형별로 어떤 특성이 있는지 알고 있어야 한다. 지적장애, 정서·행동장애유아들의 지적, 성격적, 학습면에 있어서의 특성을 잘 이해하고, 장애 유형별로 지닌 문제 행동 및 건강상의 특성도 이해해야 교실 내외에서 발생하는 다양한 문제를 해결할 수 있다.

(2) 장애유아의 독립적인 기회 제공

장애유아가 일반 유치원에 입학하면, 교사들은 너무 많은 것을 도와주려고 한다. 장애유아 스스로 할 수 있는 기본 생활(신발 신고 벗기, 밥 먹여 주기 등)과 관련된 일들을 교사가 하게 되면, 장애유아가 일반아와 상호작용 하는 기회가 적어진다. 또한 장애유아가 규칙과 같은 것을 어길 때 이를 묵인하거나 잘못을 했을 때 이를 허용하게 되면, 장애유아가 사회 기술을 습득하는 데 어려움을 초래할 수 있다. 장애유아에게도 잘못하면 벌이 있을 수도 있다는 것을 인식시키고, 스스로 할 수 있는 기회를 제공해야 한다.

(3) 효과적인 학습 환경을 구성

통합교육에 영향을 주는 변인 중에는 교실 공간과 교구의 물리적 배치, 학급 아동의 생활 연령, 초기 교육 프로그램의 질, 자원 전문가 등이 있고(김옥기 역, 1993), 이외에 일과 계획과 좌석 배치와 같은 학습 환경 요인이 있다. 유치원과 같이 규칙적인 일과 계획이 있는 경우에는 이러한 계획을 규칙적으로 반복하게 하여 생활에 안정감을 가져다 주는 것이 좋다. 또한 학습 장애나 정서 장애유아의 경우 한 자리에 오랫동안 있지 못하고 산만한 경우가 있는데, 이런 경우에는 교사 가까이에 자리를 배치하는 것이 좋다.

(4) 통합교육을 위한 부모 교육을 준비

장애유아와 통합을 하게 되면 일반아에게 부정적인 영향을 미칠 것이라는 우려를 하는 부모가 있다. 지금까지의 선행 연구들에서 밝혀진 바와 같이 통합교육의 경우 일반아에게도 많은 장점이 있으므로, 이러한 장점을 일반아의 부모에게 잘 소개하여 불안해 하지 않도록 해야 한다. 그러므로 통합교육에 적극적으로 참여할 수 있도록 사전에 부모교육을 실시하여, 장애아와 일반아의 부모들의 만족도가 높아지도록 노력해야 한다.

BOX 2-1 **자폐아 둔 부부의 관찰 일기**

현직 기자가 치료 제안 등 담은 '우리 아이가…'

자폐아를 둔 부부가 자폐 치료와 교육 문제 해결의 열쇠를 제시한 책'우리 아이가 눈을 맞춰요'(부제 : 자폐 치료 통합교육이 최선이다)를 함께 펴내 화제가 되고 있다.
주인공은 현재 국민일보 기자인 정창교씨(39)와 부인 신영미씨(36). 이 책(롱셀러 펴냄)은 자폐 아들인 의원(9)이에 대해 같은 반 학생들이"의원이는 왜 말을 못해요"라는 한마디에 무너져 내리는 가슴을 쓸어안고, 직접 보조교사로 나선 엄마의 눈물겨운 관찰 일기가 가슴저리는 감동을 주고 있다.
또한 자폐아들도 보조교사를 활용해 보통 아이들과 똑같은 교육을 시켜야 한다는 통합교육의 대안을 주장하는 아버지의 지치지 않는 열정과 자폐아동에 대한 사랑이 장애인의 교육 문제를 다시 짚어 보게 한다.
이 책은 자폐아들의 상황이 제 각각인 현실에서 여러 유형의 자폐아 사례를 제시하고 선진국의 제도 등을 기술해 해당 부모들이 겪는, 많은 문제들을 해결하는 데 큰 도움이 될 것으로 기대된다.
정씨는"자폐아동에게 친구가 생기면 어떤 어려움도 극복할 수 있기 때문에 통합교육을 시키는 것이 해결의 열쇠"라고 강조했다.
그는"모방력이 강한 자폐아의 특성을 살려 정상아동과 함께 생활하도록 해주는 것이 부모가 선택할 수 있는 최선의 길"이라며"장애아동만 모아 놓는 특수교육은 아무리 훌륭한 시설을 갖췄더라도 사회성을 길러주지는 못한다"고 지적했다.
정씨가 말하는 통합교육이란 일반학급의 담임이 장애아동을 맡고 장애아동이 제대로 교실에서 생활하고 배울 수 있도록 보조교사를 배치해 교육의 효과를 극대화하는 지역 사회 시스템이다.
정씨는 통합교육을 위해서는 지방자치단체의 역할이 중요하다고 주장한다. 정씨 부부의 노력으로 인천시가 지난해 8월부터 도입한 장애아동 보조교사가 그 모델이다.

한국일보 2001. 3. 8.

4 개별화교육 프로그램 (Individualized Education Program: IEP)

통합교육 환경에서 장애아, 일반아는 개개인의 능력과 개인적 특성에 차이가 있다는 것을 이해해야 한다. 특히 개인차가 큰 장애아의 경우 장애 정도나 유형에 따라 진단, 평가를 달리하므로 개별화교육 프로그램(IEP)의 적용은 중요하다.

통합된 환경에서는 개인차와 교육적 방법이 다양하므로 유아들에게 체계적인 교육이 필요하다. 즉, 각 유아마다 영역별 장·단기 교육목표, 교수상의 유의점, 제공되는 관련 서비스, 평가 절차 및 기준 등을 명시함으로써 체계적 교육이 이루어지도록 한다. 개별화교육 프로그램(IEP)은 ① 개별 장애아가 필요로 하는 적절한 교육과 관련 서비스를 받도록 하는 수단으로서의 역할, ② IEP에 명시된 목표와 평가 기준에 의해 아동의 진보 상황을 알아보는 평가 도구로서의 역할을 한다.

1) 개별화교육의 법적 배경

개별화교육이 실시되어야 함은 1974년 미국공법 94-142조에서 처음 규정하였고, 우리나라 장애인 등에 대한 특수교육법(2007)에서도 개별화교육의 내용을 명시하고 있다. 장애인 등에 대한 특수교육법(제2조, 제22조)과 시행규칙(제4조)에서 규정한 개별화교육의 내용은 다음과 같다.

- 장애인 등에 대한 특수교육법

- **제2조**: ⑦"개별화교육"이란 각급 학교의 장이 특수교육대상자 개인의 능력을 계발하기 위하여 장애 유형 및 장애 특성에 적합한 교육목표·교육방법·교육내용·특수교육 관련서비스 등이 포함된 계획을 수립하여 실시하는 교육을 말한다.
- **제22조**: ① 각급 학교의 장은 특수교육 대상자의 교육적 요구에 적합한 교육을 제공하기 위하여 보호자, 특수교육교원, 일반교육교원, 진로 및 직업교육

담당 교원, 특수교육 관련서비스 담당 인력 등으로 개별화교육지원팀을 구성한다. ② 개별화교육지원팀은 매 학기 마다 특수교육 대상자에 대한 개별화교육계획을 작성하여야 한다. ③ 특수교육 대상자가 다른 학교로 전학할 경우 또는 상급 학교로 진학할 경우에는 전출 학교는 전입 학교에 개별화교육계획을 14일 이내에 송부하여야 한다.

- 장애인 등에 대한 특수교육법 시행규칙

- 제4조: ① 각급 학교의 장은 매 학년의 시작일로부터 2주 이내에 각각 특수교육 대상자에 대한 개별화교육지원팀을 구성하여야 한다. ② 개별화교육지원팀은 매 학기의 시작일로부터 30일 이내에 개별화교육 계획을 작성하여야 한다. ③ 개별화교육 계획에는 특수교육 대상자의 인적사항과 특별한 교육 지원이 필요한 영역의 현재 학습수행수준, 교육목표, 교육내용, 교육방법, 평가계획 및 제공할 특수교육 관련서비스의 내용과 방법 등이 포함되어야 한다. ④ 각급 학교의 장은 매 학기마다 개별화교육 계획에 따른 각각의 특수교육 대상자의 학업성취도 평가를 실시하고, 그 결과를 특수교육 대상자 또는 그 보호자에게 통보하여야 한다.

2) 개별화교육 프로그램의 작성과 개발 절차

IEP는 특수교육에서 매우 중요한 역할을 한다. 그러므로 장애아가 특수학급과 일반학급에서 효과적으로 교육을 받을 수 있도록 관리하는 IEP에 들어가는 7가지 구성 요소를 알아야 한다.

1 현행수준

교육의 목표를 설정하는 첫 단계는 현재의 수준을 파악하는 것이다. 이를 기초로 하여 교육을 실시하여 장애아의 진보 사항을 비교할 수 있게 된다.

2 장기교육목표과 단기 교육목표

1년 동안 달성해야 할 장기교육목표과, 장기 목표을 달성하기 위한 단기 교육목표들을 명시해야 한다. 장기 목표은 포괄적으로 설정하도록 하고, 단기 목표는 구체적이며 측정 가능한 문장으로 서술해야 한다.

3 평가 계획

특정한 목표의 성취를 측정하기 위해 어떤 평가 방법을 사용할 것인지, 어떤 평가 기준에 의해 평가할 것인지, 평가의 실시 일정을 어떻게 계획하고 있는지 등을 명시해야 한다.

4 적절한 교육적 배치와 관련 서비스

장애아동의 현행수준과 장기 목표 및 단기 목표를 고려하여 어떤 교육 환경을 제공할 것인지 결정해야 한다. 이때 최소 제한적인 환경을 제공할 수 있도록 해야 한다. 또한 어떤 관련 서비스가 필요한지 결정하여 누가 이를 제공할 것인지도 명시해야 한다.

5 일반교육 프로그램의 참여 정도

장애아의 개별적 교육 필요에 의해 장애아가 일반교육에 참여할 수 있도록 전체 교육 시간 중에 일반교육에 참여하는 교육 시간을 백분율이나 시간 단위로 명시하도록 한다.

6 전이교육

전이교육이란 학교 교육이 종료된 후에 사회에 잘 적응할 수 있도록 직업교육이나 지역 사회 훈련 등의 필요한 활동들을 적절하게 제공하는 교육을 의미한다.

7 교육의 시작과 종료 시기

IEP에는 교육 시작과 종료하는 시기를 명시하게 되어 있으나, 1년인 경우가 대부분이다. 그러나 장애아의 특성에 따라 단기간의 교육만 필요한 경우도 있다.

장애아가 특수교육 대상자로 판명되면 IEP를 작성하기 위해 IEP 회의를 연다. 이때 특수교사, 일반교사, 심리학자, 부모, 학교 행정가 등이 참석하여 IEP 회의에서 장애아동의 교육을 위한 토의를 하게 된다. 이때 회의에 참석한 사람들이 자유롭게 토의할 수 있도록 분위기를 조성하여 교육의 목표와 평가 방법을 선정하고, 특수교육 배치 및 관련 서비스의 유형도 논의한다. 또한 일반교육에의 참여 정도 및 교육 시작과 종료 시기에 대해서도 논의하게 된다.

이와 같은 IEP 구성 요소를 포함하는 개별화교육 프로그램의 개발 절차는 IEP 개발에 있어 교육의 질을 결정하는 중요한 단계이다. Schulz와 Carpenter(1995)는 개별화교육 프로그램(IEP)을 작성하는 절차를 [그림 2-1]과 같이 제시하였다.

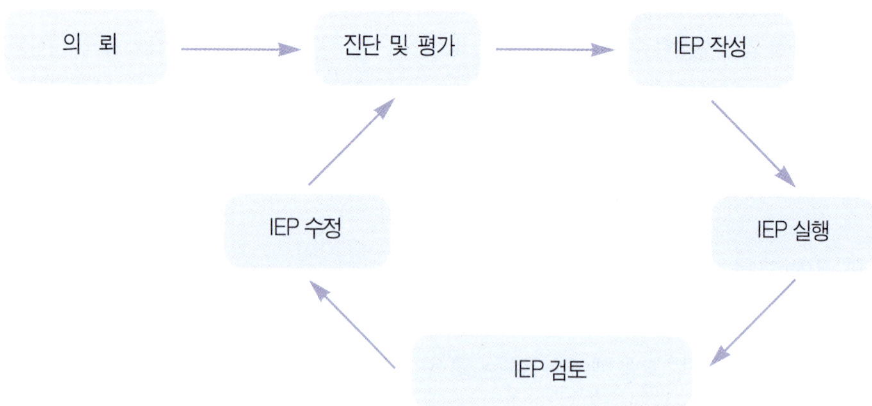

[그림 2-1] 개별화교육 계획 수립 절차

출처 : Schulz, J. B. & Carpenter, C. D. (1995). Mainstreaming exceptional students(4th ed). Boston: Allyn and Bacon.

3) 개별화교육 프로그램의 실제 적용

개별화교육 프로그램(IEP)은 교사가 1 : 1로 교육하는 개별 교육을 의미하는 것이 아니라 대집단, 소집단 등 집단 활동을 통해서 이루어질 수 있다. 즉, 개별화교육은 각 아동의 개별적 특성에 맞게 특별히 계획된 수업이다. 이러한 IEP를 실제에 잘 적용하기 위해서 교사가 알아야 할 내용을 살펴보면 다음과 같다.

1 교수 방법의 수정

장애아는 그들이 가지고 있는 장애 유형에 따라 다른 행동을 보이지만, 많은 장애아들의 경우 주의 집중력이 짧은 점, 쉽게 잊어버리는 점, 과제를 행하는 데 시간이 오래 걸리는 점 등의 문제점을 보인다(이소현 외, 2011).

첫째, 주의 집중력이 짧아서 과제를 오래 못하는 경우

- 과제를 작은 단위로 나누어 주거나, 양을 줄여 준다.
- 수업 시간을 단축한다.
- 수업 내용과 활동을 지루하지 않게 바꾸어 준다.

둘째, 지시 사항을 이해하지 못하거나 쉽게 잊어버리는 경우

- 지시 사항을 짧고 쉽게 말해 준다.
- 교사의 지시를 잘 기억하도록 시각적으로 간단한 표시를 해준다.

셋째, 장애를 고려한 자신의 능력을 표현하는 방법

- 의사소통 보조 기구를 사용한다.
- 말하는 것이 어려운 경우 쓰거나, 쓰기가 어려운 경우 구두로 시험이나 발표를 하게 한다.

2 일반교육과 특수교육의 협력

통합 환경 속에서 일반교육과 특수교육의 친밀한 관계 유지는 장애아와 일반아의 효과적인 교육을 위해서 중요하다. 때로는 일반교사와 특수교사의 학습 내용에 있어 연결이 되지 않아 교육의 효과가 떨어지거나, 교사들을 혼란스럽게 만들기도 한다. 이러한 문제에 좀 더 쉽게 적응하기 위한 방법은 〈표 2-1〉과 같다.

〈표 2-1〉 장애아동이 특수교육 서비스를 받기 위해 이동 시 교사의 주의 사항

1. 일반교사는 장애아동이 특수교육 서비스를 받기에 가장 좋은 시간을 특수교사와 의논한다.
   - 교사가 직접 교수를 할 때보다 아동이 각자 연습문제를 풀고 있을 때
   - 장애아동이 좋아하는 활동시간보다는 덜 좋아하는 과제가 포함된 활동시간일 때
   - 장애아동이 잘 못하는 과제보다 잘하는 과제가 포함된 활동시간일 때
2. 학급의 시간표를 규칙적으로 운영하여 장애아동이 매일 어떤 시간에 빠지는지를 알 수있게 한다.
3. 장애아동이 스스로 특수교육 서비스를 받기 위해 교실을 이동하는 일에 책임을 지게 한다 (예: 교실 이동 시간을 알 수 있도록 그림으로 표시하여 제공).
4. 장애아동이 교실에 돌아왔을 때 무엇을 해야 하는지 알 수 있는 의사소통 체계를 만들어 둔다. 교실에 왔을 때 다음과 같이 하도록 할 수 있다.
   - 교사에게 직접 가서 지시 사항을 듣는다.
   - 칠판의 지시를 읽는다.
   - 자신의 책상에 있는 활동 노트를 본다.
   - 짝에게 묻는다.
5. 장애아동이 교실을 떠남으로써 불이익이 발생하지 않도록 유의한다. 특별하거나 즐거운 활동을 그 동안에 하지 말고, 교실을 떠난 동안의 뒤진 부분을 보충하기 위해 과제를 늘리거나 방과후 수업을 받지 않도록 한다.

출처 : Lewis, S. B. & Doorlag, D. H. (1995). Teaching special students in the mainstream, (4th ed). Englewood Cliffs, NJ : Prentice-Hall

CHAPTER

3

지적장애 아동의 이해

1 지적장애의 정의와 분류

일반적으로 지능이 낮으면 지적장애로 보기 쉬우나, 단순히 지능뿐만 아니라 적응 행동 발달에 있어 문제를 보일 때 비로소 지적장애라 말할 수 있다. 즉, 지적장애의 기념에 있어 지능과 적응행동의 발달은 중요하게 여겨지는 부분이다.

1) 지적장애의 정의

지적장애에 대한 정의는 많은 변화를 거치면서 다양하고 유동적으로 정의되고 있다. 여기서는 현재 가장 많이 사용되는 미국 지적장애 및 발달장애협회(American Association on Intellectual and Developmental DisabilitiesL AAIDD)의 정의와 우리나라 법적 정의에 대해서만 살펴보고자 한다.

(1) 미국 지적장애 및 발달장애협회(AAIDD)

지적장애 용어는 미국 단체 명칭의 변화와 함께 정신결함, 지적장애, 지적장애로 수정되었고, AAIDD(2010)의 정의가 발표되기 전 10여 차례에 걸쳐 지적장애의 정의가 개정되었다. 1992년 수정된 정의에서는 유의하게 평균 이하인 지적 기능과 동시에 그와 연관된 적응적 제한성이 두 가지 혹은 그 이상의 실제 적응 기술 영역들 즉, 의사소통, 자기 관리, 가정생활, 사회성 기술, 지역 사회 활용, 자기 지시, 건강과 안전, 기능적 학업 교과, 여가, 직업 기술의 영역에서 존재하는 것으로 특정지어진다. 그리고 18세 이전에 지적장애가 나타난다고 하였다.

이 정의에 있어 중요한 3가지 요소는 '유의하게 평균 이하인 지적 기능', '적응행동상 장애가 존재', '발달 기간이 18세 이전에 발생'한다는 점이다. 그 외에도 이 정의에서 몇 가지 중요한 부분은 첫째, 지적장애는 현재 기능에 실질적인 제한성(Substantial limitations)이 있는 것을 지칭한다. 즉, 지적장애는 학습과 일상생활 기술의 수행에서의 근본적인 어려움을 나타낸다. 개인적인 능력에서 실질적인 제한성을 보이는 영역은 개념적, 실제적, 사회적 지능이다. 이 세 가지 영역은 특별히 지적장애로 영향을 받는 영역이고, 반면 다른 개인적 능력들(예: 건강과 기질)은 아마도 영향을 받지 않을 수도 있다. 둘째, 유의미하게 평균이하의 지적기능(Significantly subaverage intellectual functioning)은 지능 지수(IQ)가 대략 70에서 75 혹은 그 이하인 표준 점수로서 정의되는데, 그것은 지적 능력 평가의 목적으로 개발된 일반 지능 검사의 1회 혹은 그 이상의 개별 실시의 평가에 기초한 것이다. 이러한 자료는 다학문적(Multidisciplinary) 팀에 의해 제공되어야 하며 부가적인 검사점수 혹은 평가적인 정보들로서 확인되어야 한다. 셋째, 존재하는 지적 제한성과 적응 기술에서의 제한성이 동시에 일어난다. 넷째, 적응 기술에서의 제한성은 문화적 혹은 언어적 다양성 혹은 감각적 제한성보다도 지적 제한성에 더 밀접히 연관된다. 다섯째, 지적장애의 연령부분에서 만 18세란 이 사회에서(미국) 전형적으로 성인의 역할이 기대되는 나이에 근접한다. 다른 사회에서는 아마도 다른 연령기준이 더욱 적절한 것으로 결정될 수 있을 것이다.

2002년 미국지적장애협회(American Association of Mental Retardation: AAMR)에서의 개념은 "지적기능 및 개념적, 사회적, 실제적 적응능력에 있어서 심각한 제한을 갖는 장애이며, 18세 이전에 나타난다."로 정의하였으나 적응행동을 포괄적으로 다시 수정하였다. 현재 지적장애로 변경된 장애명과 함께 사용되고 있는 AAIDD(2010)의 정의는 지적기능에서 제한, 개념적, 사회적, 실제적 적응기술의 제한, 그리고 18세 이전 발생된다고 정의하고 있으며, 구체적인 내용은 다음과 같다.

BOX 3-1 AAIDD(2010)의 지적장애 정의

지적장애는 지적 기능과 개념적, 사회적 실제적 적응기술로 표현되는 적응행동에 있어서의 심각한 제한을 가지는 것으로 특정 지어지며, 18세 이전에 나타난다. 이 정의를 적용하기 위해서는 다음과 같은 다섯 가지 가정이 전제되어야 한다.

가정 1: 현재 기능에 있어서의 제한이 나이가 같은 또래 및 문화의 전형적인 지역사회 환경의 맥락 내에서 고려되어야 한다.
가정 2: 타당한 진단을 통하여 문화적, 언어적 다양성과 함께 의사소통, 감각, 운동기능, 행동요소에 있어서의 차이를 고려해야 한다.
가정 3: 개인 내적으로 제한점과 함께 강점고 공존할 수 있다.
가정 4: 제한점을 설명하는 중요한 목적은 필요한 지원 자료를 개발하기 위해서다.
가정 5: 적절한 개인적 지원이 지속적으로 주어짐으로써 지적장애를 지닌 개인의 삶의 기능은 전반적으로 향상될 수 있다.

출처 : 변호걸 외(2016). 특수교육의 이해. 동문사

(2) 우리나라 법적 규정

장애인 등에 대한 특수교육법 시행령(2008)에 따르면 지적장애를 지닌 특수교육대상자를 "지적 기능과 적응 행동상의 어려움이 함께 존재하며 교육적 성취에 어려움이 있는 사람"이라고 규정하고 있다.

장애인복지법 시행령(2007)에서는 지적장애인이라는 용어를 지적장애인으로 개정하였고, 장애인복지법 시행규칙(2013)에서는 지적장애인을 '정신발육이 항구적으로 지체되어 지적능력의 발달이 불충분하거나 불완전하고 자신의 일을 처리하는 것과 사회생활에 적응하는 것이 상당히 곤란한 사람'으로 1–3등급으로 분류하고 있다.

- **1급** : 지능 지수가 35 미만인 사람으로서 일상생활과 사회생활에 적응하는 것이 현저하게 곤란하여 일생 동안 다른 사람의 보호가 필요한 사람
- **2급** : 지능 지수가 35 이상 50 미만인 사람으로서 일상생활의 단순한 행동을 훈련시킬 수 있고, 어느 정도의 감독과 도움을 받으면 복잡하지 아니하고 특수기술이 필요하지 아니한 직업을 가질 수 있는 사람
- **3급** : 지능 지수가 50 이상 70 이하의 사람으로서 교육을 통한 사회적·직업적 재활이 가능한 사람

그러나 2019년 7월 장애등급제를 단계적으로 폐지 결정함에 따라 기존 의학적 상태에 따른 장애등급(1~6급)은 폐지되고, 장애정도에 따라 2단계로 구분하였다. 다시 말해 1–3등급에 해당하는 중증장애인(심한 장애인)과 4–6급에 해당하는 경증장애인(심하지 않은 장애인)으로 나누어 수요자 중심의 장애인서비스를 지원하고 있다.

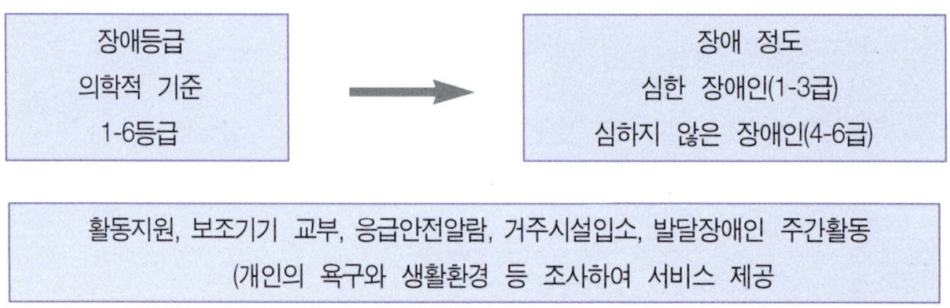

2) 지적장애의 분류

미국지적장애협회(AAMR)에서는 전통적으로 지능 수준에 따라 경도, 중등도, 중도, 최중도로 분류체계를 사용해 왔으나 여러 차례 분류체계의 변화에 따라 AA-IDD(2010)에서는 지적장애 개념에서 개인에게 요구되는 지원강도에 따라 분류체계를 제시하고 있다.

(1) 지능 수준에 따른 분류

미국지적장애협회(AAMR)에서는 개인의 지능수준에 따라 경도(mild), 중등도(moderate), 중도(severe), 최중도(profound)로 분류하였다. 이 4가지 분류 기준은 IQ검사 결과에 기초하며 일반적으로 현장에서 많이 사용되고 있다. 장애 정도(경도, 중등도, 중도, 최중도)에 따른 분류는 다음과 같다.

◉ **경도 지적장애**

IQ 점수가 55~70까지 속하며, 지적장애의 80%를 차지한다.

◉ **중등도 지적장애**

IQ 점수가 40~55에 속하며, 지적장애의 약 10%를 차지한다.

◉ **중도 지적장애**

IQ 점수가 25~40에 속하며, 지적장애의 3~4%를 차지한다.

◉ **최중도 지적장애**

IQ 점수가 25 이하에 속하며, 지적장애인의 1~2%를 차지한다.

각각의 내용을 정리하면 다음 〈표 3-1〉과 같다(이소현·박은혜, 2011).

〈표 3-1〉 지적장애의 정도

구분 / 정도	발달특성		
	학령전기(만0~5세)	학령기(만6~20세)	성인기(만21세이상)
경도 지적장애	• 진단되지 않을 수 있다.	• 기초적 학업 기술과 직업 전 기술을 배울 수 있다.	• 지역사회에서 살면서 직업을 가질 수 있다. • 지적장애로 낙인 찍히지 않고 지낼 수도 있다.

구분 / 정도	발달특성		
	학령전기(만0~5세)	학령기(만6~20세)	성인기(만21세이상)
중등도 지적장애	• 임상적진단 (예:다운증후군)을 받을 가능성이 있다.	• 자조기술과 기능적 학업기술을 배울 수 있다. • 익숙한 환경에서는 독립적으로 행동할 수 있다.	• 감독하에 어느 정도의 기술을 요하는 일을 할 수 있다. • 경쟁 고용이 가능할 수도 있다.
중도 지적장애	• 운동발달이 늦다. • 약간의 의사소통 가능 지체장애가 있을 수 있다.	• 개인적 필요를 스스로 돌볼 수도 있다. • 의사소통을 배울 수 있다.	• 직장과 주거환경에서 감독하에 기능할 수 있다.
최중도 지적장애	• 반응이 별로 없다. • 복합장애가 흔히 있다.	• 운동발달이 느리다. • 기초적 자조기술을 배울수 있다.	• 약간의 의사소통을 할 수 있다. • 기초적 필요를 돌볼 수 있다.

출처 : 이소현, 박은혜(2011). 특수아동교육. 서울 : 학지사

(2) 지원 수준에 따른 분류

2002년 미국지적장애협회에서(AAMR)의 개정 분류와 마찬가지로 2010년 미국 지적장애 및 발달장애협회(AAIDD)에서는 지원의 강도와 양식에 따라 간헐적(intermittent) 지원, 제한적(limited) 지원, 확장적(extensive) 지원, 전반적(pervasive) 지원으로 분류되고 있다.

지적장애 아동에게 요구되는 지원의 강도에 따른 분류는 다음과 같다(박승희 역, 1994).

1 간헐적 지원

필요한 때에 기초적 지원, 간헐적 성격을 지니며 개인은 항상 지원을 필요로 하지 않으며, 인생에서 전이(transition) 시기 동안 지원이 필요(예 : 직업 상실, 심각한 의료적 위기)하다. 간헐적 지원은 고강도 혹은 저강도로 제공된다.

2 제한적 지원

일정한 시간에 걸쳐 일관적으로 그러나 간헐적인 것이 아닌 시간 제한적인 것으

로 특징지어진다(예 : 시간 제한적인 고용 훈련 혹은 학교에서 성인 기준의 전이적 지원 제공 등).

3 확장적 지원

적어도 몇몇 환경에서 정규적으로 요구되는 지원으로 특징지어지며, 시간 제한적인 것은 아니다(예 : 장기간 가정생활의 지원).

4 전반적 지원

전반적인 환경들에 걸쳐서 제공되며, 잠재적으로 삶을 유지하는 데 필요한 성격의 것으로 특징지어진다. 전반적 지원이란 전형적으로 확장적 또는 시간 제한적 지원보다 더 많은 수의 요원이 필요하고 개인에게 더 개입적일 수 있는 지원을 포함한다.

3) 지적장애 아동의 출현율

지적장애 아동의 출현율은 그 판별의 준거(정의)와 산출 방법에 따라 달라진다. IQ를 판별의 준거로 하여, Wechsler 검사 결과 IQ가 70 이하일 경우를 지적장애로 간주한다면 그 출현율은 약 2.3%가 될 것이며, IQ가 85 이하일 경우 지적장애로 간주한다면 그 출현율은 5.5%가 될 것이다. 이와 같이 판별 기준에 따라 출현율은 달라질 것이다. 미국의 '지적장애 대통령위원회'는 인구 중 3%가 지적장애를 가지고 있는 것으로 추산하고 있으며, Mercer(1973)와 Tarjan과 동료들(1973)은 출현율 조사 결과 1% 정도라고 했다.

우리나라의 경우 보건복지부(2017)의 장애인 실태조사에서 총 44,161가구 6,549명을 대상으로 조사한 결과, 지적장애 출현율은 0.38%였으며, 낮은 연령대에서 출현율이 높은 것으로 나타났다. 또한 국립특수교육원의 특수교육연차보고서(2022)에서는 지적장애 특수교육대상자가 53,718(51.8%)명으로, 장애영역 중에 가장 많은 대상임을 알 수 있다.

〈표 3-2〉 지적장애 출현율

구분	2014년		2017년	
	추정장애인수	출현율	추정장애인수	출현율
지적장애	173,296	0.36	187,300	0.38

출처: 보건복지부(2017). 장애인실태조사.

2 지적장애의 원인

지적장애의 원인은 여러 가지로 볼 수 있으나 정확한 원인을 알 수 없는 경우가 알 수 있는 경우보다 훨씬 더 많다. 중도 지적장애의 약 30%와 경도 지적장애의 약 50%의 원인은 아직 밝혀지지 않았다(McLaren & Bryson, 1987). 여기서는 지금까지 밝혀진 주요한 출생 이전의 몇 가지 원인만을 알아보고자 한다.

1) 염색체 이상

대부분 사람들의 세포는 각 23쌍씩 46개의 염색체로 이루어져 있다. 염색체 이상은 46개의 염색체보다 너무 많거나 적어서 염색체의 수나 구조에 이상을 가져오는 경우를 말한다.

가장 일반적인 염색체 이상으로는 다운증후군(Down's syndrome)을 들 수 있다. 이 증후군은 21번째 염색체가 2개가 아닌 3개가 됨으로써 발생하는 것으로, 몽고 사람과 신체적 특징이 비슷하다고 하여 '몽고리즘'이라 부르기도 한다. 신체적 특징으로는 손이 작고 네모지며, 코가 전체적으로 낮고, 눈이 약간 위로 올라간 경향이 많다. 또한 키도 평균보다 작고, 비만해지기 쉬우며, 언어 발달도 느리다. 하지만 성격이 명랑하여 사람을 잘 따르는 특성도 보인다. 이러한 특성을 지닌 다운증후군 아동은 20세 이하 40세 이상의 산모에게서 출생할 확률이 높으며(Hallahan & Kauffman, 1994), 지적장애의 약 5~6%에 달할 만큼 출현율이 높게 추정되고 있다.

2) 유전적 대사장애

대사장애는 아미노산 대사장애인 페닐케톤뇨증(PKU: Phenylketonuria)과 탄수화물 신진대사 이상인 갈락토스혈증(Galactosemia)이 있는데, 내용은 다음과 같다.

① 페닐케톤뇨증

혈액 속에 축적된 페닐알라닌이 두뇌 발달을 초래하는 것인데 신체가 페닐알라닌이라는 음식 물질을 티로신으로 변환시키지 못하는 것이다. 이러한 대사장애는 신생아 때 선별 검사를 하여 PKU 여부를 알아보고, 페닐알라닌의 섭취를 조절하는 식이 요법을 계속함으로써 예방할 수 있다.

② 갈락토스혈증

갈락토스를 대사하지 못하여 지적장애를 초래할 수 있는 질환이다. 이것은 출산 초기의 황달과 백내장의 원인이 되기도 한다. 갈락토스혈증도 PKU와 마찬가지로 우유 등과 같은 특별한 음식을 조절하여 조기 발견한다면 예방할 수 있다.

3) 감 염

감염은 임신한 모체, 영·유아에게서 발생하여 지적장애를 일으킬 수 있다. 특히 풍진, 매독 등의 질병을 산모가 앓았을 때 태아는 지적장애가 될 가능성이 높게 나타나며, 임신 초 3개월 이내에 풍진에 감염된 경우에는 더욱 더 치명적이다. 또한 풍진과 AIDS에 감염된 태아는 소두증을 보이기도 하는데, 이는 머리가 작고 이마가 비스듬한 특징이 있다. 소두증에 걸린 아동은 대부분 중도나 최중도의 지적장애를 가지게 될 수 있다.

풍진과 달리 매독은 임신 5개월 이후에 위험하며, 태아나 영·유아가 매독이나 풍진, 뇌막염(meningitis)이나 뇌염(encephalitis)에 감염되는 경우에는 정신적 발달에 큰 영향을 미칠 수 있다.

4) 중 독

중독은 감염과 마찬가지로 임신한 모체, 영·유아에게 발생하여 지적장애를 일으킬 수 있다. 산모의 경우 태아에게 치명적인 코카인이나 헤로인 등의 마약이나 그보다 약한 담배, 알코올, 카페인 등을 복용하여 중독되면 태아의 행동 발달에 지체를 가져올 수 있다. 특히 술이나 담배를 많이 하는 임산부는 조산하거나 행동 및 신체적 문제가 있는 아기를 출산할 가능성이 높은 것으로 보고 있다(Hetherington & Parke, 1986).

태내알코올증후군(Fetal Alcohol Syndrome, FAS)은 다운증후군과 함께 일반적으로 알려진 지적장애의 원인이다(Edwards, 1981). FAS는 알코올 중독인 산모에게서 태어난 아기에게 많이 나타나는 경우로 지적장애와 함께 신체적 장애를 동반한다. 이러한 위험성을 비추어 볼 때 산모에게 알코올은 아주 적은 양이라도 태아에게 손상을 입힐 수 있으므로 산모의 알코올 절제가 필요하다.

3 지적장애의 판별

지적장애뿐만 아니라 대부분의 장애는 수많은 검사와 측정 도구가 있음에도 불구하고 평가를 하는 데 많은 어려움이 있다. 지적장애의 정상적인 판별은 짧은 기간 동안 이루어지지 않으며, 반드시 아동의 정신 능력과 적응 행동 특성들이 모두 충족되도록 측정되어야 한다.

지적장애의 판별과 진단은 다음과 같은 욕구를 충족해야 한다(김종현 외, 1996).

첫째, 지적장애 아동의 배치 목적을 위하여 사용
둘째, 평가 자료는 개인 간 차와 개인 내 차를 비교하기 위하여 사용
셋째, 판별된 아동을 위한 치료 계획 또는 적용 프로그램 준비를 위하여 사용

1) 지능 검사

아동의 지적 기능 수행이 평균보다 유의하게 낮은지 알아보기 위해서는 지능 검사를 실시해야 한다. IQ검사는 정신적 능력을 객관적으로 평가할 수 있는 검사로 1905년 Alfred Binet가 처음 고안하였다. 그 이후로 IQ검사는 지능 측정의 중요한 도구가 되었고, 학업 성취의 예언에도 사용되고 있다.

평균 이하의 지적 기능이라는 결정을 하기 위해서는 다양한 유형의 문항들과 지능의 다양한 요소들을 포함하고 있는 전반적인 측정 도구의 사용이 요구된다(Reschly, 1987). 지적 기능의 평가를 위해 가장 널리 사용되는 도구는 스탠포드 비네 지능 검사와(Thorndike et al., 1985) 웩슬러 검사들 중의 하나[예 : 웩슬러 아동용 지능 검사 Ⅲ(Wechsler Intelligence Scale for Children Ⅲ, Wechsler, 1991)와 웩슬러 성인 지능 검사–개정판(Wechsler Adult Intelligence Scale Revised, Wechsler, 1981), 웩슬러 학령전과 학령기 지능 검사(Wechsler Preschool and Primary Scale of Intelligence, Wechsler, 1967)], 그리고 카프만 아동용 평가 도구(Kaufman Assessment Battery for Children, K·ABC, Kaufman & Kaufman, 1983) 등이다.

지능 검사에는 크게 개인 검사와 집단 검사가 있다. 집단 검사는 개인 검사에 비해 정확성과 예언력이 낮기 때문에 진단 시에 개인 검사를 더 많이 사용한다. 우리나라에서 보편적으로 많이 사용되는 아동용 개인 검사로는 '고대–비네 검사'(전용신, 1971)와 'KEDI–WISC'(박경숙·윤점룡·박효정·박혜정·권기욱, 1987)가 있다.

두 가지 개인 검사의 내용은 다음과 같다.

1 고대-비네 검사

만 4세부터 만 14세까지의 아동에게 실시할 수 있는 검사로서 정신연령(MA: mental age)과 IQ를 알 수 있다. 구성 요소로는 언어, 기억, 추리, 수량, 공간, 지각, 운동 등 7개의 문항으로 이루어져 있다.

2 KEDI-WISC

만 5세부터 15세까지의 아동에게 실시할 수 있는 검사로서 IQ(언어성 IQ, 동작성 IQ 및 전체 IQ)를 알 수 있다. 구성 요소로는 크게 언어성 검사와 동작성 검사로 나누고 각각 6개의 소검사로 구성된다. 언어성 검사는 상식, 공통성, 산수, 어휘, 이해, 숫자 등이고, 동작성 검사는 빠진 곳 찾기, 차례맞추기, 토막짜기, 모양맞추기, 기호 쓰기, 미로 등으로 구성되어 있다.

2) 적응 행동의 평가

적응 행동 평가는 지능 검사에서처럼 단순하고 객관적인 평가 절차가 존재하지 않는다. 그 이유는 적응 행동의 정의가 명확하지 않고 개념이 상대적이기 때문이다. 일반적으로 적응 행동 검사는 아동의 주변에 있는 부모, 교사 등의 면접에 의해 행동 목록이 작성된다.

오랜 기간 동안, 바인랜드 사회 성숙도 검사(the Vineland Social Maturity Scale)(Doll, 1953)는 적응 행동의 표준 검사로서 사용되어 왔다. 그러나 이제는 다양한 도구들이 이용 가능하며 보편적으로 사용되고 있다. 이러한 도구들도 AAMD 적응 행동 검사(ABS)(Nihira et al., 1974), AAMD 적응 행동 검사(ABS)의 학교판(Lambert & Windmiller, 1981), 개정 바인랜드 사회 성숙도 검사(Sparrow et al., 1984), 독립적인 행동 검사(the Scales of Independent Behavior)(Bruininks et al., 1984), 적응 행동의 종합 검사(the Comprehensive Test of Adaptive Behavior)(Adams, 1984)가 있다. 이런 검사들과 다른 도구에 대한 비판은 Reschly(1987, 1990)의 연구에 나타나 있다.

우리나라에서 적응 행동 검사로 표준화되어 있는 것은 '사회 성숙도 검사'(김승국·김옥기, 1985)와 '적응 행동 검사'(김승국, 1990) 등이 있다. 두 가지 검사의 내용은 다음과 같다.

1 사회 성숙도 검사

6세부터 모든 연령의 사람에게 실시할 수 있는 표준화 검사로 사회 연령(SA: social age)과 사회 지수(SQ: social quotient)를 알 수 있다. 구성 요소로는 자조, 이동, 의사소통, 자기 관리, 사회화, 작업 등 117개 문항으로 되어 있다.

2 적응 행동 검사

3세부터 17세까지 일반아동, 교육 가능급 지적장애 아동 및 훈련 가능급 지적장애 아동에게 실시할 수 있는 검사이다. 이 검사는 아동의 선별, 진단, 교육적 배치, 판별, 평가에 사용되고, 개별화 프로그램을 작성하는 데 활용될 수 있다. 구성 요소는 21개 영역의 95개 문항으로 되어 있다.

3) 조기 판별

조기 판별은 초기에 아동의 문제를 발견하여 개선시킬 수가 있기 때문에 매우 중요하다. 하지만 유아들의 정신적 능력과 적응 행동의 특성에 따라 지적장애를 예견하거나 판별하기는 어렵다. 특히 경도 지적장애유아인 경우에는 그 발달 지체를 알지 못하고 넘기는 수가 종종 있다. 조기에 발달 지체 유아를 발견하는 방법은 다음과 같다(김종현 외, 1996).

1 관 찰

유아들의 일상생활의 행동을 계속적으로 세심하게 관찰함으로써 행동상의 특이성을 발견할 수 있다. 이때 유의해서 관찰할 행동은 말의 유창성, 활동시 태도의 부적절성, 부적응, 신변 자립을 중심으로 한 사회성 발달이 낮은 것 등이다.

2 검 사

관찰 후에는 유아기의 심리적, 행동적 특성과 장애 특성을 고려하여 정신 발달 검사나 지능 검사를 실시한다. 지능 검사 시에는 집단 검사만으로 지적장애를 판단하는 것은 위험하며, 반드시 전문가에 의한 개별 지능 검사를 실시하여 정확성을 검토해야 한다.

3 생육력 조사

관찰과 검사로부터 얻은 자료에 의해 지적장애로 예견되는 경우 그 발생 원인과 양육 과정을 조사해서 판별의 참고 자료로 사용한다.

4 신체적 · 의학적 검사

발달 지체 유아로 보이는 여러 가지 요인을 신체적, 의학적 검사를 통해 명확히 하고 지적장애의 유무를 밝혀야 한다.

4 지적장애 아동의 특성

지적장애는 발달 속도의 중단을 의미하는 것이 아니며, 학습 능력이 전혀 없다는 것이 아니다. 단지 지능의 발달과 적응 행동에서 속도가 더디거나 지체되는 것뿐이다. 지적장애의 특성을 보면 장애의 정도(경도, 중등도, 중도, 최중도)에 따라 개인차가 큰 것을 볼 수 있다. 즉, 단지 학습에만 문제를 가지는 경도 지체아부터 낯선 환경에 적응하지 못하거나 장애 정도가 심각한 최중도 지적장애아까지 차이가 크다.

1) 장애의 정도에 따른 특성

(1) 경도 지적장애 아동의 특성

경도 지적장애 아동의 문제는 주의 집중 시간이 비교적 짧고, 학습과 사회성에 결함이 있지만 정상적인 아동들과의 차이는 거의 없다고 볼 수 있다. 경도 지적장애 아동의 특성은 다음과 같다(김종현 외, 1996).

- 학습 속도가 느리고 능률이 오르지 않는 학습자이다.
- 학습이 제한되고 강화(칭찬, 격려, 미소)가 좀 더 요구된다.
- 빨리 생각할 수 없다.
- 읽기의 수준이 또래 수준에 못 미친다.
- 보다 느리게 성숙한다.
- 말과 언어 기능의 획득이 느리며 높은 일탈 확률을 보이는 경향이 있다.
- 일반화 능력과 전이 능력에 어려움이 있다.
- 정상 아동과 같은 추리력 또는 통찰력을 쉽게 얻을 수 없다.

(2) 중등도 지적장애 아동의 특성

중등도 지적장애 아동은 10세가 될 때까지 학습 활동을 위한 준비가 되어 있지 않고 새로운 상황과 일반적 학습에 문제를 가지고 있다. 그들은 또한 뚜렷한 적응 행동의 결함으로 사회적 개념, 정서적 불안정, 의사소통 등의 문제를 유발한다.

(3) 중도 지적장애 아동의 특성

중도 지적장애 아동들은 성공적인 적응을 하는 데 많은 어려움이 있으며, 지적장애 이외의 장애 발생률이 높다. 즉 언어의 결핍, 운동 발달 결핍, 사회성 기술의 결핍, 감각 손상, 이동의 부자유, 발작 또는 뇌성 마비 등의 추가적 장애를 지닐 수 있다.

하지만 중도 지적장애 아동은 기초적 기능들을 획득할 수 있기 때문에 화장실 사용 습관 조절, 식사하기, 표적에 공 던지기, 단순한 언어적 지시 이해, 간단한 놀이와 게임 등에 참가하는 것을 배울 수 있다(Anderson & Greer, 1976).

(4) 최중도 지적장애 아동의 특성

최중도 지적장애 아동들은 중도 지적장애와 같은 특성을 지닌다고 생각하기 쉽다. 하지만 최중도 지체아 대부분은 중도보다 심각한 손상을 입은 장애인이므로 좀 더 철저한 훈련과 치료 과정이 필요하다.

2) 인지 능력과 학업 성취 특성

지적장애 아동의 대부분은 주의력과 기억력에 문제를 가지고 있다. 그들은 다양한 자극에 주의하기 힘들고, 주의가 쉽게 산만해지며 주의 지속 시간이 짧다(Hagen & Huntsman, 1971). Zeaman과 House(1963)에 의하면 주의력의 결핍은 지적장애 아동에게 많은 학습 문제를 초래한다고 밝히고 있다. 또한 일반아동보다 장·단기 기억력도 부족하다. 특히 장기 기억력에 비해 단기 기억력이 많이 부족하고 더 많이 손상된 것으로 알려져 있다. Bray(1979)는 단기 기억에서 실패하는 이유는 적절한 학습 전략을 사용하지 못하기 때문이라고 밝혔다. Ellis(1983)는 지적장애 아동은 구체적 정보보다 추상적 개념을 기억하는 데 어려움이 있으며 지체 아동이 정보를 충분히 익혔다면 그들의 장기 기억은 정상인과 비슷하다고 했다.

지적장애아들은 학업 성취 능력에서도 문제를 보인다. 그들은 다른 영역에 비해 읽기 성취가 전반적으로 낮으며, 읽기 이해력에서도 수준 이하의 성취를 나타낸다. 그러나 셈하기 기술에는 결함이 없는 편이다(Dunn,1973). 또한 추상적 개념과 상징들을 수반하는 수학의 개념을 이해하는 데는 문제를 가지고 있다(Vitello, 1976).

지적장애아들의 학습상 어려움으로 종종 사회적·정서적 문제가 야기되고, 성공에 대한 강한 동기 유발이 부족하다는 문제가 생긴다(Harter & Zigler, 1974). 지적장애 아동의 낮은 동기 유발은 처음부터 형성되지 않는 경우도 있다. 하지만 초기부터 누적된 실패의 경험으로 낮은 희망과 목표를 설정하고 주위에서 모든 것을 대신해 줌으로써 스스로 할 수 있는 기회가 없기 때문에 발생한다고 본다. 이러한 실패 예상과 의존적 경향은 동기 유발에 부정적인 영향을 미친다(이상춘·조인수 1989).

Kirk와 Gallagher(1983)에 의하면 지적장애아는 계속되는 실패와 그 결과로 갖게 된 낙심과 과제에 대한 혐오에서 비롯될 수 있다고 말하고 있다. 이에 따라 시간이 걸리고 힘들어도 아동에게 스스로 할 수 있는 기회를 제공하여야 할 것이다.

3) 언어 발달

지적장애 아동들은 정상 아동들보다 일반적으로 언어 수준이 낮다. Cromer(1974)는 지적장애 아동의 수용 언어에 관한 연구 결과 ① 지적장애 아동의 언어 발달 속도는 느리고, ② 언어 연령은 그들의 정신연령보다 낮으며, ③ 그들의 인지 능력 결함은 언어 발달 지체 때문이라고 하였다.

Jordan과 동료들(1976)에 의하면 경도 지적장애 아동은 일반적으로 말을 시작하는 시기가 늦고 함묵증(mutism: 말이 없는 것)을 가지는 경우가 드물고, 중등도 지적장애 아동은 일반적으로 같은 언어를 사용하거나 단조로운 표현이 빈번하고, 중도 지적장애 아동은 보편적으로 함묵증을 가지고 있으며 언어 발달 수준이 열등하고 빈번하게 소리를 지른다고 한다. 또한 대부분의 지적장애 아동들이 언어를 통해 자기 표현과 주변 환경의 통제를 충분히 할 수 없을 때는 문제 행동으로 표출되기도 한다.

4) 사회성 발달

지적장애 아동들은 일반적으로 정상적인 아동들에 의해 잘 수용되지 못하고 거부되는 수가 많다(Corman & Gottlieb, 1978). 그들은 대부분 학교생활에서 소외당하며, 친구가 거의 없어 사회성 발달에 지체를 가져온다. 지적장애아들이 사회성 발달에 지체를 가져오는 이유는 다음과 같다(이소현 외 2011; 김종현 외, 1996).

첫째, 다른 사람과 어떻게 상호작용하는지 잘 몰라서 친구를 사귀지 못한다.

둘째, 자신이 친구들과 다르다는 것을 인식하고, 자신에 대한 자아개념이 낮아졌기 때문이다.

셋째, 또래들에게 수용될 만한 사회적 기술을 배우기 위한 능력이 부족하기 때문이다.

5 지적장애 아동의 교육

우리나라의 지적장애 학교 교육 과정을 살펴보기로 하자. 특수교육진흥기의 가장 중요한 의의는 장애 영역별 교육 과정의 제정이었다. 1967년 4월 고시된 문교부령 제181호로 특수학교의 교육 과정이 제정되었으나 이때의 교육 과정은 맹학교와 농학교 교육 과정뿐이었고, 1974년 정신박약 학교 교육 과정 제정 및 1983년 지체부자유 학교 교육 과정 제정을 거쳐 4개 장애 영역에 대한 교육 과정이 마련되게 되었다(교육부, 1998).

1960년대에 들어와서 전국에 4개 정신박약 학교가 교육을 시작하였으나 교육 과정이 마련되어 있지 않아 정신박약아 교육에 어려움을 겪었다. 1974년 최초로 정신박약아 특수학교 초등부 교육 과정이 문교부에 의해 고시되었으나 본격적으로 교육 과정 개발에 들어간 것은 1980년대였다. 1983년 문교부 고시 제83-13호로 '정신박약 특수학교 교육 과정'이 개발되었고, 1989년 문교부 고시 제89-10호에 의해 '정신지체 특수학교 교육 과정 기준'으로 개정되어 시행되고 있다. 제3차 정신지체 특수학교 교육 과정 기준의 특징은 학교 수준의 교육 과정의 편성과 운영을 강조한 점이다. 이 기준에 의하면 특수학교는 그 학교의 대상자에게 적합한 교육을 할 수 있는 '학교 교육 과정'을 의무적으로 편성하여 운영하도록 규정하고 있다. 따라서 현재까지도 지적장애 특수학교에서는 학교와 지역 사회의 실정, 학생들의 특징 등을 고려하여 학교 교육 과정을 편성하여 교육을 시행하고 있다.

1) 경도 지적장애 아동을 위한 교육적 접근

경도와 중도 지적장애 아동을 위한 교육적 접근 방법이 명확하게 구분되어 있는 것은 아니다. 단지, 장애 정도에 따라 일반교육 과정을 수준에 맞게 변형하여 학습할 뿐이다. 중도 지적장애아는 일반아동과 별 차이를 보이지 않는 경도 지적장애아의 교육방법과 달리 장애 정도가 심하고 복잡함에 따라 여러 측면의 다각적이고 협력적인 접근 방법이 필요하다(Westling & Fox, 1995; Orelove & Sobsey, 1996). 이들은 미 공법 94-142조가 제정되기 전까지 주로 수용 시설이나 특수학교에서 교육을 받았으나 최근에는 특수학급과 더불어 일반학급에 통합되는 경우도 증가하고 있으며, 효과적인 통합을 위한 노력과 연구가 활발히 진행되고 있다(Janney, Snell, & Beers, 1995; Ryndak & Alper, 1996).

본 장에서는 경도의 지적장애유아의 교육적 접근 방법에 대해 알아보기로 하자. 경도 지적장애 아동들에게 중요하게 다루어지는 부분은 실생활과 관련된 학업 기술을 가르치고자 하는 기능적 학업 기술(functional academics) 교수와 저학년 경우의 학습 준비 기술(readiness skill) 교수이다. 여기서는 이 두 가지 교육방법에 대해서 알아보고자 한다(이소현 외, 2011).

(1) 기능적 학업 기술

기능적 학업 기술을 가르치는 데는 크게 주제별 접근법과 기능적 연습 활동의 두 가지 접근 방법이 있다. 각각의 내용은 다음과 같다(Lewis & Doorlag, 1995).

[1] 단원 또는 주제별 접근 방법

생활 주제를 선택하고 주제와 관련된 기초 기술을 제시한 후 기초 기술의 연습 기회를 제공하는 방법이다.

예 1
- 주　제 – 시간
- 소주제 – 여가 시간
- 기초 기술 – 시간을 재미있게 보내기(쇼핑하기, 맛있는 음식 먹기 등)

예 2
- 주　제 - 교통
- 소주제 - 여러 가지 교통기관(바다, 육지, 해상)
- 기초 기술 - 버스 타기, 지하철 타기, 자동차 운전하기, 배 타기

이와 같이 큰 주제 하에 소주제를 정해서 여러 가지 기초 기술을 가르칠 수 있다. 이때 주의할 점은 지적장애 아동의 연령, 기술 수준, 흥미에 맞는 활동을 적용해야 한다는 것이다.

2 기능적 연습 활동

이 방법은 지적장애 아동들에게 읽기, 쓰기, 셈하기 등의 학업 기술들을 각각 가르친 후에 실생활에 적용시켜 연습할 수 있도록 하는 것이다. 읽기, 쓰기, 수 활동의 기능적 연습 활동의 구체적 내용은 〈표 3-3〉과 같다(이소현 외, 2011).

〈표 3-3〉 기능적 연습 활동의 예

학업기술	연습활동
읽기	• 건물이나 지역사회에서 흔히 볼 수 있는 표시판들 (남, 여, 정지, 진입금지, 위험 등) • 성인 혹은 아동용의 신문이나 잡지 • 패스트푸드점이나 일반음식점의 메뉴 • 학급 시간표나 TV, 기차, 영 화시간표 • 전화번호부 • 물건 광고나 구인 광고 • 완구 조립이나 신청서 작성을 위한 설명문 • 음식, 약, 옷 등의 라벨
쓰기	• 쇼핑 목록, 할일 들의 목록 작성하기 • 친구나 가족에게 메모 남기기 • 엽서, 초대장, 친구에게 편지쓰기 • 주문서 양식을 이용하여 우편으로 주문하기 • 다른 사람을 위해 전화 내용 메모하기

학업기술	연습활동
수학	• 물건 구입하기 • 용돈 예산 세우기 • 물건 값 비교하기 • 저금하기(통장 관리하기) • 음식 준비하기 • 측정 도구 이용하기(예: 온도계, 체중계, 키재기) • 시계보기, 달력보기, 시간계산하기

(2) 학업 준비 기술

학업 준비 기술은 실제 학업 교과를 배우기 위해 갖추어야 할 기술들을 말하며, 저학년 지적장애 아동에게 중요시된다. 학습 준비 기술의 구체적인 내용은 다음과 같다(Silbert, Carnine, & Stein, 1990 ; Hallahan, et al., 1994).

- 자리에서 일어나지 않고 앉아서 교사에게 주의 집중하기
- 지시 따르기
- 시각적 자극과 청각적 자극을 변별하기
- 언어 발달
- 근육 협응 능력 발달 (예 : 연필 쥐기, 가위질하기)
- 자조 기술 (예 : 단추 채우고 풀기, 화장실 사용)
- 집단 상황에서 또래와 상호작용하기

만일 경도 지적장애 아동들이 학습 준비 기술이 부족할 경우에 교사는 아동마다 부족한 학습 준비 기술을 파악하여 효과적인 교육방법을 계획하고 시행하여 특별한 관심을 가져야 한다. 유아교육에서는 지적장애의 조기교육이 제대로 실천되지 않고 있으나, 지적장애유아의 취원율이 높아지므로 적절한 교육적인 뒷받침이 따라야 한다.

경도 지적장애유아에 대한 지도상 유의 사항은 다음과 같다.

첫째, 신변 자립에 초점을 두어 좋은 생활 습관을 기르기 위해 가정과 연계한다.

둘째, 흥미와 관심을 찾아내어 그에 적절한 놀이와 도구를 사용하여 놀이를 할 수 있도록 한다.

셋째, 언어 발달이 늦어 의사소통이 잘 이루어지지 않으므로 항상 언어적인 자극을 주도록 한다.

넷째, 대부분 정서·행동장애가 있으므로 개별적인 지도가 이루어지도록 한다.

다섯째, 지적장애유아 개개인의 욕구를 고려하여 집단 지도는 물론 특별한 개별적 지도가 이루어지도록 한다.

2) 통합교육을 위한 교수 방법과 교사의 역할

(1) 교수 방법

통합된 지적장애 아동을 위한 교육내용은 개별화교육(IEP) 계획에 기초해야 한다. 지적장애 아동들은 일반교과 과정 이외에 장애 정도와 특성에 따라 기능적 학습 교과를 학습하거나 일반적인 학습 준비 기술의 습득에 중점을 두기도 한다. 장애 정도가 심하여 학업 교과의 학습이 어려운 경우에는 일상생활 중심의 교육 과정을 사용한다.

(2) 교사의 역할과 태도

지적장애 아동이 일반학급에 성공적으로 통합되기 위해서는 교사의 역할과 태도가 중요하다. 예컨대, 또래 간에 지적장애 아동이 소외되지 않고 잘 받아들여질 수 있게 미리 일반아동에게 장애에 대한 지식을 갖게 하거나 모의 장애 체험 등을 하게 함으로써 거부감을 최소한 줄일 수 있다.

또한 장애아동이 학급에 배치된 후에도 또래 간의 지적, 사회적 상호작용과 협력 학습을 할 수 있는 환경적 여건을 만들어 주는 노력이 필요하다. 만약 지적장애 아동이 문제 행동을 보인다면, 문제 행동과 장애를 결부시키지 말고 먼저 그러한 행동을 보이는 원인을 분석하고 보다 근본적인 원인을 없애야 한다.

성공적인 통합교육을 위해 장애아동을 통합시킬 때, 일반교사가 가져야 할 자세는 다음과 같다(Giangreco, Dennis, Cloninger, Edelman, & Schattman, 1993; Janney et al., 1995).

첫째, 열린 마음을 가지고 장애아동을 내 학급의 아동으로 생각하는 책임 의식을 가져야 한다. 일반교사는 지적장애 아동이 자신의 학급에 있으면서도 전문지식의 부족과 부정적 인식 때문에 지적장애 아동의 교육을 특수교사의 업무로 전가하거나 지적장애 아동을 학급 인원으로 생각하지 않는 경우가 있다. 지적장애 아동의 교육에 교사가 책임을 회피한다면 통합된 지적장애 아동은 좋은 교육을 받을 수 없다.

둘째, 특수교사와 함께 문제를 해결하도록 노력한다. 성공적인 통합교육을 위해서, 전체 학급에 문제가 되는 일이 일어난다면 여러 교사들 특히 특수교사와의 협력을 통하여 문제를 해결해야 한다.

셋째, 지적장애 아동이 학급과 학교에 소속감을 갖도록 돕는다. 일반학급의 수업 시간 이외의 학교 여러 활동에 지적장애 아동이 참여할 수 있도록 한다(박승희, 1994). 예컨대 학예회, 소풍, 운동회 등의 학급, 학교 행사에 사전 준비와 계획을 통하여 참여시키고 학급 게시판에 지적장애 아동의 작품을 전시할 수 있다. 또한 교사가 다른 아동에게 모델링이 된다는 것을 염두에 두고 장애아동에게 긍정적인 태도를 보여야 한다.

CHAPTER

4

정서 · 행동장애 아동의 이해

1 정서 · 행동장애의 정의와 분류

정서·행동장애 아동의 문제는, 전통적으로 정신분석학자나 임상병리학자 등의 전문가들이 자신의 전문적 속성에 따라 많은 전문 영역에서 제각기 이들의 교육을 위한 나름대로의 노력을 기울여 왔다. 그러나 현 시점에서 이러한 전문 영역들이 따로 분리된다면, 정서·행동장애를 이해하는 데 큰 어려움이 있다. 그러므로 교사들은 정서·행동장애의 정의, 특성 등의 기초 개념을 우선적으로 이해하여 아동들의 개인차에 맞는 교수 방법과 교수 매체를 잘 활용해야 한다. 또한 이들 아동의 교육을 위해서 관련 단체나 전문가들과 상호 협력 관계를 유지하는 것도 중요하다.

1) 정서·행동장애의 용어

정서·행동장애의 범주에 속하는 아동들은 다양한 말로 불리어진다. 현재 우리나라의 '장애인 등에 대한 특수교육법'은 '정서·행동장애'라는 용어를 사용하고 있으며, 미국의 '장애인교육법(IDEA)'은 '심각한 장애(seriously emotionally disturbed)'라는 용어를 사용하고 있다. 그중에서도 정서장애(ED)와 행동장애(Behaviorally Disordered, BD)가 가장 널리 사용되어 왔다.

미국의 '행동장애 아동위원회'에서 '행동장애'라는 용어를 사용하는 이유를 살펴보면 다음과 같다(Feldman, Kinnison, & Harth, 1983).

- 종합적인 판별을 할 수 있게 한다.
- 아동이 받아들이는 낙인의 정도가 약하다.
- 행동장애 및 정서장애 아동과 관련된 교육에 유용하다.
- 행동장애와 정서장애를 비교해 볼 때 나타내고자 하는 장애 영역을 표현하기에 더 적절하다(Huntze, 1985)
- 특수교육 분야에 종사하는 대다수의 전문가들이 선호한다.

최근에는 미국의 '국립정신건강 및 특수교육협회(The Nation Mental Health and Special Education Coalition)'에서 제안한 '정서·행동장애'라는 용어가 특수교육 영역의 많은 전문가들과 현장 교사들에게 사용되고 있다.

2) 정서·행동장애의 정의

정서·행동장애아의 정의는 각 전문 영역의 계속되는 논쟁 속에서 수없이 제기되었지만 아직까지 공통적으로 정해진 정의는 없는 상태이다. 여기서는 미국의 국립정신건강 및 특수교육협회에서 제안한 정의와 한국의 장애인 등에 대한 특수교육법에서 규정하는 정의를 제시하고자 한다.

(1) 미국의 국립정신건강 및 특수교육협회에서 제안한 정서·행동장애의 정의

미국의 국립정신건강 및 특수교육협회에서 제안한 정서·행동장애의 정의는 〈표 4-1〉과 같다.

〈표 4-1〉 미국국립정신건강 및 특수교육협회에서 제안한 정서·행동장애의 정의

① 정서·행동장애는 학교 생활에 있어서의 행동이나 정서적 반응이 정상 또래의 나이나 문화, 민족 내의 평균치와 매우 달라서 결과적으로 학업, 사회성, 직업, 성격적인 면을 모두 포함한 교육적 성취에 부정적인 영향을 미치게 되는 것으로 특정지어지는 장애로서:
  가. 일시적인 현상으로 나타나는 것이 아니며, 환경 내의 스트레스성 사건에 대해서 예측이 가능한 반응을 보이며,
  나. 두 개의 다른 환경에서 지속적으로 나타나고 적어도 그중 하나는 학교 생활과 관련된 환경이며, 또한
  다. 교수 방법이 적절하지 못하다는 전문가의 판단이 없었음에도 불구하고 계속적인 개별화 교육을 받아 온 경우를 말한다.
② 정서·행동장애는 기타 장애와 중복되어 나타날 수 있다.
③ 항목 ①에서 명시한 대로 교육적인 성취에 부정적인 영향을 미치는 경우에는 정신분열증, 정동장애, 불안장애, 품행이나 적응에 문제를 보이는 아동이 포함될 수 있다

(2) 우리나라의 장애인 등에 대한 특수교육법

우리나라의 '장애인 등에 대한 특수교육법 시행령(2008)'에서 규정하고 있는 '정서·행동장애'의 정의에서는 기존 '특수교육진흥법(1994)'에서 규정했던 정서장애 안에 자폐성 장애를 포함시키는 것이 아니라 미국과 캐나다에서와 같이 자폐성 장애를 정서·행동장애와 분리시키고 있다. 한국 장애인 등에 대한 특수교육법에서 규정하고 있는 정서·행동장애의 정의는 〈표 4-2〉와 같다.

〈표 4-2〉 장애인 등에 대한 특수교육법에서 규정하고 있는 정서·행동장애의 정의

장기간에 걸쳐 다음 각 목의 어느 하나에 해당하여, 특별한 교육적 조치가 필요한 사람
- 지적 · 감각적 · 건강상의 이유로 설명할 수 없는 학습상의 어려움을 지닌 사람
- 또래나 교사와의 대인 관계에 어려움이 있어 학습에 어려움을 겪는 사람
- 일반적인 상황에서 부적절한 행동이나 감정을 나타내어 학습에 어려움이 있는 사람
- 전반적인 불행감이나 우울증을 나타내어 학습에 어려움이 있는 사람
- 학교나 개인 문제에 관련된 신체적인 통증이나 공포를 나타내어 학습에 어려움이 있는 사람

3) 정의상의 문제점

앞에서도 언급했듯이 정서·행동장애의 정의는 수많은 전문가들 사이에서 논란이 되어 왔다. 특정한 정의가 정해지지도 않았을 뿐만 아니라 그 범위를 정하기도 매우 어렵다. 정서·행동장애를 정의하기 어려운 이유는 다음과 같다(Kauffman, 1993).

첫째, 인간의 다양한 행동 중에서 정상과 비정상을 구분하는 경계를 설정하기 어렵다. 그것은 정상아도 때로는 정서의 혼란 상태를 나타낼 수 있고, 정서·행동장애를 가진 아동도 정상적인 행동을 할 수 있기 때문이다.

둘째, 정서·행동장애에 대한 개념 차이가 정의를 어렵게 만든다. 즉, 정서·행동장애에 대한 여러 가지 이론들의 개념 모델은 인간의 행동과 장애를 보는 견해가

다양하기 때문에 공통된 정의를 내릴 수 없다는 것이다.

셋째, 정서·행동장애에 대한 측정상의 문제이다. 정서·행동장애를 측정하기 위해서는 성격 검사나 행동 평정 척도 등을 사용할 수 있으나 일반적으로 적용되지는 못한다. 사람의 감정이나 행동을 측정하는 것은 어려운 과정이므로 모든 사람에게 적용될 수 있는 측정 기준을 선정하여 관찰자의 주관성을 배제해야 한다.

넷째, 기타 장애와의 관계에서 오는 문제 때문이다. 실제로 정신 지체인에게서 정서·행동장애가 보고되는 경우는 흔하게 있는 일일 뿐만 아니라, 대부분 특수아동이 한 가지 이상의 장애를 동시에 복합적으로 보이기도 하며, 특히 정서·행동장애는 다른 장애와 중복되어 나타나는 경우가 많다. 그러므로 정서·행동장애만을 하나로 분리시켜서 정의하는 일은 적절하지 못할 수도 있다.

다섯째, 정서나 행동의 특성이 지속적이지 못하고 일시적인 경우가 있으며, 이러한 행동의 일시성은 정서·행동장애를 정의하는 데 어려움을 준다.

여섯째, 장애의 정해진 정의에 의해서 아동에게 주어지는 낙인이 아동의 교육적, 사회적 측면에 부정적인 영향을 미치기 때문에 이상 행동의 정의 규정을 거부하는 태도를 보인다는 것이다.

4) 정서·행동장애의 분류

정서·행동장애는 크게 질적 분류와 양적 분류로 나눌 수 있다. 질적 분류는 특수교육 분야에 종사하는 임상가들의 관찰에 의한 분류이며, 양적 분류는 통계적 절차에 의한 분류이다(김승국, 1995).

(1) 질적 분류

가장 널리 사용되는 질적 분류 체계는 미국정신의학회(American Psychiatric Association; APA, 2013)의 정신장애진단 및 통계편람(DSM-5)이다. 이 분류 체계는 20가지 정신장애 범주(신경발달장애, 정신분열 스펙트럼 및 기타 정신적 장애, 양극성 및 관련장애, 우울장애, 불안장애, 강박 및 관련 장애, 외상 및 스트레스 요인 관련 장애, 해리장애, 신체화 증상 및 관련 장애, 섭식 및 급식장애, 배설장애, 수면-각성장애, 성기능장애, 성 불편증, 파괴적 장애 및 충동조절과 품행장애, 물질 관련 및 중독성 장애, 신경인지장애, 성격장애, 성도착장애, 기타 정신장애)로 구분하고 있다.

(2) 양적 분류

양적 분류에 속하는 분류 체계는 Quay의 차원 분류 체계이다. Quay는 1979년 그의 동료들과 교사와 부모에 의한 행동 평정, 아동의 생활사, 질문에 대한 아동의 반응 등을 가지고 6가지 행동 특성으로 묶었다. 이 분류 체계는 〈표 4-3〉과 같다.

〈표 4-3〉 Quay의 문제 행동 차원

- **품행장애** : 행동장애 아동에 대해 논의할 때 자주 나타나는 용어로, 이 분류 체계에서는 개인적 분열 행동, 공격 행동 및 불복종 행동을 말한다.
- **사회화된 공격** : 이 행동은 사회적으로 형성된 무리로 행동하는 특성을 말한다. 예컨대 갱 활동과 같은 행동이 이 범주에 속한다.
- **주의 문제-미숙** : 일상적인 활동에 영향을 미치는 대부분의 행동으로 주의를 집중하고 주의 집중 행동을 지속시키며, 충동을 통제하는 능력 등이 포함된다.
- **불안, 위축** : 이 범주에 속하는 행동으로는 활동 수행에 대한 두려움이나 활동을 회피하는 행동을 들 수 있다.
- **정신병 행동** : 정상적인 사고나 행동 유형을 왜곡시키는 행동을 말하며, 환상과 망상, 자기 학대 행동, 주제와 무관한 말하기 등이 이 범주에 속한다.
- **운동 과잉** : 일상 생활을 방해할 정도로 지나친 활동을 말하며, 이런 아동은 끊임없이 움직이거나 말을 하고, 글씨를 썼다가 지우는 행동 등을 계속 반복한다.

5) 정서·행동장애의 출현율

삭막하고 메마른 도시 생활, 사회가 복잡해지고 전문화될수록 아동의 정서적 욕구는 더욱 억압되고 성취에 대한 스트레스는 가중되어 정서·행동장애 아동이 늘고 있다. 더욱이 생활 수준이 높아지면서 신체장애 아동보다 정서장애 아동이 급격히 늘고 있다.

미국교육부 특수교육국에서 1980년에 발표한 정서·행동장애아 출현율은 학령기 아동의 약 2%이며, 많은 전문가들에 의해서 밝혀진 출현율은 3~6%로 추산하고 있다. 그러나 Bower(1981)의 정의를 근거로 산출한 출현율에 따르면, 학령기 아동의 약 10%가 정서·행동장애 아동임을 나타내고 있다.

우리나라의 경우에도 보건복지부(2017)의 장애인 실태조사에서 총 44,161가구 6,549명을 대상으로 조사한 결과, 정신장애 출현율은 0.22%로 나타났다. 또한 국립특수교육원의 특수교육연차보고서(2022)에서는 정서행동장애 특수교육 대상자의 출현율이 1.8%로 밝혀졌다.

한 장기 추적 조사에서는 담당 교사가 진단한 결과, 학령기 아동의 약 7.4%가 정서·행동장애아로 밝혀졌으며, 적어도 1명 이상의 교사에 의해서 정서·행동장애로 의뢰된 아동은 약 20~30%에 이른다고 보고 있다(이소현 외, 2011).

2 정서·행동장애의 원인

정서·행동장애의 원인은 크게 생물학적 요인과 심리, 사회적 요인 2가지로 나누어 볼 수 있다.

1) 생물학적 요인

모든 아동은 출생 시 서로 다른 기질(temperament)을 지니고 태어난다. 기질은 출생시부터 지니고 태어나는 행동 양상으로 아동의 선천적 기질은 양육 방법에 따라 변할 수 있으나, 이러한 기질이 아동에게 장애를 일으킬 수 있다고 믿는 사람도 있다(Thomas, Chess, & Brich, 1968).

이러한 기질 이외의 다른 생물학적 요인(질병, 영양 부족, 뇌 손상 등)도 아동에게 정서적 문제를 가져올 수 있다. 경도 정서장애 아동일 경우는 생물학적 요인에 의한 근거가 희박하지만, 중도 정서장애 아동 즉, 자폐나 정신분열증의 경우는 생물학적 요인이 더 크게 작용한다. 특히 정신분열증은 유전적 요소로 원인이 입증되고 있는 데(Gattesman 1991; Plomin, 1989) 비해 자폐의 경우는 신경 손상이 기본적 원인이 된다는 증거를 보이기도 한다(Prior & Welly, 1986).

그 밖에 출산 합병증이나 사고에 의한 뇌 손상, 중독 물질(납, 약)에의 노출도 정서·행동 발달에 영향을 미친다고 본다.

2) 심리·사회적 요인

(1) 가 정

가정은 아동의 초기 발달에 깊은 영향을 주며, 아동이 초기에 부모와의 관계에서 갖는 여러 경험이 정서적 문제와 관련된다고 볼 수 있다. 또한 부모의 양육 태도도 자녀의 행동에 영향을 미친다(Gottesman, 1991). 부모의 양육 효과를 일반화해서 말하기는 어려우나 부모가 사용하는 양육 방법에 따라 아동의 행동은 달라진다. 부모가 아동의 요구에 적절하게 반응하고, 잘못된 행동에 대해서는 사랑으로 감싸고, 적절한 행동에 대해서는 인정과 칭찬을 아끼지 않는 것이 아동의 바람직한 행동을 증가시키는 데 도움이 된다. 반대로 부모가 자녀를 수용하지 않고, 다루는 방법이 거칠고, 일관성이 없는 행동을 하면, 아동은 공격적이고, 비행을 하게 될 가능성이 있게 된다(Martin, 1975).

이혼 가정의 아동은 가족 내 구성원들과의 관계와 교사와의 관계에서 일반 가정의 아동에 비해 높은 비율의 행동장애를 보였다. 또한 부모가 이혼한 가정이 안정된 가정보다 가족에게 더 해롭다고 밝히고 있다(Hethrington, 1979). 정서·행동장애와 관련이 있는 가정 환경 내 변인은 다음과 같다.

- 이혼과 별거
- 부모의 갈등

- 일관성 없는 훈육
- 부모의 학대, 무관심, 적대감
- 결손 가정

(2) 학 교

어떤 아동은 취학 전에 이미 문제를 보이기도 하지만 입학 후에 문제를 나타내는 경우도 있다. 학교 경험이 어떻게 아동의 정서·행동장애에 영향을 미치는지 밝히기는 어렵지만, 취학 전부터 가지고 있던 아동의 기질적 문제와 학업 성취 기술의 부족에서 오는 또래, 교사와의 부정적 반응에서 발생된다고 본다.

학교가 정서·행동장애를 일으키는 요인은 다음과 같다(이소현 외, 2011).

- 엄격하고 비일관적인 학교의 훈육 방법
- 아동의 기대 수준을 너무 높거나 낮게 측정하는 교사의 태도
- 바람직하지 못한 행동에 관심을 주고, 바람직한 행동은 무시되는 학교 환경
- 교사의 무감각한 개별화교육

3 정서 · 행동장애의 판별

정서·행동장애 아동인지 아닌지 알아내는 것은 일반적으로 눈에 보이는 문제 행동을 보면 쉽게 선별된다. 그러나 나이가 어린 아동일수록 문제 행동에 의해 장애를 판별하는 것은 어려우며, 민감한 교사라도 오류를 범할 가능성이 있다. 또 정서·행동장애 아동이라도 특별한 행동을 보이지 않을 수도 있다.

과거에는 교사가 정서·행동장애를 판별하지 못한다는 견해가 많았으나, Bower(1969)는 임상 전문가가 정서장애 아동으로 판별한 아동의 87%를 교사가 선별했다고 밝혔다. 이처럼 교사의 선별이 특수아동의 판별에 중요한 역할을 하는

것이다. [그림 4-1]은 정서·행동장애 아동의 선별에서부터 교육까지의 과정을 도표화한 것이다(송준만·유효순, 1990).

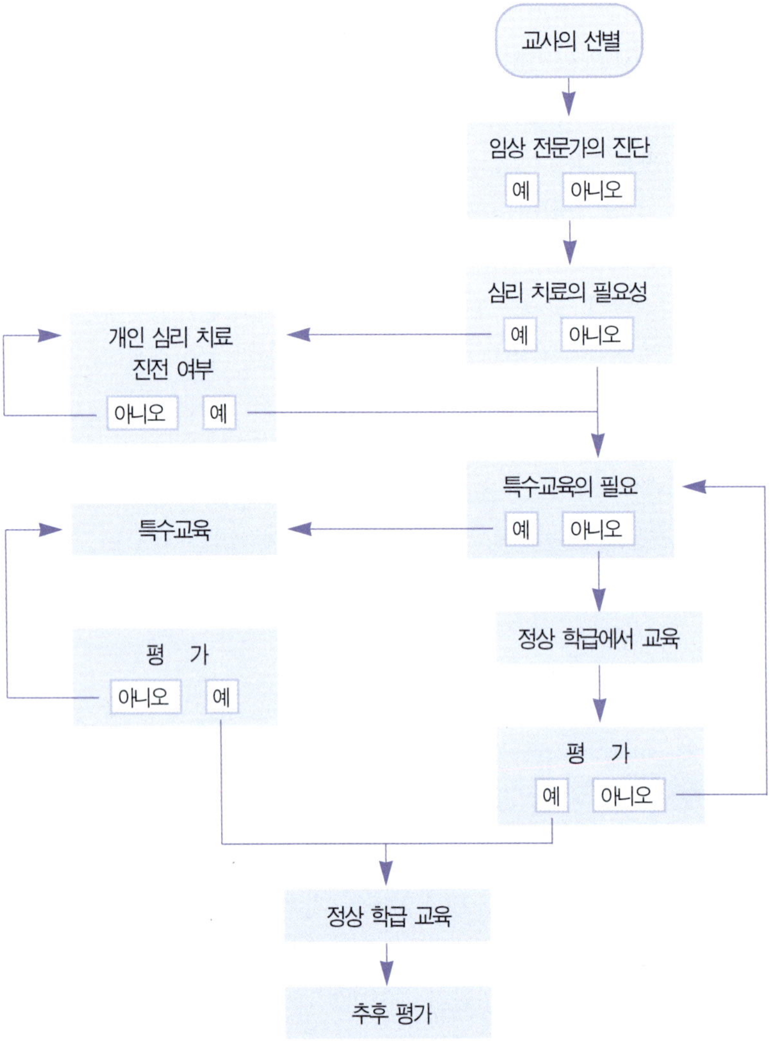

[그림 4-1] 정서·행동장애 아동의 판별에서 교육까지의 과정
출처 : 송준만·유효순 (1990). 특수아동교육. 서울 : 교문사.

1) 판별 방법

(1) 관찰과 측정

정서·행동장애를 나타내는 아동을 오랜 시간에 걸쳐 직접 관찰하고 자세히 기록하는 것이 판별에 적합한 기준을 제공하지는 않지만, 문제 행동에 대한 객관적 자료와 아동의 행동 기술에 유용하며 판별에 대한 최소한의 오류를 줄일 수 있다.

교사들이 문제 아동을 관찰할 때 ① 부적절한 문제 행동 사실을 인식하고, ② 문제 행동의 기간과 지속 시간을 측정하고, ③ 문제 행동의 지속성의 여부를 관찰하고, ④ 기타 행동 빈도, 반응 강도 등을 고려해야 한다.

(2) 표준화된 도구 사용

표준화된 심리 측정 검사에는 적응 행동 검사, 사회 성숙도 검사, 지능 검사, 성취 검사, MMPI(Minnesota Multiphasic Personality Inventory), 자아 개념 검사, 로르샤흐(Rorschach ink blot) 검사, CAT(아동 통각 검사), 인물화 검사(Draw a man test), HTP 검사 등이 있다.

심리 측정 검사는 여러 종류가 있으나 널리 사용되는 네 가지를 살펴보도록 하겠다.

1 로르샤흐 (Rorschach ink blot) 검사

스위스 정신과 의사인 Rorschach가 고안한 10개의 좌우대칭으로 된 잉크 반점의 도판으로 개인의 지능 수준, 감정, 내적 정신 활동, 감수성, 심리적 갈등, 흥미 등을 알 수 있다.

2 CAT (아동 통각 검사)

Bellak가 고안한 3~10세 아동용 성격 검사로서, 10매의 의인화시킨 동물 도판으로 구성되어 있다.

[3] 인물화 검사 (Draw a man test)

Machover가 발전시킨 것으로 아동이 그린 인물화를 분석하여 병리적 특징을 알 수 있다.

[4] HTP 검사

Buck가 고안한 투사법으로 피검사자에게 검사지를 주고 집, 나무, 사람의 그림을 그리게 한 후 일정한 질문을 통해 분석하는 검사이다. 이 검사는 다른 투사법과 마찬가지로 아동의 내적 동태와 성격 구조를 알 수 있다.

4 정서 · 행동장애 분류 및 특성

미국정신의학회(APA, 2013)의 정신장애진단 및 통계편람(DSM-5)에서 제시하고 있는 20가지 정신장애 범주 중 아동기 교육현장에서 다루어질 수 있는 유형을 살펴보면 다음과 같다.

1) 주의력결핍 및 과잉행동장애

또래 아동들에 비해 활동이 거의 없고 주의 집중 시간이 짧거나, 지나치게 행동통제가 전혀 이루어지지 않는 아동들은 주의력결핍 및 과잉행동장애(Attention Deficit Hyperactivity Disorder, ADHD)가 있다고 할 수 있다. 이런 아동들 중에는 과잉행동은 보이지 않으며 주의력만 결핍된 경우와 과잉행동과 주의력 결핍을 함께 보이는 경우가 있다. 주의력만 결핍된 아동은 충동성이나 심한 과잉행동은 없고, 주의 집중을 못하는 특성을 보인다. 이들은 수줍음을 많이 타고 친구들 사이에서 인기가 없어 홀로 지내는 경우가 많다.

과잉행동을 수반한 주의 집중력 결핍 아동은 주의력 결핍, 충동성, 과잉행동 특성을 보이게 된다. 이런 아동들은 다음과 같이 산만함, 과잉행동 및 충동성을 보인다.

1 산만함

산만함이란 주의 집중과 관련된 용어로 특정 과제에 주의를 기울일 수 없고, 집중 시간이 짧은 상태를 말한다. 예컨대 수업 시간에 아무런 목적 없이 또래들을 쳐다보거나 교사의 설명을 무시한 채 낙서를 하고, 계속 허공을 응시하며 부적절한 행동을 보인다.

2 과잉행동

과잉행동은 행동의 양상이 지나치게 과도하며, 끊임없이 움직이거나 움직임의 양이 부적절한 경우를 뜻한다. 예컨대 수업 시간에 자리를 이탈하여 움직이는 것뿐만 아니라 자리에 앉아 있을 때도 의자 위에서 몸을 비틀거나 엉덩이를 들썩이며, 책상을 손바닥으로 두드리거나 걸상을 뒤로 젖혀서 움직이는 등의 행동 양상은 부적절한 행동으로 판단된다.

3 충동성

충동성은 과제에 반응하기 전에 옳고 그름을 판단하지 않고, 충동적으로 행동하는 경우를 말한다. 예컨대 교사의 질문이 끝나기 전에 목적 없이 충동적으로 말을 하거나, 토론 시간에도 주제에서 벗어난 발언을 하며 급하게 반응하는 것이다.

DSM-5(미국정신의학회, 2013)에서는 발달에 지장을 주는 부주의, 과잉행동 및 충동성이 12세 이전에 두 가지 이상의 상황에서 나타나야 하며, 특히 부주의와 과잉행동 및 충동성에 대한 아홉 가지 증상 중 여섯 가지가 적어도 6개월 동안 지속적으로 나타나야 한다고 다음과 같이 제시하고 있다.

〈표 4-4〉 DSM-5 진단 기준

A. 기능 또는 발달을 저해하는 지속적인 부주의 및 과잉행동-충동성이 (1)그리고/또는 (2)의 특징을 갖는다.

1. **부주의**: 다음 9개 증상 가운데 6개 이상이 적어도 6개월 동안 발달수준에 적합하지 않고 사회적 · 학업적/직업적 활동에 직접적으로 부정적인 영향을 미칠 정도로 지속됨.

주의점: 이러한 증상은 단지 반항적 행동, 적대감 또는 과제나 지시 이해의 실패로 인한 양상이 아니어야 한다. 후기 청소년이나 성인(17세이상)의 경우에는 적어도 5가지 증상을 만족해야한다.

a. 종종 세부적인 면에 대해 면밀한 주의를 기울이지 못하거나, 학업, 직업 또는 다른활동에서 부주의한 실수를 저지름(예: 세부적인 것을 못보고 넘어가거나 놓침, 작업이 부정확함).

b. 종종 과제를 하거나 놀이를 할 때 지속적으로 주의 집중을 할 수 없음(예: 강의, 대화 또는 긴 글을 읽을 때 계속해서 집중하기가 어려움).

c. 종종 다른 사람이 직접 말을 할 때 경청하지 않는 것처럼 보임(예: 명백하게 주의 집중을 방해하는 것이 없는 데도 마음이 다른 곳에 있는 것처럼 보임).

d. 종종 지시를 완수하지 못하고, 학업, 잡일 또는 작업장에서의 임무를 수행하지 못함(예: 과제를 시작하지만 빨리 주의를 잃고 쉽게 곁길로 샘).

e. 종종 과제와 활동을 체계화하는 데 어려움이 있음(예: 순차적인 과제를 처리하는데 어려움, 물건이나 소지품을 정리하는 데 어려움, 지저분하고 체계적이지 못한 작업, 시간 관리를 잘하지 못함, 마감 시간을 맞추지 못함).

f. 종종 지속적인 정신적 노력을 요구하는 과제에 참여하기를 기피하고, 싫어하거나 저항함(예: 학업 또는 숙제, 후기청소년이나 성인의 경우에는 보고서 준비하기, 서류 작성하기, 긴 서류 검토하기).

g. 과제나 활동에 꼭 필요한 물건들(예: 학습 과제, 연필, 책, 도구, 지갑, 열쇠, 서류작업, 안경, 휴대폰)을 자주 잃어버림.

h. 종종 외부 자극(후기 청소년과 성인의 경우에는 관련이 없는 생각들이 포함될 수 있음)에 의해 쉽게 산만해짐.

i. 종종 일상적인 활동을 잊어버림(예: 잡일하기, 심부름하기, 후기 청소년과 성인의 경우에는 전화 회답하기, 청구서 지불하기, 약속 지키기).

2. **과잉행동**-충동성: 다음 9개 증상 가운데 6개 이상이 적어도 6개월 동안 발달 수준에 적합하지 않고 사회적, 학업적/직업적 활동에 직접적으로 부정적인 영향을 미칠정도로 지속됨.

주의점: 이러한 증상은 단지 반항적 행동, 적대감 또는 과제나 지시 이해의 실패로 인한 양상이 아니어야 한다. 후기 청소년이나 성인(17세이상)의 경우,적어도 5가지의 증상을 만족해야 한다.

a. 종종 손발을 만지작거리며 가만두지 못하거나 의자에 앉아서도 몸을 꿈틀거림.

b. 종종 앉아 있도록 요구되는 교실이나 다른 상황에서 자리를 떠남(**예**: 교실이나 사무실 또는 다른 업무 현장, 또는 자리를 지키는 게 요구되는 상황에서 자리를이탈).

c. 종종 부적절하게 지나치게 뛰어다니거나 기어오름(**주의점**: 청소년 또는 성인에서는 주관적으로 좌불안석을 경험하는 것에 국한될 수 있다).

d. 종종 조용히 여가활동에 참여하거나 놀지 못함.

e. 종종 "끊임없이활동하거나" 마치 "태엽풀린 자동차처럼" 행동함(**예**:음식점이나 회의실에 장시간 동안 가만히 있을 수 없거나 불편해 함. 다른 사람에게 가만히 있지 못하는 것처럼 보이거나 가만히 있기가 어려워 보일 수 있음).

f. 종종 지나치게 수다스럽게 말함.

g. 종종 질문이 끝나기 전에 성급하게 대답함(**예**: 다른 사람의 말을 가로챔. 대화시 자신의 차례를 기다리지 못함).

h. 종종 자신의 차례를 기다리지 못함(**예**: 줄 서있는 동안).

i. 종종 다른 사람의 활동을 방해하거나 침해함(**예**:대화나 게임, 활동에 참견함, 다른 사람에게 묻거나 허락을 받지 않고 다른 사람의 물건을 사용하기도 함, 청소년이나 성인의 경우 다른 사람이하는 일을 침해하거나 꿰찰 수 있음).

B. 몇 가지의 부주의 또는 과잉행동-충동성 증상이 12세 이전에 나타난다.

C. 몇 가지의 부주의 또는 과잉행동-충동성 증상이 2가지 또는 그 이상의 환경에서 존재한다(**예**: 가정, 학교나 직장, 친구들 또는 친척들과의 관계, 다른활동에서).

D. 증상이 사회적 · 학업적 또는 직업적 기능의 질을 방해하거나 감소시킨다는 명확한 증거가 있다.

E. 증상이 조현병 또는 기타 정신병적 장애의 경과 중에만 발생되지는 않으며, 다른 정신질환(**예**: 기분장애, 불안장애, 해리장애, 성격장애, 물질 중독 또는 금단)으로 더 잘 설명되지 않는다.

다음 중 하나를 명시할 것:

314.01(F90.2)복합형: 지난 6개월 동안 진단기준 A1(부주의)과 진단기준A2(과잉행동—충동성)는 충족한다.

314.00(F90.0)주의력 결핍 우세형: 지난 6개월 동안 진단기준 A1(부주의)은 충족하지만 A2(과잉행동—충동성)는 충족하지 않는다.

314.01(F90.1) 과잉행동/충동 우세형: 지난 6개월 동안 진단기준 A2(과잉행동—충동성)는 충족하지만 A1(부주의)은 충족하지 않는다.

다음의경우명시할것:

부분 관해 상태: 과거에 완전한 진단 기준을 충족하였고, 지난 6개월 동안에는 완전한 진단 기준을 충족하지는 않지만 여전히 증상이 사회적, 학업적 또는 직업적 기능에 손상을 일으키는 상태다.

현재의심각도를명시할것:

경도: 현재진단을 충족하는 수준을 초과하는 증상은 거의 없으며, 증상으로 인한 사회적, 학업적 또는 직업적 기능의 손상은 경미한 수준을 넘지 않는다.

중등도: 증상 또는 기능적 손상이 "경도"와 "고도" 사이에 있다.

고도: 진단을 충족하는 수준을 초과하는 다양한 증상 또는 특히 심각한 몇가지 증상이 있다. 혹은 증상이 사회적 또는 직업적 기능에 뚜렷한 손상을 야기한다.

출처: 권준수·김재진·남궁기·박원명·신민섭·유범희 외(2015).DSM-5 정신질환의 진단 및 통계편람(제5판). 학지사. P.61-62.

2) 분리불안장애

불안장애 유아는 막연하게 미래에 어떤 불길한 일이 일어날 것 같은 두려움이나 공포 등을 느끼게 된다. 유아기에 잘 나타나는 불안장애 중에 '분리불안장애'가 있다.

분리불안장애는 유아기에 잘 나타나는 불안장애에 속하며, 유아가 자기와 친숙한 환경이나 가정, 대상으로부터 분리되는 것에 대해 지나치게 불안해하는 장애를 일컫는다. DSM-5(미국정신의학회, 2013)에 따르면 분리불안장애는 애착 대상과의 분리에 대한 공포나 불안이 아동의 경우 최소 4주 이상 지속되어야 한다고 제시하고 있다(표4-5 참조). 이들은 자기와의 주요 애착 대상인 어머니나 할머니 등에게 어떤 위험이 닥칠지도 모른다는 불안과 이들이 자기 곁을 떠나서 다시는 돌아오지 않을 것 같다는 불안을 느낀다. 그래서 때로는 주요 애착 대상과 함께 있기 위해서 유아교육기관에 가는 것을 싫어하거나 거부한다. 이때 유아는 복통이나 두통을 호소하여 등원하기를 거부하기도 한다. 또는 주요 애착 대상에게서 분리당할 때 심하게 울거나 매달리는 행동을 보인다. 이들은 분리되었을 때 유아교육 활동에 무관심을 보이고 위축된 행동을 보이게 된다. 분리불안장애 유아에게는 무엇에 대해 불안해하는지 이야기를 나눠보고, 점차 그러한 상황에 대해 이해하게 되고 불안한 마음을 줄여 나가도록 해야 한다.

〈표 4-5〉 DSM-5 분리불안장애 진단 기준

A. 애착 대상과의 분리에 대한 공포나 불안이 발달 수준에 비추어 볼 때 부적절하고 지나친 정도로 발생한다. 다음 중 3가지 이상이 나타나야 한다.
1. 집 또는 주 애착 대상과 떨어져야 할 때 과도한 고통을 반복적으로 겪음.
2. 주 애착 대상을 잃거나 질병이나 부상, 재앙 혹은 죽음 같은 해로운 일들이 그에게 일어날 것이라고 지속적으로 과도하게 걱정함.
3. 곤란한 일(예: 길을 잃거나, 납치당하거나, 사고를 당하거나, 아프게 되는 것)이 발생하여 주 애착 대상과 떨어지게 될 것이라고 지속적으로 과도하게 걱정함.
4. 분리에 대한 공포 때문에 집을 떠나 학교, 직장 혹은 다른 장소로 외출하는 것을 지속적으로 거부하거나 거절함.
5. 집이나 다른 장소에서 주 애착 대상 없이 있거나 혼자 있는 것에 대해 지속적으로 과도하게 두려워하거나 거부함.
6. 집에서 떠나 잠을 자는 것이나 주 애착 대상 곁이 아닌 곳에서 자는 것을 지속적으로 과도하게 거부하거나 거절함.
7. 분리 주제와 연관된 반복적인 악몽을 꿈.
8. 주 애착 대상과 떨어져야 할 때 신체 증상을 반복적으로 호소함(예: 두통, 복통, 오심, 구토)

B. 공포, 불안, 회피 반응이 아동 · 청소년에서는 최소한 4주 이상, 성인에서는 전형적으로 6개월 이상 지속되어야 한다.

C. 장애가 사회적, 직업적, 또는 다른 중요한 기능 영역에서 임상적으로 현저한 고통이나 손상을 초래한다.

D. 장애가 다른 정신질환으로 더 잘 설명되지 않는다. 예를 들어, 자폐증에서 변화에 대한 저항으로 인해 집 밖에 나가는 것을 회피하는 것, 정신병적 장애에서 분리에 대한 망상이나 환각이 있는 경우, 광장공포증으로 인해 믿을 만한 동반자 없이는 밖에 나가기를 거부하는 경우, 범불안장애에서 건강 문제나 다른 해로운 일이 중요한 대상에게 생길까 봐 걱정하는 것, 질병불안장애에서 질병이 발생할까 봐 걱정하는 것.

출처: 권준수 외(2015). DSM-5 정신질환의 진단 및 통계편람(제5판). 학지사. P.201

3) 적대적 반항장애

적대적 반항장애는 정서 및 행동 조절의 어려움으로 자주 화를 내거나 쉽게 짜증을 내며, 타인의 요구나 규칙을 무시하는 행동을 보이기도 한다. 이러한 정서·행동 통제의 문제로 적대적 반항장애 아동들은 또래들과 유대관계가 거의 없고, 대인관계를 유지하기 어렵다. 또한 다른 사람들에게 해를 끼치는 행위를 하기 때문에 주변 사람들을 불안하게 만들며, 교사의 지시에 잘 따르지 않고, 버릇없고 반항적인 태도를 보인다. 미국정신의학협회(APA, 2013)에서는 적대적 반항장애를 진단하기 위해 정신장애진단 통계편람(DSM-5, 2013)의 진단 기준을 다음과 같이 제시하고 있다(표 4-6참조).

〈표 4-6〉 DSM-5 적대적 반항장애 진단 기준

A. 분노/과민한 기분, 논쟁적/반항적 행동 또는 보복적인 양상이 적어도 6개월 이상 지속되고, 다음 중 적어도 4가지 이상의 증상이 존재한다. 이러한 증상은 형제나 자매가 아닌 적어도 한 명 이상의 다른 사람과의 상호작용에서 나타나야 한다.

분노/과민한 기분

1. 자주 욱하고 화를 냄.
2. 자주 과민하고 쉽게 짜증을 냄.
3. 자주 화를 내고 크게 분개함.

논쟁적/반항적 행동

4. 권위자와의 잦은 논쟁, 아동이나 청소년의 경우는 성인과 논쟁함.
5. 자주 적극적으로 권위자의 요구나 규칙을 무시하거나 거절.
6. 자주 고의적으로 타인을 귀찮게 함.
7. 자주 자신의 실수나 잘못된 행동을 남의 탓으로 돌림.

보복적 특성

8. 지난 6개월 안에 적어도 두 차례 이상 악의에 차 있거나 앙심을 품음.

주의점: 진단에 부합하는 행동의 지속성 및 빈도는 정상 범위 내에 있는 행동과 구별되어야 한다. 다른 언급이 없다면, 5세 이하의 아동인 경우에는 최소한 6개월 동안 거의 매일 상기 행동이 나타나야 한다. 5세 이상의 아동인 경우에는 6개월 동안 일주일에 최소한 1회 이상 상기 행동이 나타나야 한다(진단기준 A8). 이런 빈도에 대한 기준은 증상을 기술하기 위한 최소 기준을 제공한 것일 뿐이며, 반항적 행동이 동일한 발달 수준에 있고 성별이나 문화적 배경이 같은 다른 사람들에게서 전형적으로 관찰되는 것보다 더 빈번하고 강도가 높은지와 같은 다른 요인들도 고려해야 한다.

B. 행동장애가 개인 자신에게, 또는 자신에게 직접적으로 관련 있는 사회적 맥락(예: 가족, 또래 집단, 동료) 내에 있는 상대방에게 고통을 주며, 그 결과 사회적, 학업적, 직업적, 또는 다른 중요한 기능 영역에서 부정적인 영향을 준다.

C. 행동은 정신병적 장애, 물질사용장애, 우울장애 또는 양극성 장애의 경과 중에만 국한해서 나타나지 않는다. 또한 파괴적 기분조절부전장애의 진단 기준을 충족하지 않아야 한다.

현재의 심각도 명시할 것:

경도: 증상이 한 가지 상황(예: 집, 학교, 직장, 또래 집단)에서만 나타나는 경우다.

중등도: 증상이 적어도 2가지 상황에서 나타나는 경우다.

고도: 증상이 3가지 이상의 상황에서 나타나는 경우다.

출처: 권준수 외(2015). DSM-5 정신질환의 진단 및 통계편람(제5판). 학지사. P.506-507

4) 기타장애

기타 장애로는 환각제, 흥분제, 진정제, 알코올 등과 같은 약물에 의한 정서·행동장애가 있다. 특히 약물 남용은 불안, 신체적 발달과 사회적 적응에 부정적 영향을 미치며, 심하게는 자아 정체성의 혼란을 가져 온다고 보고 있다(Coleman, 1986;

Kerr & Nelson, 1989).

유아의 경우에는 영아기의 애착 행동의 발달 과정이 왜곡되어 '애착형성장애'가 나타날 수 있다. 생후 1개월 정도가 되면 애착형성장애가 나타난다. 이러한 장애는 어머니의 임신중 약물 중독이나 육아 경험 및 지식의 부족에서 오는 과잉 불안으로 인해 유아와의 애정 교류가 부족하여 애착 형성이 제대로 되지 않을 때 발생하게 된다. 이런 경우에는 부모의 심리 치료가 우선되어야 하고, 유아에게는 장기적인 보살핌이 필요하다.

5 정서 · 행동장애 아동의 지도와 교육

정서·행동장애 아동이 나타내는 특성은 앞에서도 언급했듯이 다양하며, 지적장애 아동, 학습장애 아동의 행동 양상과 비슷하게 나타난다. 그렇기 때문에 이들 행동장애 아동을 다루는 방법이나 지도, 교수 방법은 대상 아동의 장애와 상관 없이 유사하게 적용할 수 있으며, 교사를 훈련함에 있어서도 별 차이를 보이지 않는다. 본서에서 다루려는 내용도 정서·행동장애 아동의 문제 행동뿐만 아니라 특수교육 전 대상자와 정상적인 아동에게도 활용될 수 있으리라 본다.

1) 문제 행동 지도

발달상 취학 전 아동은 하루에도 몇 번씩 가정이나 유아교육기관에서 경미한 문제 행동을 보이곤 한다. 특히 유아교육기관에서 장애의 유무에 관계 없이 집단 활동 시간을 방해하거나 수업중에 소리치며, 때로는 또래에게 공격을 가하는 행동 등의 부적절한 행동도 나타난다. 여기서는 수업 진행을 방해하는 행동 습관과 심리·사회적 문제 행동을 어떻게 다루는지 알아보고자 한다.

(1) 수업중에 자리를 이탈하거나 교실을 떠나는 행동

교실을 떠나는 행동은 적절한 이유 없이 아동이 자리에서 이탈하여 돌아다니거나 교실 밖으로 나가는 모든 경우를 다 포함하며, 이러한 행동은 자주 반복하여 발생한다. 이러한 행동은 앞에서 정서·행동장애 특성 중 과다 행동에서도 다루었지만, 자리를 이탈하거나 앉아 있을 때의 부적절한 행동의 교정을 위해서는 교사의 관찰이 우선적으로 행해져야 한다. 예컨대, 언제 유아가 교실을 떠나는지, 자리에서 이탈하기 전에 무슨 일이 일어났는지, 교실을 떠나서 어디로 가는지 등의 관찰을 한 후 문제 행동을 제거하기 위한 대안을 고려하는 것이 좋다.

수업 중에 교실을 돌아다니거나 교실을 떠나는 행동을 감소시키기 위한 교수 방법은 다음과 같다.

교실과 교실의 내용물들을 재배치하고 교실에 머무르게 하기 위한 흥미있는 활동을 계획하기

아동에게 교실에 머물 수 있는 정당한 이유를 제시한다. 아동의 흥미를 자극할 수 있는 자료와 새로운 자료를 주기적으로 아동에게 소개해 준다. 또 활동 시간 간격을 길게 하거나 짧게 하여 활동을 추가, 제외시켜 하루 일과 계획에 변화를 주는 방법도 있다.

가능할 때마다 교실을 떠나는 것을 예방하기

- 교실 문을 꼭 닫아 둔다.
- 떠나려고 시도하는 것을 알려 줄 단서(벨, 신호음)를 설치한다. 만약 문이 열려 벨소리를 듣는다면 아동의 문제 행동을 확인하기 쉬울 것이다.
- 교사는 구조적 활동 시간이나 비구조적 활동 시간 동안 문 가까이에 있어야 한다. 이는 교사가 교실을 자주 떠나는 아동을 관찰하거나 진행중인 교육 활동에 참여할 수 있기 때문이다.
- 아동이 집단 활동 시간에 나가려고 한다면 교사는 활동 시간 동안 그 아동과 함께 앉아 있도록 한다.

합법적으로 교실을 떠날 수 있는 기회를 제공하기

교실을 떠나는 데는 교사가 인정할 수 있는 적절한 이유가 있어야 한다는 것을 아동에게 인식시켜야 한다. 예컨대, 교무실이나 다른 교실에 그 아동을 심부름 보내어 전달 사항을 전달하게 하는 책임을 부여한다.

교실에서 활동에 참여하는 아동을 칭찬하기

이 방법은 아동이 교실에 머물게 하고 활동에 흥미를 갖고 적극적으로 참여했을 때 웃음을 보여 주거나 껴안아주는 등의 칭찬으로 강화해 주는 것이다.

가능하면 부적절한 이탈을 무시하기

유아가 여전히 교실을 떠나려고 하는 경우에는 다음과 같은 방법을 적용할 수 있다.

첫째, 아동이 교실 밖으로 나갔을 때 관심을 주지 말고 건물 외 다른 교사나 성인에게 도움을 청하여 그 아동을 주의 깊게 살필 것을 요청한다. 결과적으로 아동은 교실로 돌아올 것이며 돌아온 후에는 어떤 활동에 관심이 있는지 아동과 함께 이야기한 후 활동에 참여시킨다.

둘째, 안전성 때문에 아동이 교실을 떠나도록 방치할 수 없다면 교실을 떠나려 할 때 교사가 아동의 뒤를 따른다. 최소한의 시간과 관심으로 아동이 교실로 되돌아오게 한다. 이때는 확고하면서도 부드러운 태도를 유지한다.

학급 규칙 확인하기

아동이 교실에서 언제 자리에 앉아 있고 언제 교실을 나가도 되는지에 관한 규칙을 수시로 확인시킨다. 적절한 행동 시범을 보이고 기억 못하는 아동에게는 규칙을 다시 가르치고 연습시킨다.

타이머 사용하기

아동의 행동을 점검하기 위해 타이머나 녹음 테이프 등의 시간을 알려주는 기구를 사용하여 신호가 울릴 때까지 자리에 앉아 있으면 강화한다.

▶ 자기 기록법

아동이 직접 자신의 행동을 기록하는 방법으로 수업 시간을 5~10분 정도의 간격으로 자신이 자리에 잘 앉아 있었는지 스스로 기록하게 한다.

(2) 교실에서 소리치는 행동

소리치는 행동은 아동이 교실에서 허용할 수 있는 것보다 목소리를 더 크게 내는 모든 경우를 포함한다. 예컨대, 고함치는 것, 날카롭게 비명을 지르는 것, 외치는 것, 또는 다른 예외적 소음들이 포함될 수 있다.

이런 행동을 교사가 교정하기 위해서 언제 그런 행동이 발생하는지, 아동이 소리칠 때 무슨 일이 발생하는지 등의 간접적 관찰을 통해서 정보를 얻을 수 있다

교실에서 큰 소리로 떠드는 행동을 교정하기 위한 교수 지침은 다음과 같다.

▶ 교실 안에서 적절한 행동을 강화하기

교사는 적절한 행동을 하는 아동에게 반드시 칭찬을 해주어야 한다. 적절한 행동이란 여러 가지 사회적 놀이나 토의에 참여할 때 목소리를 계속 낮추는 것이다. 처음에는 이런 행동의 강화를 자주하고, 문제 행동의 감소에 따라 칭찬의 횟수를 감소시켜 나간다.

▶ 떠드는 시간을 제공하기

소음을 내는 것이 인정되는 합법적 배출구를 제공하여 소음을 낼 수 있는 적절한 장소와 비적절한 장소를 인식시켜 준다. 예컨대, 아동들과 옥외로 나가서 짧은 시간 동안 많은 소음을 내보도록 하고 다른 방법으로도 소음내기를 해 본다(이때 주변 환경의 여건에 따라 양해를 구한다).

▶ 규칙 정하기

교실이나 수업 중에 말하기와 관련된 규칙을 정한다. 예컨대, 수업 시간에 말해도 좋은 상황(교사가 질문했을 때, 소그룹 토의 때)을 정하고 교실에서 소리칠 때 음성의 강도와 높낮이를 고려하는 시범을 보인다.

반응 대가
수업이나 교실에서 부적절한 말하기를 보일 때 규칙판에 명시된 점수를 박탈하고 강화 받을 수 있는 기회를 잃게 한다.

2) 사회적 문제 행동 지도

아동들 중에는 문제 행동을 겉으로 표현하여 공격적이고 난폭한 반사회적 행동을 하거나 잠재의식 속에 내면화하여 불안하고 위축된 행동을 보이는 경우가 있다. 이런 행동을 보이는 대부분 아동은 또래, 교사와의 친밀한 사회 관계를 형성하지 못하고 제한된 공간에서 혼자 활동을 많이 한다.

(1) 신체적 공격을 가하는 행동

신체적 공격을 가하는 행동은 때리기, 물어뜯기, 걷어차기, 주먹치기와 같은 방법을 통해 다른 아동을 공격하는 모든 경우를 포함한다.

교사는 먼저, 언제 문제 행동이 발생하는지, 문제 행동이 발생하기 전에 무슨 일이 발생하는지, 누가 항상 피해자가 되는지, 상대 아동을 어떻게 공격하며 공격했을 때 어떤 일이 발생하는지를 관찰한다.

사회적 문제 행동을 감소시키기 위한 구체적 지도 방법은 다음과 같다.

공격하는 사례를 예방하기
- 아동이 공격 후 대화에 응한다면 그와 함께 화난 것에 대해서 아야기해 본다.
- 아동이 대화에 응하지 않고 단순히 누군가 때리고 싶어한다면 신체적인 제지를 가한다. 이때 교사의 화난 기분을 아동에게 전달하지 않도록 주의한다.

긍정적인 사회적 상호 작용을 할 때 칭찬하기
문제 아동으로 하여금 사회적으로 수용될 수 있는 방법으로 자신이 행동하는 방법을 인식시켜 주며 자주 긍정적인 상호작용을 칭찬해 준다. (예 : "현수를 도와줘서 고맙구나. 넌 정말 훌륭한 아이야", "현수가 그네에 있는 너를 밀어 주었구나. 참 재미있지? 다음에 너도 현수를 밀어 줄 수 있겠니?")

다른 아동을 공격하려는 충동을 조절할 수 있도록 체계적으로 지도하기

- 여러 가지 감정을 불러일으키는 상황을 토의한다. 예컨대, 행복한 느낌을 받을 때는 언제인지, 슬프거나 화가 날 때는 언제인지 토의한다.
- 각자 다른 느낌과 감정을 결정한 후 어떻게 감정을 표출할 것인지에 대해 이야기한다.
- 아동이 감정을 표출하여 행동으로 나타내는 방법 외의 다른 방법들을 말로 표현하도록 유도한다.

시범 보이기

공격 행동을 일으키기 쉬운 상황에서 비공격적 행동이 사용될 수 있음을 보여준다. 이때 실제적 행동과 보조 매체(비디오, 슬라이드)를 사용할 수도 있다.

누군가를 공격했을 때 활동 중지 시간(Time-out) 사용하기

- 공격당한 아동이 괜찮은지 확인한다.
- 공격한 아동을 활동 중지 지역으로 데리고 간다.
- 활동 중지 시간을 정하고 그 시간 동안 아동을 쳐다보거나 말을 걸지 않는다.
- 시간이 다 되면 현재 진행되고 있는 활동에 참여하도록 유도한다.

역할 놀이

비공격적 행동을 연습할 수 있도록 가상 상황을 설정하여 대처하는 방법을 학습하도록 기회를 제공한다.

자기 방어

상대방의 언어적·신체적 공격에 대한 적절한 반응을 학습시킨다. 예컨대, 도움을 구하거나 자리를 뜨거나 비공격적인 언어를 사용하도록 가르친다.

(2) 사회적 활동에 참여하지 않는 행동

사회적 활동에 참여하지 않는 행동은 혼자서 놀이하고 혼자서 앉아 있거나 서 있으며 혼자서 교사와 이야기하려는 것과 같이 또래들을 참여시키지 않으려는 모든 행동이 포함된다.

이러한 아동들의 사회적 행동을 향상시키기 위한 프로그램은 다음과 같다.

▶ 다른 아동들과의 사회적 상호작용을 강화하기

교사는 가치 있다고 인정되는 행동을 아동이 알 수 있도록 지속적으로 강화하여 가능한 아동이 사회 놀이에 참여하도록 도와준다. (예 : "너희 둘이서 함께 책상 정리를 아주 잘하고 있구나.")

▶ 문제 아동에게 체계적으로 사회적 기술을 가르치기

- 처음 3~4일 동안에는 다른 아동의 사회적 활동을 관찰할 수 있도록 돕는다.
- 그룹 또는 다른 아동에게 문제 아동을 데리고 가서 함께 놀이하도록 유도한다.
- 아동 스스로가 다른 아동과 함께 활동에 참여할 때 간헐적 강화를 제공한다.

▶ 행동을 계속 그래프에 기록하기

5분 간격으로 15초 동안 아동을 관찰하고, 아동이 자발적으로 사회적 상호작용을 하고 사회적 활동에 참여한 것을 기록하도록 한다.

(3) 말을 하지 않으려는 행동

말을 안 하려는 행동이란 아동이 질문하고 답하는 것을 거절하고 억제하는 것 또는 같은 발달 수준의 또래 아동들과 언어로써 의사소통하기를 거절하고 억제하는 것을 말한다.

언어 사용을 증가시키기 위한 기본 전략은 다음과 같다.

말하는 것을 격려하고 북돋아주기

- 아동이 드물게 말을 한다면, 아동이 말을 할 때 가능한 한 빨리 강화한다.
- 아동이 질문을 하면 대답을 하고, 아동이 요구하는 것을 제공한다.
- 아동이 단음절로만 말을 한다면 언어적 표현을 넓히도록 격려한다. 예컨대, 원하는 것의 표현을 "저것"이라고만 하면, 교사는 "어떤 것을 원하는지 나에게 말해 주렴."하고 말한다.
- 아동이 특별히 즐기는 활동들과 상황을 찾아서 응답을 하게끔 격려하고 응답을 북돋아 준다.
- 아동이 활동에 참여하고 있을 때 교사는 옆에 앉아 이야기하도록 격려한다.

관심을 끌기 위한 비언어적 시도와 말을 안 하려는 시도를 무시하기

아동의 말수를 늘리기 위해서는 아동이 말할 때만 선택적으로 관심을 집중한다. 언어적 상호작용을 위한 충분한 기회를 제공하고, 아동이 말을 하지 않을 때는 관심을 가져서는 안 된다.

CHAPTER

5

자폐성 장애 아동의 이해

1 자폐성 장애의 정의

자폐성 장애(Autistic disorder)는 자기가 보거나 듣거나 느낀 감각들을 적절히 이해하지 못하여, 사회적 관계 형성이나 의사소통, 행동 등에 심각한 문제를 일으키는 뇌의 질환으로 자폐증(autism), 자폐스펙트럼, 자폐 범주성 장애, 발달장애 등 다양한 용어로 사용된다. 또한 자폐성 장애는 사람과 상황에 대하여 해석하고 이해하지 못하여 사회성 발달 장애라고도 하며, 대략 3세 이전부터 나타나기 시작하여 평생 지속되기도 한다.

1) 우리나라 장애인 등에 대한 특수교육법에 의한 정의

우리나라 '장애인 등에 대한 특수교육법'에서는 과거 특수교육진흥법(1994)에서 정서·행동장애에 포함되어 있던 자폐성 장애를 분리시켜 특수교육 대상자로서 다음과 같이 정의하고 있다.

> 사회적 상호 작용과 의사소통에 결함이 있고, 제한적이고 반복적인 관심과 활동을 보임으로써 교육적 성취 및 일상생활 적응에 도움이 필요한 사람

2) 미국정신의학협회

미국정신의학협회(APA, 2013)에서는 자폐성 장애를 진단하기 위해 정신장애진단통계편람(DSM-5, 2013)의 진단기준을 다음과 같이 제시하고 있다.

〈표 5-1〉 DSM-5 자폐스펙트럼장애 진단 기준

A. 다양한 분야에 걸쳐 나타나는 사회적 의사소통 및 사회적 상호작용의 지속적인 결함으로 현재 또는 과거력상 다음과 같은 특징으로 나타난다(예시들은 실례이며 증상을 총망라한 것이 아님, 본문을 참조하시오).

1. 사회적-감정적 상호성의 결함(예: 비정상적인 사회적 접근과 정상적인 대화의 실패, 흥미나 감정 공유의 감소, 사회적 상호작용의 시작 및 반응의 실패)
2. 사회적 상호작용을 위한 비언어적인 의사소통 행동의 결함(예: 언어적, 비언어적 의사소통의 불완전한 통합, 비정상적인 눈 맞춤과 몸짓 언어, 몸짓의 이해와 사용의 결함, 얼굴 표정과 비언어적 의사소통의 전반적 결핍)
3. 관계 발전, 유지 및 관계에 대한 이해의 결함(예: 다양한 사회적 상황에 적합한 적응적 행동의 어려움, 상상 놀이를 공유하거나 친구 사귀기가 어려움, 동료들에 대한 관심 결여).

현재의 심각도를 명시할 것:

심각도는 사회적 의사소통 손상과 제한적이고 반복적인 행동 양상에 기초하여 평가한다.

B. 제한적이고 반복적인 행동이나 흥미, 활동이 현재 또는 과거력상 다음 항목들 가운데 적어도 2가지 이상 나타난다(예시들은 실례이며 증상을 총망라한 것이 아님, 본문을 참조하시오).

1. 상동증적이거나 반복적인 운동성 동작, 물건 사용 또는 말하기(예: 단순 운동 상동증, 장난감 정렬하기, 또는 물체 튕기기, 반향언어, 특이한 문구 사용).
2. 동일성에 대한 고집, 일상적인 것에 대한 융통성 없는 집착, 또는 의례적인 언어나 비언어적 행동 양상(예: 작은 변화에 대한 극심한 고통, 변화의 어려움, 완고한 사고방식, 의례적인 인사, 같은 길로만 다니기, 매일 같은 음식 먹기).
3. 강도나 초점에 있어서 비정상적으로 극도로 제한되고 고정된 흥미(예: 특이한 물체에 대한 강한 애착 또는 집착, 과도하게 국한되거나 고집스러운 흥미).
4. 감각 정보에 대한 과잉 또는 과소 반응, 또는 환경의 감각 영역에 대한 특이한 관심(예: 통증/온도에 대한 명백한 무관심, 특정 소리나 감촉에 대한 부정적 반응, 과도한 냄새 맡기 또는 물체 만지기, 빛이나 움직임에 대한 시각적 매료).

현재의 심각도를 명시할 것:

심각도는 사회적 의사소통 손상과 제한적이고 반복적인 행동 양상에 기초하여 평가한다.

C. 증상은 반드시 초기 발달 시기부터 나타나야 한다(그러나 사회적 요구가 개인의 제한된 능력을 넘어서기 전까지는 증상이 완전히 나타나지 않을 수 있고, 나중에는 학습된 전략에 의해 증상이 감춰질 수 있다).

D. 이러한 증상은 사회적, 직업적 또는 다른 중요한 현재의 기능 영역에서 임상적으로 뚜렷한 손상을 초래한다.

E. 이러한 장애는 지적장애(지적발달장애) 또는 전반적 발달지연으로 더 잘 설명되지 않는다. 지적장애와 자폐스펙트럼장애는 자주 동반된다. 자폐스펙트럼장애와 지적장애를 함께 진단하기 위해서는 사회적 의사소통이 전반적인 발달 수준에 기대되는 것보다 저하되어야 한다.

주의점: DSM-5의 진단기준상 자폐성 장애, 아스퍼거 장애 또는 달리 분류되지 않는 광범위성 발달장애로 진단된 경우에서는 자폐스펙트럼장애의 진단이 내려져야 한다. 사회적 의사소통에 뚜렷한 결함이 있으나 자폐스펙트럼장애의 다른 진단 항목을 만족하지 않는 경우에는 사회적(실용적) 의사소통장애로 평가해야 한다.

다음의 경우 명시할 것:

지적 손상을 동반하는 경우 또는 동반하지 않는 경우

언어 손상을 동반하는 경우 또는 동반하지 않는 경우

알려진 의학적 · 유전적 상태 또는 환경적 요인과 연관된 경우

(**부호화 시 주의점**: 관련된 의학적 또는 유전적 상태를 식별하기 위해 추가적인 부호를 사용하시오)

다른 신경발달, 정신 또는 행동장애와 연관된 경우

(**부호화 시 주의점**: 관련된 신경발달, 정신 또는 행동 장애를 식별하기 위해 추가적인 부호를 사용하시오)

긴장증 동반(정의에 대해서는 다른 정신질환과 관련이 있는 긴장증의 기준을 참조하시오)(**부호화 시 주의 점**: 공존 긴장증이 있는 경우에는 자폐스펙트럼장애와 관련이 있는 긴장증에 대한 추가적인 부호 293.89[F06.1]을 사용할 것)

출처: 권준수 외(2015). DSM-5 정신질환의 진단 및 통계편람(제5판). 학지사. P.50-51

2 자폐성 장애의 원인

아직까지 자폐성 장애의 유일한 원인으로 알려진 것은 없으며, 원인으로 제안된 요인도 불분명하여 논쟁으로 남아있다. 이들 요인에는 유전, 신경학적 뇌손상, 출산 전·후의 산소결핍증, 수은노출, 대사장애 등을 포함한다. 그러나 자폐성 장애에 영향을 미치는 여러 가지 문제들은 다발적으로 작용한다고 보고되고 있으며, 대표적인 원인은 다음과 같다.

1) 유전적 요인

일란성 쌍생아가 이란성 쌍생아에 비해 둘 다 자폐성 장애가 발생한 확률이 훨씬 높다. 예컨대 유타 주에서 행해진 실험에 의하면, 자폐성 장애 환자 11가족의 자손 44명 중 22명이 자폐성 장애로 진단을 받았다고 보고하고 있다. 또한 가족구성원 중 자폐로 진단받는 경우 다른 가족이 자폐성 장애가 될 확률도 높아진다고 보고되고 있다. 그러나 자폐성 장애의 어떤 유전인자가 장애의 원인인지는 밝혀지지 않고 있다.

2) 신경학적 요인

자폐성 장애는 태어나서면서부터 뇌의 정보를 처리하는 방식에 문제가 있는 질환이므로 일부 연구자는 언어나 감각기관을 통해 들어온 정보를 처리하는 뇌 부분에 실제적 이상이 일어난다고 주장하고 있다. 이는 신경학적으로 뇌의 기능이상 특히, 감정조절과 행동통제, 정보조직 및 통합을 담당하는 측두엽 기능의 결함뿐만 아니라 해부학적으로 뇌구조 이상이라는 의견도 있다. 그러나 뇌의 기능이상 요인에 관해서는 아직 확실한 원인이 밝혀지지는 않았다.

3) 환경적 요인 - 바이러스

자폐성 장애에는 환경적 요소 즉, 백신접종(홍역, 풍진, 유행성 이하선염 등), 바이러스 감염(풍진, 헤르페스 뇌염 등)이 영향을 미치는 요인이 된다고 주장하기도 한다. 특히 임신 첫 3개월 동안 풍진에 걸리면 자폐성 장애의 아이가 태어날 확률이 높아지는데, 예방주사와 관련된 바이러스들(풍진 예방주사 DPT 중의 백일해 성분)이 자폐성 장애를 일으키는 것으로 추측되고 있다. 이러한 바이러스(풍진, 헤르페스 뇌염 등)에 임산부가 감염될 경우, 태아나 신생아의 뇌가 손상되어 자폐성 장애를 포함한 다양한 문제가 발생될 수도 있다. 그러나 바이러스나 백신접종, 수은 등의 환경적 요인이 자폐성 장애와 관련이 있다는 주장에는 찬반의견이 많으며, 계속적인 의문이 제기되고 있다.

3 자폐성 장애의 판별

자폐성 장애는 3세 이전에 발달적으로 지연되거나 비정상적인 기능이 나타는 것으로 알려진 바와 같이 자폐 유아의 특정 행동이 일반 유아와 다르다는 것을 부모나 교사가 먼저 발견할지도 모른다. 그러므로 자폐성 장애를 가진 유아를 조기 선별하기 위해서는 유아가 많은 시간을 보내는 가정이나 교실과 같은 자연스러운 상황에서 유아의 사회적 상호작용능력이나 의사소통, 상상 및 상징놀이, 타인과의 눈맞춤, 환경에 반응하는 정도 등을 유심히 관찰해야 한다. 특히 자폐성 장애가 의심될 경우 자폐성 장애 아동을 위한 선별 검사도구인 M-CHAT(Modified Checklist for Autism in Toddlers), 자폐 선별도구-3(Autism Screening Instrument for Educational Planning-3), 그리고 길리암 자폐 평정척도-2(Gilliam Autism Rating Scale-2), ASSQ(High-Functioning Autism Spectrum Screening Questionnaire)와 같은 질문지를 작성하거나 다음과 같은 이상증상이 나타날 경우에는 전문가의 진단평가가 이루어져야 한다(김희규·강정숙·김은영·김의정·김주영·김형일 외, 2010).

- 12개월까지 옹알이가 나타나지 않는다.
- 12개월까지 몸짓(지적하기, 인사하기 위해 손을 흔들기 등)이 나타나지 않는다.
- 16개월까지 반향언어(echolalia)를 제외한 한 단어 수준의 발화가 나타나지 않는다.
- 24개월까지 반향언어를 제외한 두 단어 수준의 자발적인 발화가 나타나지 않는다.
- 언어 또는 사회적 기술에서 기능이상을 보인다.

또한 자폐성 장애가 유전적인 요인과도 관련이 있기 때문에 가족력을 포함하여 유아의 발달상태, 표준화된 검사, 관찰, 부모면담 등의 포괄적인 진단평가를 통해 자폐성 장애의 평가가 이루어져야 한다. 자폐성 장애를 진단 및 평가하기 위한 표준화된 검사도구들은 다음과 같다(강위영·윤치연, 2004; 김희규 외, 2010; 김태련·박랑규, 1996; 김태련·박량규, 1992; 이승희, 2009; 유희정, 2007; 유희정, 곽영숙, 2009).

1) 아동기 자폐증 평정척도(CARS)

아동기 자폐증 평정척도(Childhood Autism Rating Scale: CARS, 김태련 외, 1996)는 만 2세 이상의 아동을 대상으로 자폐장애와 기타 발달장애를 구별하고 자폐장애의 정도를 판별하기 위한 검사이다. 총 15개의 문항으로 1~4점까지 평정되며, 관찰, 사례력 검토, 부모와의 면담 등을 통하여 실시된다. 15개 문항의 전체점수(15~60점)를 근거로 진단적 범주(자폐증 아님, 경증·중간 정도 자폐증, 중증 자폐증)를 제공한다.

2) 이화-자폐아동 행동발달 평가도구(E-CLAC)

이화-자폐아동 행동발달 평가도구(Ewha-Check List for Autistic Children;

E-CLAC, 김태련 외, 1992)는 만 1세~만 6세의 아동을 대상으로 행동발달 및 병리성 수준을 평가하기 위한 검사이다. 검사 대상은 자폐장애 아동이 중심이 되지만 자폐장애로 의심되는 아동도 대상이 될 수 있으며 지적장애 또는 기타 장애를 가진 아동들의 경우에도 발달과정을 파악하는데 활용할 수 있다. 총 56개 문항으로 구성되어 있다. 단계별로 체크하도록 되어 있는 척도문항(43개 문항)과 해당되는 모든 항목에 표시하도록 되어 있는 비척도문항(13개 문항)으로 나누어져 있으며 척도문항은 다시 발달문항(18개 문항)과 병리문항(25개 문항)으로 나누어져 있다. 검사는 아동의 전반적인 일상생활을 잘 알고 있는 부모와의 면담을 통해 실시된다. 가정에서의 일상적인 생활 장면에 한정되는 문항에 대해서는 어머니나 양육자 등 일상생활을 돌보는 사람이 평정하는 것이 가능하나 학교나 기타의 장면에서 관찰할 수 있는 부분에 대해서는 교사나 치료사가 평정할 수도 있다. 검사결과는 발달문항과 병리문항별로 원형 사이코그램을 통하여 제시된다. 2개의 사이코그램이 완성되면 그림의 면적이나 각 문항에 따른 요철상태로 대상아동의 발달이나 병리상태를 알 수 있다.

3) 한국 자폐증 진단검사(K-ADS)

한국 자폐증 진단검사(Korean-Autism Diagnostic Scale: K-ADS, 강위영, 윤치연, 2004)는 자폐장애로 의심되는 만 3세~만 21세의 아동 및 청소년을 대상으로 자폐장애를 진단하기 위한 검사이다. 3개의 하위검사(상동행동, 의사소통, 사회적 상호작용)로 구성되어 있는데 각 하위검사마다 14개의 문항이 포함되어 있어 총 42개 문항으로 이루어져 있다. 적어도 2주 이상 정규적으로 피검자와 접촉해 온 부모, 교사, 또는 치료사가 검사를 실시할 수 있는데 검사지에 제시된 일정한 순서에 따라 42개 모든 문항을 0~3까지 평정한다. 하위검사별로 표준 점수(M=10, SD=3)와 백분위 점수를 그리고 하위검사의 표준 점수의 합으로 자폐지수(M=100, SD=15)와 백분위 점수를 제공한다.

4) 자폐증 진단 면접지(ADI-R)

자폐증 진단 면접지(Autism Diagnostic Interview-Revised: ADI-R, 유희정, 2007)는 반구조화된 부모 면접도구로, 아동의 상호적인 사회적 상호작용, 의사소통 및 행동과 관심의 상동적 패턴이라는 세 가지 주요 영역에서의 아동의 기능에 관심을 둔다.

5) 자폐증 진단관찰 스케줄(ADOS)

자폐증 진단관찰 스케줄(Autism Diagnostic Observation Schedule: ADOS, 유희정 외, 2009)은 여러 가지 구조화된 과제를 통하여 아동의 사회적 기능과 의사소통 기능을 평가하도록 고안된 것이다. 낯선 상황에서 하는 비공식적인 관찰에서 특히, 시간이 짧은 경우 얻을 수 있는 정보에 한계가 있기 때문에, 더 구조화된 관찰 평가를 수행하고자 개발되었다. ADOS에는 구성활동, 교대하기, 모방, 이야기하기 능력, 상상적인 장난감 놀이, 몸짓과 대화기술 등이 포함된다. 이러한 목록은 과제를 통하여 각 아동의 발달 수준에 적합한 다양한 사회적 요구가 어떤 것인지를 보여주고 과제를 수행하는 과정을 통하여 아동이 임상가와 체계적으로 상호작용하도록 장려한다는 데 그 가치가 있다.

3 자폐성 장애 아동의 특성

정신장애진단 및 통계편람(DSM-5, 2013)에서는 기존 DSM-Ⅳ에서 자폐장애를 전반적 발달장애의 한 유형으로 포함된 것을 자폐스펙트럼장애로 통합하여 진단기준에서도 밝히고 있듯이 자폐스펙트럼장애는 사회적 상호작용 및 사회적 의사소통에서의 지속적인 결함, 제한적이고 반복적인 행동이나 흥미, 활동이 나타나야 한다. 이에 자폐스펙트럼장애 진단기준에 따른 특성을 살펴보면 다음과 같다.

1) 사회적 상호작용

정신장애진단 및 통계편람(DSM-5, 2013)의 진단기준에 따르면, 자폐스펙트럼장애의 사회적 상호작용 측면에서의 특성은 (a) 타인과 흥미나 감정을 공유하거나 사회적 상호작용의 시작과 반응을 나타내는 사회적-감정적 상호성의 결함 (b) 다양한 사회적 상황에 적합한 적응적 행동이나 상상놀이를 공유하거나 친구사귀기, 또래들에 대한 관심결여를 나타내는 관계 발전, 유지 및 관계에 대한 이해의 결함을 보인다. 자폐성 장애 아동이 보이는 사회적 상호작용에서의 구체적인 행동특성은 다음과 같다(이소현·박은혜, 2011).

(1) 사회적 상호작용을 조절하기 위한 비구어적 행동의 사용에 있어서 결함

- 눈 맞춤이나 응시행동에 있어서의 문제.
- 얼굴 표정을 거의 사용하지 않거나 이상하게 사용함.

(2) 연령에 적절한 또래관계 형성의 어려움

- 친구가 없거나 매우 적음.
- 자기보다 나이가 많거나 적은 아동, 또는 가족 구성원과만 관계를 형성함.
- 특별한 관심을 근거로 관계를 형성함.
- 집단 상황에서 상호작용하는 데 어려움을 보이며, 게임의 협동적인 규칙을 지키기 어려워함.

(3) 다른 사람들과 즐거움, 성취 또는 관심을 나누지 않음

- 자신이 좋아하는 활동, TV프로그램, 놀잇감만을 즐기고 다른 사람들과 나누려고 하지 않음.
- 활동이나 관심이나 성취에 대한 다른 사람의 관심을 요구하지 않음.
- 칭찬에 거의 관심을 보이지 않거나 반응하지 않음.

(4) 사회적 또는 정서적 상호성의 결여

- 청각장애가 있는 것처럼 다른 사람에게 반응하지 않음.
- 다른 사람을 의식하지 않음.
- 다른 사람이 다치거나 흥분할 때 관심을 보이지 않음.

2) 사회적 의사소통

정신장애진단 및 통계편람(DSM-5, 2013)의 진단기준에 따르면, 자폐스펙트럼 장애의 사회적 의사소통 측면에서의 특성은 비정상적인 눈 맞춤과 몸짓언어, 몸짓의 이해와 사용 그리고 얼굴표정과 비언어적 의사소통과 관련된 사회적 상호작용을 위한 비언어적 의사소통 행동의 결함을 보인다. 자폐성 장애 아동이 보이는 의사소통에서의 구체적인 행동특성은 다음과 같다(이소현·박은혜, 2011).

(1) 비구어적 의사소통에 있어서 결함

- 대화 중 몸짓을 거의 사용하지 않음.
- 감정을 표현하기 위해 얼굴표정을 사용하지 못함.
- 관심공유를 위한 가리키기나 보여주기 행동에서의 결함.

(2) 구어적 의사소통에서의 결함

- 단조롭고 특이한 억양이나 음성을 사용함.
- 의사소통을 하고자 하는 의도표현 결여.
- 연령에 적합한 어휘나 문법이 아닌 대명사 반전을 보임.
- 다른 사람이 말한 단어나 문장을 의미 없이 반복하는 반향언어 형태를 보임.

3) 제한적이고 반복적인 행동

정신장애진단 및 통계편람(DSM-5, 2013)의 진단기준에 따르면, 자폐스펙트럼 장애의 행동적 측면에서의 특성은 (a) 상동증적이거나 반복적인 운동성 동작, 물건 사용 또는 말하기 (b) 동일성에 대한 고집, 일상적인 것에 대한 융통성 없는 집착, 또는 의례적인 언어나 비언어적 행동 양상 (c) 강도나 초점에 있어서 비정상적으로 극도로 제한되고 고정된 흥미 (d) 감각 정보에 대한 과잉 또는 과소 반응, 또는 환경의 감각 영역에 대한 특이한 관심을 보인다. 자폐성 장애 아동이 보이는 행동에서의 구체적인 특성은 다음과 같다(이소현·박은혜, 2011).

(1) 제한된 범위의 관심 영역에 지나치게 강도 높은 독특한 관심

- 특정 주제에만 지나친 관심을 보이고 다른 주제에는 전혀 관심을 보이지 않음.
- 특정 주제나 활동을 종료하는 데 어려움을 보임.
- 다른 활동에 방해가 됨(예: 활동에 집착하느라 식사나 화장실 가는 일을 지체함).
- 독특한 주제에 관심을 보임(예: 물뿌리개, 영화등급, 우주 물리학, 라디오 방송에서 읽어주는 편지).
- 특정 관심 영역에 대한 비상한 암기력.

BOX 5-1 **서번트(Savant)신드롬**

자폐증을 가진 아동의 약 5%는 또래 정상아동들에게서 발견되는 것을 훨씬 초월하는 뛰어난 재능을 가진다. 자폐증 학자(autistic savant)또는 자폐성 천재, 자폐적 우수성이라고 불리는 이 아동들은 계산, 기억, 조각그림 맞추기, 음악, 그림과 같은분야에서 평균을 초월하는 능력을 발휘한다. 자폐증 학자가 가지는 이런 매력적 기술들은 보기 드문 몰두와 반복적인 행동과 관련되고, 그 기술의 종도는 그 아동의 IQ와 관련된다. 석학적 능력(savant ability)에 대한 설명은 아직 없지만 기계적 암기나 연습으로 가능하다는 제안도 있다. 한 가지 분명한 사실은 자폐증 학자는 정보를 전체로 보기보다는 부분들로 나누어 보는 경향이 있으며, 이것이 특정분야에서 비범한 일을 하도록 만든다는 것이다. 또 다른 견해로는 자폐증 아동들은 추상개념보다는 심상(image)으로 사고하기 때문에 카메라나 녹음기 같은 방식으로 물질을 기억할 수 있다는 것이다. 이에 더하여, 자폐장애를 가진 어떤 사람들은 세부사항에 과도하게 집중하는 경향이 있는데, 이는 어떤 영역의 기초지식을 습득할 때 이로울 수 있다. 석학적 능력은 반복적이고 강박적인 행동과 관련되는 경향이 있으며, 이는 행동에 대한 관심과 그 행동을 연습하려는 동기 부여가 높다는 것을 암시한다.

자폐증 학자들이 보이는 비상한 능력 중에는 IQ가 60이지만, 음악, 미술, 수학, 암기력, 기계 조작 등의 특정 영역에서 뛰어난 능력을 보이는 경우가 있다. 지난 5년동안의 매일 복권 번호를 암송하는 경우도 있고, 달력의 날짜와 요일을 순간적으로 계산하며, 역사적 사건의 특정내용을 암기하거나 라디오를 통해 들은 모든 곡조들을 회상하여 피아노를 칠 수 있다.

출처: 이승희(2009).자폐스펙트럼 장애의 이해. 학지사. P.65.
조현춘, 송영혜, 조현재(2002). 아동이상 심리학. 시그마프레스. P.448-449.
Mash.E.J.,&Wolfe.D.A.(2002).Abnormal child psychology. wadsworth, a division of Thomson Learning, Inc. P.268.

(2) 특정 비기능적인 일과나 의례적 행동에 융통성 없이 집착

- 정확한 순서에따라특정활동을 수행하기를원함(예:자동차에서 내려 문을 닫을 때 정해진 순서에 따라서 행동함).
- 일과의 사소한 변경에 대하여 쉽게 흥분함(예:학교에서 집으로 돌아가는 길을 다른 길로 변경할 때).
- 모든 변화에 대하여 사전통보를 필요로 함.
- 일과나 의례적인 행동이 지켜지지 않을 때 매우 불안해 함.

(3) 상동적이고 반복적인 운동성 습관

- 흥분했을 때 양손을 펴서 흔듦.
- 손가락을 눈앞에 대고 흔들거나 꿈틀거림.
- 손의 자세가 특이하거나 기타 손의 움직임을 보임.
- 장시간 빙빙 돌거나 몸을 앞뒤로 흔듦.
- 발뒤꿈치를 들고 걷거나 뜀.

(4) 사물의 특정 부분에 대하여 지속적인 집착

- 사물을 비기능적으로 사용함(예: 인형의 눈을 손가락으로 두들김, 놀잇감 자동차 문을 계속 열었다 닫았다 함).
- 사물의 감각적인 부분에 관심을 보임(예: 사물의 냄새를 맡거나 눈 가까이에서 봄).
- 움직이는 사물을 좋아함(예:선풍기, 흐르는물, 돌아가는 바퀴).
- 독특한 사물에집착함(예: 오렌지 껍질, 줄).

정신장애진단 및 통계편람(DSM-5, 2013)에 따르면 자폐성 장애는 사회적 상호작용과 사회적 의사소통에서의 지속적인 결함, 제한적이고 반복적인 상동행동이 아동기 초기 발달시기에 발생하여 일상기능에 있어 제한이나 손상을 초래하여야 한다. 따라서 영·유아기에 자폐성 장애의 조기 선별이 가능하므로 부모나 교사는 아동의 행동을 유심히 관찰하면서 다음과 같은 자폐성 장애의 진단 기준을 체크해야 한다. 따라서 영·유아기에 자폐성 장애의 조기 선별이 가능하므로 부모나 교사는 아동의 행동을 유심히 관찰하면서 다음과 같은 자폐성 장애의 진단 기준을 체크해야 한다.

1 사회적 상호작용

- 시선을 바르게 주지 않는다.
- 사람을 마치 무생물처럼 대한다.
- 낯선 사람에게도 반응하지 않는다.
- 남에게 대응하는 미소가 없다.
- 또래와 어울리지 못한다.
- 대소변 훈련이 안되고 훈련이 지체된다.
- 무턱대고 떼를 쓴다.
- 옷을 입고 신발 신는 것이 늦게 습득된다.

2 의사소통

- 의미없는 소리를 중얼거리거나 같은 말을 반복한다.
- 남의 묻는 말을 대답 대신 앵무새처럼 따라한다.
- '예'하고 대답하지 못한다.
- 간단한 지시에도 따르지 못한다.
- 언어습득이 훨씬 늦다
- 말에 억양이나 리듬이 없다.

3 제한적이고 반복적인 행동

- 손을 물어 뜯거나 머리를 박는 등 자해행위를 한다.
- 특정 물건에 집착한다.
- 물건을 도리거나 휘두르거나 두들긴다.
- 오랫동안 초점없이 허공을 응시한다.

- 높은 곳에 자꾸 올라간다.
- 잔인하고 과도한 행동을 보인다.
- 행동이나 상호작용을 일정한 패턴으로 하려한다.
- 장난감에 별로 흥미가 없다.
- 오랫동안 몸을 흔들거나 돌린다.
- 손을 날갯짓하듯 파닥인다.
- 안기지 않거나 안겨도 몸이 뻣뻣하다.
- 손을 찰싹 거린다.

4 감각 반응

- 특정음에 귀를 막는다.
- 때리거나 아픈 자극을 주어도 반응하지 않는다.
- 자연광 아래에서도 눈을 감거나 찌푸리거나 곁눈질을 하면서 다닌다.
- 어떤 감촉을 주는 물건을 매우 싫어한다.
- 한 가지 일에 대해서만 끊임없이 이야기 한다.

5 자폐성 장애 아동의 교육

자폐성 장애는 매우 복잡한 질환이고 개개인에 따라 요구되는 것이 서로 다르지만,부모나 교사가 적절한 환경을 마련하거나 교육을 해주면 현저한 차이를 보일 수 있다. 특히 아이의 상태에 따라 조건이 갖추어진 거주 환경에서 학교 시간전후 또는 방학 중 돌봐주는 프로그램, 놀이 프로그램, 교육 프로그램, 직업 예비훈련 프로그램 등의 프로그램이 지니고 있는 공통적인 구성 요소들을 찾아내어 자폐아 교육에 적용하는 것은 중요한 일이라고 볼 수 있다.

자폐아 교육에서는 가능한 한 가장 이른 시기에 조기 교육을 제공해야 한다. 또한 자폐성 장애 아동의 개별적인 특성에 따라 가족에게 자폐와 관련된 특성을 다루기 위한 지속적인 부모교육이 필요하다. 이는 가족들이 자폐를 가진 자녀가 타인과 상호 작용하고 또래들과 우정을 형성하고 상상놀이에 참여하도록 돕는 방법을 전문가, 학급교사로부터 도움을 받을 수 있기 때문이다. 무엇보다도 자폐성 장애의 대표적인 특성인 사회성 및 의사소통의 결함을 극복하기 위한 프로그램을 운영하는 것이 중요하다.

1) 구조화된 교실환경

자폐성 장애 아동은 청각적, 시각적 자극에 민감하거나 일상적인 활동에 변화가 생기면 불안해하는 특성이 있다.이러한 자폐성 아동의 특성을 고려하여 교실의 물리적 환경을 구조화할 필요가 있다. 먼저 구조화된 물리적 환경조성을 위해서는 자폐성 장애 아동의 시각적 혼란을 줄이도록 칸막이,책장,서랍장,커튼 등을 이용하여 특정 장소를 시각적으로 구분해 놓는 것이 효과적이며, 물리적 환경조성을 위한 다음의 질문을 해보는 것도 도움이 된다(이은주·최지은·박숙희,2011).

- 흥미영역별 명칭을 붙이거나 교구장 배치 등 시각적 경계를 만들어 흥미영역의 기능을 알도록 교 실을 구분하였는가?
- 청각적 혼란을 줄이기 위해 부분양탄자를 펼치거나 소음을 흡수하는 장식용 벽걸이 천을 올림으로써 과도한 소음수준을 줄였는가?
- 시각적·청각적 산만함을 줄이기 위해 빛이나 소리를 최소화하거나 창가나 출입문을 피하여 자리 배치를 하였는가?

자폐성 아동은 예측가능성이 높고 일상적인 방식으로 정보를 제시하였을 때 학습과 환경에 대해 좀 더 사회적으로 반응하고 주의를 기울이지만 늘 하던 일이나 일정에 아주 조그만 변화만 생겨도 금방 혼란스러워하고 어려워한다(김희규 외,2010). 교사는 자폐성 장애 아동이 일관성있고 예측가능하며 잘 구조화된 일과에더 잘 반응함을 인식하고 물리적인 교실환경을 구조화하고 일과 내에서 갑작스러운 변화가 생기지 않도록 규칙성이 있는 일과를 제공하도록 해야 한다.

2) 시각적 구조화

자폐성 장애 아동들은 활동에 변화가 생기거나 전이활동이 진행될 때 불안해진다. 이러한 불안을 최소화하기 위해 교사는 하루 일과표를 이용할 수 있다. 일과표에는 하루일정을 그림이나 글자, 그리고 사진을 활용하여 교실 게시판에 붙여두어 학급 전체 일과를 보게 하거나 이 닦기나 화장실 가기 등 기본생활기술 수행방법이나 흥미영역별 선택방법에 대한 개인 그림일정표를 만들어 활동 전 설명해주기도 한다. 또한 자폐아동들의 시각적인 학습 장점을 활용하여 선택판이나 메뉴판 등에 시각적 자료(사물모형, 그림, 상징, 사진 또는 문자)를 이용하여 교재나강화물 또는 과제를 선택할 수도 있고(김희규 외, 2010), 교실 내 사물함이나 신발장, 의자, 교구장 등 자신의 물건이나 교실 장난감을 정리하도록 사진이나 그림을 활용할수도있다.

3) 전이를 위한 단서 사용

자폐성 장애아동들은 환경의 변화에 민감하기 때문에 한 활동에서 다른 활동으로 이동하는 전이 활동 시간을 혼란스러워한다. 교사는 한 활동을 마치고 다른 활동으로 이동하기 위한 전이 시간을 알리기 위해 시각적·청각적 단서를 이용한다. 시각적 단서로서는 시각적 자료인 그림 일정표나 그림판을 통해 다음 시간에 무슨 활동을 할 것인지 알려주거나 전등 스위치를 켰다 끄는 단서를 주기도 한다. 또한 청각적 단서로서는 노래를 활용하는데, 영역 활동이 끝나는 시점에서 종소리, 아동에게 익숙한 음악이나 '정리정돈 노래'를 들려줌으로써 활동이 변화됨을 알려준다.

4) 또래와의 관계 촉진

자폐성 장애 아동은 또래와 어울리지 못하고 고립되거나 혼자 놀이를 하는 경우가 많다.이들의 사회성 발달을 돕기 위해서 교사는 시범보이기(모델링)나 사회적 상황이야기 전략을 활용하여 자폐성장애아동에게 사회적 놀이방법에 대한정보와 또래와 장난감을 가지고 놀이하는 방법, 또래와 친하게 지내는 방법에 대한 기술을 교수할 수 있다. 모델링(modeling)은 아동이 교사나 또래, 그리고성인의 행동이나 활동, 과제수행 상황을 관찰하여 목표하는 행동을 따라하게 하는 것이다. 또 다른 방법으로는 자폐성 장애 아동이 어려워하는 사회적 상황이나 기술을 이야기나 문장을 포함한 사회적ㅌ 스크립트를 만들어 지도하는 방법이다. 이러한 전략을 사회적 상황 이야기(socialstories)또는 사회적 스크립트라고 하는데, 아동이 또래와의 관계에서 보여야하는 바람직한 사회적 행동을 아동이 이해하는 수준의 문제 상황이나 목표 행동으로 간단한 스크립트를 작성하여 설명하기도 한다(그림5-1).

쉬는 시간

우리는 쉬는 시간동안 장난감을 가지고 놀이하는 것을 좋아한다.(서술문–설명문장)

쉬는 시간 후 정리하는 시간이 되면, 선생님은 정리정돈 노래를 부른다. (서술문)

때때로 재미있는 놀이를 하고 있으면 정리정돈하고 싶지 않다. (서술문)

우리는 장난감을 정리한 후에 간식을 먹기위해 안으로 이동할 수 있다.(서술문)

우리는 장난감 놀이를 계속하고 싶지만 장난감을 정리해야만 한다. (서술문)

선생님은 우리가 장난감을 정리할 때 행복해 한다.(서술문)

우리의 장난감을 깔끔하게 정리하는 것이 중요하다.(서술문)

나는 쉬는 시간에 정리정돈 노래가 들리면, 내가 가지고 놀던 장난감을 정리해야 한다는 것을 기억할 것이다.(조절/제한문–통제 문장)

출처 : 권미은, 노진아, 백유순, 최민숙(2013). 성공인 통합교육전략. 시그마프레스. P.49. Kluth(2003). Ozonoff and Schetter(2007), and Simpson et al. (2003)에서 수정함.

[그림 5-1] 사회적스크립트

사회적 상황이야기와 유사하게 파워카드 전략은 명함정도 크기의 카드에 아동이 좋아하는 캐릭터를 사용해서 문장을 만든다. 적절한 행동이나 사회적 기술을아동의 관심영역과 연결시키는 시각적 자극을 기초로 하는 방법이다(김동일·손승현·전병운·한경근, 2010). 따라서 교사는 자폐성 장애 아동들이 또래들의 사회적 행동을 관찰하여 모방하도록 교사나 또래 모델링을 통해서 과제나 놀이방법을 시범 보이고 자폐성 장애 아동이 수행하도록 해야 한다.

BOX 5-2 어린이 자폐성 장애 '행동치료'가 최선

『아이가 엄마하고 눈을 맞추지 않을 뿐 아니라 대화도 전혀 안하고 남이 말하는 것을 앵무새처럼 따라하기만 해요. TV 광고만 좋아하고 광고를 완전히 외우기도 하지만남과 대화를 하려고는 하지 않아요. 돌이켜 생각해 보면 태어난 뒤부터 큰 아이와는 달리 안기는 것을 싫어하고 뻣뻣한 느낌을 주며 울지도 않고 옹알거리는 것도 기억나게 한적이 없었던 것 같아요.』 만 3세 된 이남자 어린이의 진단명은 자폐성장애.

자폐성 장애은 다른 사람에 대해 반응이 없고 의사소통에 큰 장애가 있으면서 주위환경과 변화에 대해 괴상한 반응을 보이는 질병이다. 국내에는 만 명당 3~4명 정도발생하며 남자 어린이가 여자 어린이에 비해 3~4배 많다.

소아자폐성 장애으로 병원을 찾는 가장 큰 이유는 언어 발달이 늦기 때문.

삼성의료원 정신과 과장 김승태 박사는 '어린이가 돌이 지나서도 눈맞춤이 없거나 시선이 엄마 시선을 무시하고 위쪽 사물을 바라본다든지 엄마에게 반응이나 애착을 보이지 않을 땐 반드시 전문가의 진찰을 받아 정확한 진단을 내려야 한다.'고 강조했다. 현재까지 수많은 치료법이 나와있지만 완전정상아로 치료하는 약이나 치료법은 없고 행동 교육치료로 자신의 행동을 조절할 수 있게 하는 것이 최선의 방법이다. 약물은 어린이의 행동이 자기자신이나 남을 해칠 정도가 되면진정제를 쓰는 정도.

치료의 가장 큰 문제점은 보호자가 어린이의 질병을 부정하다 늦게서야 병원으로 데리고 오는 경우가 많다는 것. 만 6~7세가 지나면 체중이 늘어나고 근육도 단단해져 행동 치료가 어려우므로 3~4세 이전에 발견, 치료하는 것이 가장 좋다.

김박사는『조기발견·조기치료로 자폐아 스스로 가지고 있는 능력을 최대한 긍정적으로 사용할 수 있게 해야한다.』고 밝혔다. 예를 들어 어려서부터 이닦기·손씻기 등의 개인 위생문제라든지 문을 여닫는 등 해야 하거나 안 해야 할 것들을 가르쳐 주면서 극단적 행동은 금지하는 등의 행동치료를 해야한다는 것.

또한 조기 치료를 통해 어린이 때문에 가정 생활에 문제가 생기는 것도 막아야 한다. 자폐성 장애 원인은 뇌 손상 등 여러 가지가 제시되고는 있지만 뚜렷하게 밝혀진 바는 없다. 유전이나 가족력은 없는 것으로 알려져 있는데도 불구하고 어린이 질병을 서로 상대방탓으로 돌리기도해 실제로 외국통계상 자폐아가족의 이혼율이 75%나 된다.

부모가 죄책감이나 좌절감 없이 어린이에게 가능한 많은 교육을 시키는 것이 중요하다. 어느 정도 자란 어린이는 특수교육 전문가에게 특수교육을 받는 것이 좋다.

중앙일보 1995. 6. 8

CHAPTER

6

학습장애 아동의 이해

1 학습장애의 정의와 분류

학습장애는 특수교육 영역에서 가장 최근에 인식되고 분류된 영역으로 현재까지도 개념을 정의하는 데 어려움을 겪고 있으며, 완전한 일치를 보지 못하고 있는 복잡한 장애 영역이다. 학습장애 영역이 아직까지도 개념 정의가 명확하게 통일되지 않은 이유는 다음과 같다(김종현 외, 1996).

학습장애 영역이 가장 최근에 생긴 데 비해 여러 학문 분야와의 협동 연구로 발전되었기 때문이다.

학습장애 집단의 이질성으로 장애를 범주화하는 데 어려움이 있기 때문이다.

1) 학습장애의 용어

학습장애를 지칭하는 최초의 용어는 '뇌 상해'였고, 1960년대 무렵에는 '미세 뇌 성기능장애'라는 용어가 사용되었다. 그러나 부모와 전문가들의 반발로 1963년 그동안 사용된 용어 대신 '학습장애'라는 용어가 사용되었고, '학습장애 아동협회(ACLD)'라는 단체를 결성하였다. 그리고 1977년 미국연방정부에서는 '특정 학습장애'라는 용어가 사용되었다. 그 이후로 비교적 정상적인 지적 기능을 지니고 있으나, 학습상의 문제를 지닌 아동들을 지칭하는 용어로 사용되어 왔다. 우리나라에서도 2007년 제정된 '장애인 등에 대한 특수교육법'에 '학습장애'라는 용어를 법적 용어로 사용하고 있으며, 특수교육 대상 장애로 규정하고 있다.

2) 학습장애의 정의

학습장애라는 용어를 사용하기 시작하여 지금까지 학습장애에 대한 정의는 계속해서 논의되고 있으며, 전문가들은 여러 가지 정의를 내리고 있다. 그중에서도 현재 가장 많이 사용되고 있는 정의로는 1977년 미국연방정부가 미국장애인교육법에서 제시한 정의와 미국의 학습장애공동협회(1989)에서 제시한 정의가 있다.

(1) 미국의 장애인교육법

'특정 학습장애(specific learning disability)'란 듣기, 생각하기, 말하기, 읽기, 쓰기, 철자법, 셈하기에 있어서 불완전한 능력으로 표현될 수 있는 말이나 글의 언어를 이해하고 사용하는 데 필요한 기본적인 심리학적 과정의 한 가지 이상에서 장애를 보이는 것을 의미한다. 이 용어는 지각장애, 뇌 손상, 미세 뇌기능장애, 난독증, 발달적 실어증과 같은 상태를 포함한다. 시각, 청각 또는 운동 기능적인 장애, 지적장애, 정서·행동장애 또는 환경적, 문화적, 경제적 불이익이 주요 원인이 되어 그 결과로 나타나는 학습 문제를 지닌 아동들을 포함하지 않는다.

(2) 학습장애공동협회

학습장애란 듣기, 말하기, 읽기, 쓰기, 생각하기, 산수 능력의 습득과 사용에 있어서 심각한 어려움을 보이는 장애로 구성된 다양한 사람들의 집단을 칭하는 포괄적인 용어이다. 이러한 장애들은 개인에 대한 본질적인 특성을 지니며 중추신경계의 기능장애로 인한 것으로 추정되고 있으며, 일생에 걸쳐 나타날 수도 있다.

자기 통제적인 행동, 사회적 지각, 사회적 상호작용 등에 있어서의 문제가 학습장애와 함께 나타날 수도 있지만 이러한 문제들만으로는 학습장애로 판별되지는 않는다. 학습장애는 기타 장애(예 : 감각장애, 지적장애, 정서·행동장애)와 동시에 발생할 수 있고, 외부적인 영향(예 : 문화적 차이, 부적절하거나 불충분한 교수)을 받을 수도 있다. 하지만 이러한 기타 장애나 외부적인 영향의 결과에 의해서 직접적으로 발생하는 것은 아니다.

Samuel은 '학습장애'라는 용어를 맨 처음 사용하였고, 그 후 Kirk는 부모회에서 "학습장애란 맹·농과 같은 감각장애나 일반적인 지적장애가 아니면서 사회적 상호작용에 필요한 언어, 읽기, 말, 의사소통 기술 등의 발달에 장애가 있는 것"이라고 정의하였다.

(3) 우리나라 특수교육법 정의

우리나라의 '장애인 등에 대한 특수교육법 시행령(2008)'에서는 "개인의 내적 요인으로 인하여 듣기, 말하기, 주의 집중, 지각, 기억, 문제 해결 등의 학습 기능이나 읽기, 쓰기, 수학 등 학업 성취 영역에서 현저하게 어려움이 있는 사람"를 특수교육의 대상이 되는 학습장애아로 규정하고 있다.

이와 같이 학습장애는 위의 정의 외에도 다양한 정의가 제시되고 있지만 이들의 정의 속에는 공통적으로 포함되는 요소가 있다. 학습장애의 정의에서 발견될 수 있는 공통적인 요소는 다음과 같다(이소현 외, 2011; 김종현 외, 1996).

[1] 학업 및 학습 과제의 곤란

학습장애는 학습 영역 특히 말하기, 듣기, 읽기, 쓰기, 산수와 운동, 지각 기술, 사고, 심리 기술 등의 영역 중 한 가지 이상에서 어려움을 지니는 것을 의미한다.

[2] 잠재력과 성취력 간의 차이

학습장애아들은 잠재적인 능력은 있으나 특정 학습 영역에서 심각한 어려움을 경험하는 것으로 정의된다. 즉, 학업 및 사회 영역에서 잠재력과 실제로 나타나는 성취력 간에는 심각할 정도로 차이가 크다는 것을 뜻한다. 예컨대, 지능 검사에서 정상적인 지적 능력을 보이더라도 실제 성취 검사에서 학업 성취도가 훨씬 낮아서 2년 정도의 차이가 나는 아동들을 의미한다.

[3] 학습 영역 간의 불균형

학습장애아들은 학업 수행에 있어서 영역 간 불균형한 성취를 보인다. 즉, 지적 능력을 구성하고 있는 지적 요인들 간 발달이 고르지 못하여 어떤 지적 요인은 정상적인 발달을 하고 어떤 지적 요인은 지체를 나타내는 것이다. 예컨대, 언어 능력상 말하기는 유창하나 글쓰기나 모양 따라 그리기는 어렵다든지, 3학년 아동이 수학은 4학년 정도의 성취를 보이나 읽기는 1학년 수준 이하일 경우를 말한다.

이 같은 현상은 '특정 학습장애'라는 용어가 잘 설명하듯이 한두 가지 성취나 발달 영역에서 특정 결함을 보이는 것을 의미한다.

4 신경학적 기능장애

학습장애는 중추신경계의 기능장애와 관련된 것으로 추정되고 있다. 학습장애에 대한 이해는 1930년대 뇌 손상아에 대한 연구에서 시작하여, 전문가들은 학습장애아들의 행동 특성(예 : 산만함, 과다 행동, 지각장애)이 뇌 손상아들의 행동 특성과 유사하다는 것을 인식하기에 이르렀다. 이로 인해 학습장애의 원인을 중추신경계의 역기능이나 뇌 손상으로 여겼으나, 실제 학습장애아들은 뇌 손상에 신경학적 증거를 보이지 않는다는 이유로, 최근에는 신경 검사에 의한 손상을 보이지 않는 한 학습장애아를 뇌 손상아로 보지 않고 있다.

5 기타 요인의 제외

학습장애에 대한 정의 속에는 아동의 학습 문제가 사회·경제적 및 환경적인 불이익이나 지적장애, 정서·행동장애, 시각장애 등 기타 장애로 인한 경우를 포함시키지 않는다. 물론 학습장애아가 정서·행동장애 및 그 외 경도 지적장애, 행동장애와 유사하게 나타날 수는 있지만 학습장애가 주장애로 되기 위해서는 학습 문제가 일차적으로 학습장애에 의한 것이어야 한다.

학습장애의 정의를 종합해 보면, 학습장애아는 평균 지적 능력을 지니고 있으나 주의 집중, 지각, 기억력 등의 결함으로 듣기, 말하기, 읽기, 쓰기, 추리, 산수와 같은 특정 학습 영역에 심각한 결함을 보이는 아동을 말한다.

3) 학습장애 아동의 출현율

특수교육 대상자 출현율은 전체 학령 인구 중(6~21세)에서 특수교육 대상자로 판별된 학생을 백분율로 표시한 것을 말한다. 특수교육 대상자 출현율은 특수교육 기관의 확충, 특수교육 교원 양성, 특수교육 예산 등 특수교육 정책 결정에 중요한 기초 자료가 되기 때문에 매우 중요하지만 국가마다 연구자마다 특수교육 대상의 범위를 다르게 보고, 연구 방법이 달라 각각 그 비율이 다르게 보고되고 있다.

학습장애아의 경우 그 기준에 따라 2~20%까지 차이가 있는데, 학자에 따라 정상아의 40%, 비행아의 80%를 학습장애로 보는 견해가 있다(김종현 외, 1996).

또한 국가에 따라서는 출현율보다는 특수교육 수혜율로 표시하는 경우도 있지만 학습장애 출현율을 국가별로 살펴보면 미국의 경우 3.17%, 독일 2.04%, 스위스 2.56%, 네덜란드 1.50%, 일본 0.37%로 제시되고 있다(국립특수교육원, 1998).

우리나라에서는 공식적으로 학습장애 출현율이 보고된 적이 없으며 일부 연구에서 연구 목적에 따라 산출된 자료가 제시되고 있을 뿐이다. 그 가운데 비교적 대집단을 대상으로 산출한 결과를 살펴보면, 김승국(1985)은 초등학교와 중학교 아동 9,990명 중에서 0.97%, 강위영과 정대영(1986)은 초등학교 3학년 2,662명 중에서 3.38%(102명)가 학습장애를 가지고 있는 것으로 보고한 바 있다.

국립특수교육원(1998)이 2000년까지 전국적인 실태 조사를 수행하기 위한 기초연구로서 1997년 전국을 서울, 인천·경기, 부산·경남, 대구·경북, 대전·충청, 강원, 광주·전라의 7개 권역으로 구분하여 20개 초등학교의 4학년 학생 5,052명을 대상으로 표집·조사한 예비 연구 결과에 의하면 장애학생의 출현율은 4.23%이며 이중 학습장애는 2.46%, 전체 장애학생 중 59%를 차지하는 것으로 나타났다. 1998년부터 학령기 인구를 6~21세까지로 규정하였고, 그 출현율 4.23%를 적용할 경우 전체 특수교육 대상자 수는 487,968명, 이들 중에서 학습장애 학생수는 283,783명으로 추정할 수 있다. 이 연구 역시 학습장애와 기타 교육부령이 정한 장애에 대한 정의가 명확하지 않고 초등학교 4학년 학생만을 대상으로 하였다는 점에서 또한 제한점을 가지고 있다. 국립특수교육원의 특수연차보고서(2022)에 의하면 학습장애아동의 출현율은 정서행동장애 특수교육대상자의 출현율이 1.0%로 밝혀졌다.

2 학습장애의 원인

대부분의 학습장애를 가진 아동들의 경우 그 원인을 정확히 밝혀내기란 상당히 어려운 일이다. 학습장애의 원인이 되는 요소들 간에 서로 영향을 미치기 때문에 더욱 쉽지 않다. 학습장애의 원인은 크게 세 가지로 분류될 수 있는데, 생물학적 요인, 유전적 요인, 환경적 요인으로 나뉘어진다.

1) 생물학적 요인

학습장애는 중추신경계의 신경학적 기능장애와 관련되는 것으로 추정되고 있다. 이는 신경학적 요인이 학습장애의 주요 원인이 된다는 것이다. 하지만 신경학적인 검사가 완전하지 않아 단정적으로 원인을 제시하는 데에는 어려움이 있다. 최근에는 뇌의 활동을 정확하게 측정할 수 있는 뇌파 검사 및 자기공명촬영의 기술로, 신경학적 증후의 강약 등의 검사로 신경학적 요인이 학습장애를 일으키는 하나의 요인이 될 수 있음을 입증하고 있다(Hynd, Marshall, & Gonzalez, 1991). 이들 연구에 의하면, 학습장애는 초기 태아 발달 시 신경세포 형성의 이상으로 나타난다고 설명되고 있다. 그러나 이러한 연구 또한 심한 학습장애아들만을 대상으로 실시되었기 때문에(Hallahan et al., 1994), 모든 학습장애 아동들에게 신경학적 요인을 적용시키기는 어렵다.

2) 유전적 요인

학습장애가 가계(家系)를 따라 유전된다는 연구는 많은 학자에 의해서 보고되어 왔다. Hallgren(1950)은 심각한 읽기장애인(난독증: dyslexia)의 친척 중 읽기, 쓰기, 철자장애인의 수가 많다고 지적하고 있다. 또 Yule과 Rutter(1976)에 의하면 읽기

능력이 높은 아동이 그렇지 않은 아동보다 세 배 이상이나 그의 가족력과 상관도가 있다고 밝히고 있다. 즉, 읽기에서 실패한 경험이 있는 가족력을 가진 아동이 그렇지 않은 아동보다 더 학습장애를 나타낸다는 것이다.

읽기 기술에 대한 한 연구에서는 읽기 문제를 지닌 아동들의 가족들은 정상적인 읽기 기술을 보이는 아동들의 가족들보다 더 빈약한 읽기 기술을 보이는 것으로 나타났으며, Smith(1983)의 연구에서는 학습 문제를 지닌 아동의 약 88% 정도가 가족들 중에 유사한 문제를 보이는 사람이 있는 것으로 나타났다.

3) 환경적 요인

특정 학습장애는 환경의 결손에 의한 것은 아니지만, 근래에 들어 많은 특수교육자들이 이에 관심을 갖고 연구하고 있으며, 환경이 하나의 요인이 될 수 있다는 생각이 대두되었다. 지금까지 연구된 바로는 학습장애를 일으키는 환경적 요인으로는 조기 환경 자극의 결핍과 조기 영양 결핍 두 가지가 있다. 이 두 가지 요인은 유아 조기에 경제적으로 빈곤한 환경이나 부적절한 영양 공급을 경험한 아동에게 학습 문제가 나타날 확률이 높다는 것으로, 아직까지 명확하게 단정짓기는 어렵다.

Cruickshank와 Hallahan(1973)은 환경 실조와 영양 결핍에 관한 연구 결과 영양 결핍과 학습장애 간에는 일정한 관계가 있다고 보기는 어렵지만, 조기의 심한 영양 결핍은 중추신경계통에 영향을 미쳐 아동의 학습과 발달에 영향을 미칠 수 있다고 하였다.

학습장애를 일으키는 또 다른 요인으로는 낙후된 학교 환경을 들 수 있는데(Englemann, 1977), 특히 교사의 부적절한 교수가 아동의 학습 문제를 일으킨다는 것이다. 즉, 교사가 아동의 특성에 맞추어 양질의 개별화된 교수를 제공하지 못하면 학습장애를 일으킬 수 있으며, 반면에 조기에 아동의 특정 학습 문제를 잘 다루기만 한다면 학습장애가 예방될 수 있는 것으로 주장되고 있다(Reynolds & Birch, 1977). 따라서 학습장애를 예방하기 위해서는 무엇보다 교사가 조기에 특정한 학습 문제를 가진 아동을 선별하고 그에 따른 적절한 프로그램을 실시할 수 있어야 한다.

3 학습장애의 판별

학습장애 아동들에게 진단을 실시하는 주된 목적은 학습장애의 원인을 밝혀내어 정확한 진단을 하기 위한 것이다. 이러한 진단을 통하여 학습상의 장점과 약점을 찾아내서 학습장애 아동을 적절한 교육 환경에 배치하고 교정 프로그램을 적용하기 위함이다.

1) 학습장애 아동의 판별 과정

학습장애 아동의 선별 절차를 제시하기에 앞서 누가 선별할 수 있는가 하는 문제가 논의되어야 할 것이다. 일반 학교 담임 교사에 의한 학습장애 판별이 적절하지 못하다는 연구도 있으나, Learner(1981)의 연구에서는 담임 교사는 아동과 많은 시간을 함께함으로써 아동의 평가에 필요한 여러 정보를 가지며, 아동의 성취와 학습장애 판별의 신뢰도가 높다고 밝히고 있다.

또한 교육부(1998)에서는 교사들이 학교에 비치되어 있는 진단·평가 도구를 적절하게 활용하지 못하거나 비록 도구를 사용하였다고 하더라도 이를 교수-학습 과정으로 적절하게 연결시키지 못하는 경우가 많은 원인을 도구의 활용에 대한 기본적인 지식이나 정보, 임상적 경험의 부족 때문이라고 판단하고 있다. 그래서 진단·평가 도구 중 이미 개발되어 있는 것들을 보다 많이 활용하고 적절히 이용할 수 있도록 교원의 연수 과목에 특수교육 대상자의 진단·평가에 관한 이론과 실습을 포함시켜 진단·평가 도구의 사용에 대한 신뢰성과 타당성을 높일 수 있도록 계획하고 있다.

일반학급 상황에서 실제로 교사가 학습장애 아동을 선별할 수 있도록 활용 가능한 선별 도구를 중심으로 선별 절차를 제시하면 다음과 같다(이상훈, 2000).

첫째, 학업 성취를 저해하는 외적 요인(장기 결석, 열악한 가정 환경)이나 내적 요인(감각 이상, 학습 동기나 적응상의 문제)이 없음에도 불구하고 학업 성취가 학년 수준이나 연령 수준에 비해 많이 떨어진다는 사실을 확인한다.

둘째, 아동의 교과 활동 및 교과 외 학교 생활 전반에 걸쳐 체계적인 관찰을 하고 이전 학년 담임과 부모와의 면담 등을 통해 설명 가능한 원인을 규명한다.

셋째, 교과 내용을 중심으로 교사 제작 검사를 만들고 오류 분석을 통한 비형식적 평가를 실시한다. 오류 유형이 확인되는 경우 적절한 교육 프로그램을 작성, 실시한다.

넷째, 표준화된 검사를 이용하여 평가를 실시한다. 기초 학력 기능 검사(한국교육개발원, 1987)를 실시하여 5개 각 하위 검사에서 현재 학년 수준에 비해 지체된 정도를 파악한다. 초등학교 저학년의 경우 1.0학년 이상, 고학년의 경우 1.5학년 이상, 중학교의 경우 2.0학년 이상 지체가 보일 경우 학습장애 선별 척도(국립특수교육원, 1996)를 실시한다. 총점 62점 이하 혹은 언어성 영역에서 21점 이하 또는 비언어성 영역에서 42점 이하인 경우에는 개인용 지능 검사(KEDI-WISC, K-ABC)를 통해 지능 수준이 80 이상임을 확인하고 지능 검사에 나타난 임상적 양상을 분석함으로써 학습장애아를 선별할 수 있다.

2) 학습장애 아동의 판별 방법

판별을 효과적으로 수행하기 위해서는 구체적인 방법에 대한 이해가 있어야 한다. 여기서는 관찰, 면접, 표준화 검사에 대해서 알아보고 각각의 내용을 살펴보고자 한다.

(1) 관 찰

관찰은 각 생활 장면에서 나타나는 학습장애 아동의 행동을 직접 기술해 내는 것이다. 이때 교사는 아동들이 학습을 어떻게 시작하고, 어떤 이유로 학습을 멈추는지, 연필이나 크레용 등의 도구를 사용할 수 있는 운동 능력은 어느 정도이며,

외부 자극에는 어떻게 반응하는지 등을 자세히 관찰해야 한다. 때로는 행동·정서 장애아동과의 비슷한 양상으로 잘못 판별할 수도 있으나, 교사는 관찰한 것을 문서화할 수 있는 다양한 검사 도구를 함께 사용해야 한다.

(2) 면 접

학습장애 아동에 대한 풍부하고 가치있는 정보를 얻는 방법으로 면접이 있다. 이는 표준화 검사에 비해 자유로운 상황에서 언어로 표현할 수 있다. 또 검사와는 달리 신체의 제한성, 낮은 지적 수행 능력 때문에 수용 언어, 표현 언어에 제한을 지닌 평가 대상자에게도 적절하게 사용할 수 있는 도구이다.

(3) 표준화 검사

표준화 검사는 표준화된 조건 하에서 개개인의 지식, 기능, 성격 등의 특정한 측면을 측정하도록 고안된 도구이다. 학습장애 아동들을 판별하는 데 사용하는 보편적인 검사로는 지능 검사와 성취력 검사 및 과정 검사가 있다.

1 지능 검사

지능 검사는 아동의 지적 지체 여부를 알 수 있는 지적 능력을 측정하는 데 유용한 도구로 '웩슬러 아동 지능 검사(KEDI-WISC)'가 많이 사용된다. 이 검사는 아동의 지적 능력에 대한 다양한 정보를 제공하는 검사로서 아동의 연령이 5세 1개월에서 15세 11개월인 경우 실시할 수 있다. 검사 영역으로는 언어성 검사 영역과 동작성 검사 영역으로 나뉘며, 총 12개 소검사로 구성되어 있다.

2 학업 성취 검사

학습장애 아동들은 학습지체(academic retardation)를 가지고 있기 때문에 지능 검사와 더불어 학업 성취도 검사도 함께 실시되어야 한다. 즉, 지능 검사 도구로 학습장애 여부와 지능상의 정상 여부를 측정한 뒤 지능이 정상이라고 판별되면 학업 성취 검사를 한다. 학업 성취 검사를 통해 학습장애아들의 읽기, 독해, 낱말,

산수 등 특정 학습 과제에 문제가 있는지 밝혀내는 것이다.

현재 우리나라에서 가장 많이 쓰는 아동용 표준화 학습 기능 검사로는 '기초 학습 기능 검사'가 있다. 이는 1986년 교육개발원에서 표준화한 개인 검사로서 유치원이나 초등학교 수준의 일반 아동 및 장애아동 대상이다. 기초 학습 기능 검사는 각각 5개의 소검사로 구성되며, 학업에 기초가 되는 능력을 평가하는 데 사용된다.

3 과정 중심 검사

학습장애아들은 감각 정보를 처리하는 과정에 문제가 있으므로, 기본적인 심리 과정(주의, 기억, 지각, 운동, 음성 언어 등) 결함을 측정해야 한다. '과정'이란 것은 아동이 감각으로 지각된 것들을 어떻게 받아들이고 해석하여, 의미있는 사용을 하는 것을 의미한다. 과정 중심의 검사에서는 읽기에 문제가 있는 아동에게 단순하게 읽기 문제만 다루지 않고, 이 아동에게 결여된 특정 심리 과정을 측정하기 위해서 사용된다. 대표적인 과정 검사로는 일리노이 심리 언어 능력 검사(Illinois Test of Psycholinguistic Abilities, ITPA)와 머린 프로스티그 시지각 발달 검사(Marianne Frostig Developmental Test of Visual Perception, DTVP)가 있다.

ITPA 검사는 특정 학습장애 진단 검사로 가장 널리 알려진 것으로, 2세 반에서 10세 아동들을 대상으로 의사소통 경로(정보가 들어오고 나가는 청각-음성 및 시각-운동과 같은 감각 양식)와 심리 언어 과정(정보를 받아들이는 '수용', 개념과 언어적 정보 처리를 하는 '조직', 받아들인 정보를 밖으로 내보내는 '표현')과 같은 내용들을 중심으로 구성된 심리 과정 검사이다.

DTVP 검사는 읽기 학습에 중요한 역할을 하는 시지각을 측정하는 검사이다. 예컨대, 눈과 손의 협응 검사, 전경과 배경의 지각을 알아보는 검사, 반전 및 회전시켜 놓은 도형을 변별하는 공간의 위치, 크기와 명암 등이 다른 다양한 형태의 기하학적 도형을 인지하고 변별하는 형태의 불변성 검사 등이 포함되어 있다.

4 학습장애 아동의 특성

학습장애 아동들의 특성은 매우 다양하다. 어떤 아동은 한두 가지 특성만 보이기도 하고, 또 어떤 아동은 여러 가지 특성을 같이 보이기도 한다. 이러한 특성들을 다음과 같이 6가지로 대별하여 살펴보기로 하자.

1) 과잉행동 및 주의집중장애

학습장애와 함께 보이는 장애로 잘 알려진 것은 과잉행동성 주의집중장애(ADHD: attention deficit hyperactivity disorder)와 주의집중장애(ADD: attention deficit disorder)가 있다. '과잉행동아'들은 한 자리에 가만히 앉아 있지 못하고, 끊임없이 움직이고, 자리에 앉아 있게 되면 손가락이나 발가락을 움직거려서 다른 사람을 방해한다. 과잉행동은 학습장애 아동들에게 많이 나타나는 행동적 특성 중의 하나로, 여아보다 남아에게 더 많이 발생하는 것으로 추정되고 있다(Rutter, 1975). 1994년 미국정신의학협회의 정의에 따르면 ADHD는 과다 행동, 충동성, 산만함의 세 가지 기본적 특성을 보이는 장애로 이러한 행동적 특성이 7세 이전에 나타나 적어도 6개월 이상 지속되는 것이라고 말하고 있다. '주의집중장애아'는 수업 시간에 수업과 관련 없는 행동을 하고, 부적절한 자극을 선별할 줄 모르기 때문에 주의가 산만해져 학습하기가 어렵게 된다.

2) 지각운동상의 문제

학습장애 아동들은 정상 아동보다 청각, 시각 능력에 많은 문제를 보이곤 한다. Hallahan(1975)에 의하면 학습장애아들은 안구 협응과 공간 관계, 전경과 배경에 대한 지각 차이를 구별할 수 있는 능력 및 유사성을 인지하는 능력인 시지각에 주로 문제가 있기 때문에 과제를 성공적으로 해내기가 힘들다고 보고 있다.

이러한 시각·청각상의 지각장애는 감각을 통해 받아들인 정보를 정리하고 해석하는 데 문제를 보이며, 아동의 학업상 문제로까지 영향을 미친다. 예컨대, 글자, 숫자, 그림 등의 문자나 모양을 거꾸로 보거나(예 : 'ㅜ'를 'ㅗ'로 '6'을 '9'로 읽기 등), 글자를 오른쪽에서 왼쪽으로 읽고 선 따라 그리기 등도 곤란하다. 청지각에 장애가 있는 아동 또한 비슷한 소리를 구분하거나 언어 지시를 따르는 데 어려움이 있다.

학습장애 아동들은 운동 기술을 사용하는 신체 활동에 어려움을 보이기도 한다. 이들은 소근육 운동 기술 즉, 시각과 운동조직과의 협응이 필요한 젓가락 쥐기, 구슬꿰기, 연필 쥐기 등의 문제와 대근육 운동 기술 즉, 달리기, 줄넘기, 계단 오르내리기 등에 어려움이 있다.

3) 사고와 기억의 문제

학습장애 아동들은 정상적인 지능을 갖고 있기 때문에 사고가 가능하기도 하나, 발달이 뒤지며, 문제 해결 능력도 뒤떨어진다(Hallahan, 1975). 이로 인해 자신의 생활을 계획하고 구성하는 데 문제를 보이며 기억력에 있어서도 문제를 보인다. 예컨대, 전날 배운 글자, 낱말, 산수 내용을 잊어버리거나 같은 소리, 물건을 기억하여 찾는 것이 어렵다. 또한 자신의 전화번호와 주소 등의 정보를 잊어버리기도 한다.

이와 같이 학습장애 아동들이 기억에 있어 결함을 보이는 이유로는 학습장애아들이 비장애아들이 사용하는 암기 전략을 사용하지 않기 때문인 것으로 나타났다(Hallahan, Kauffman, & Lloyd, 1985). 즉, 학습장애아들이 암기를 위한 전략을 사용하지 못했기 때문에 암기 과제에 훨씬 더 어려움을 보이는 것이다.

그러나 중요한 것은 학습장애아들에게도 암기 전략을 사용하도록 학습시킬 수 있다는 사실이다(Hallahan et al., 1985). 예컨대, 단어를 종류별로 모아서 외우는 전략 등을 사용하여 학습시킬 수 있다는 것이다.

4) 학업상의 문제

학업상의 문제는 학습장애 아동들이 전 학과목 중 한두 과목만 문제를 보이거나 학과목 전반에 걸쳐서 문제를 보이는 것으로 학습장애의 주요 특성으로 꼽을 수 있다. 그중 읽기, 쓰기, 셈하기는 학습상 중요한 문제라 할 수 있다. 각각의 내용은 다음과 같다.

(1) 읽 기

읽기장애는 학습장애 아동들에게 보편적으로 나타나는 문제로 학령기 아동의 10~15%, 학습장애아의 85% 정도가 읽기장애를 갖고 있다(Kaluger & Kolson, 1978). 또한 아동이 성장할수록 읽기장애는 심각해지는데 특히 초등학교 저학년 아동들은 1~2년 정도의 지체를 보이고, 중학교에 가서는 약 3년 이상의 지체를 보인다.

읽기장애의 특성은 단어 인식, 아동의 읽기 습관, 이해, 어법에서 나타난다(Mercer, 1987).

1 단어 인식

- 단어를 빠뜨린다.
- 단어의 문자를 바꾼다(나 → 너).
- 단어의 발음을 잘 못한다.
- 단어의 순서를 바꿔 읽는다.
- 발음할 수 없는 단어에 접하여 5초간 주저한다.
- 느리고 일관성 없게 읽는다.

2 읽기 습관

- 책의 읽던 곳을 모른다.
- 읽기에 불안정한 태도를 보인다. (예 : 읽기를 거절, 운다 등)
- 긴장된 행동을 한다.

- 머리를 획 돌린다.
- 자료를 가까이 끌어당긴다.

3 이 해

- 기본적인 사실을 기억할 수 없다.
- 이야기의 줄거리를 알지 못한다.
- 이야기의 주제를 해석할 수 없다.
- 주요 내용을 파악할 수 없다.
- 결론을 도출하고 추론할 수 없다.
- 사건의 순서를 알지 못한다.

4 어 법

- 단어들을 부적절하게 묶어 읽는다.
- 단어를 한마디 한마디 끊어 읽는다.

(2) 쓰 기

학습장애 아동들은 쓰기에서도 지속적이고 심각한 결함을 보이기도 한다(Graham, Harris, & Sawyer, 1987).

쓰기장애를 갖고 있는 아동들 중에는 말은 잘하지만 한 문장도 적을 수 없는 아동도 있으며, 문장 자체도 아주 짧고, 매끄럽게 정리가 안 되는 경우가 많다. 또한 쓰기 과정을 잘 이해하지 못하기 때문에 문장 구성이나 문법 순서를 제대로 표현하지 못한다.

필체장애 아동도 쓰기장애를 보이는데, 이들은 글자를 알아보지 못할 정도로 휘갈겨 쓰거나, 비스듬히 기울여 쓰거나, 거꾸로 쓰기도 한다.

(3) 산 수

산수장애 아동은 숫자 세기, 숫자 쓰기와 같은 기본 학습 기술이 곤란한 아동으로 간단한 덧셈과 뺄셈을 하지 못하는 경우를 말한다. 이들은 기본적인 셈하기 기술(덧셈, 뺄셈, 곱셈, 나눗셈)을 잘 배우지 못하며, 문제 해결을 위해 적용하지도 못한다. Mercer(1987)는 기억(단기 기억, 장기 기억), 언어, 행동 양식(충동적, 짧은 주의 집중력 등), 추리 운동(빠르고 정확하게 숫자 쓰기, 작은 공간에 숫자 쓰기) 등의 문제가 산수 성취에 영향을 미치는 요인이라고 한다.

5) 언어상의 문제

학습장애 아동들의 약 50% 이상은 표현 언어 및 수용 언어장애를 가지고 있으나, 표현 언어를 사용하는 데 더 큰 어려움을 갖고 있다(Noel, 1980). 여기서 수용 언어장애는 청각상의 지각장애로 언어를 이해하지 못하는 것이다. 즉, 교사가 하는 말을 잘 못 알아들어 발음을 구별하지 못한다든지, 비슷한 소리를 구별하지 못하기 때문에 소리를 입 밖으로 내기가 곤란한 것이다(Wiig & Semel, 1976). 표현 언어장애는 자신을 언어로 표현하는 데 어려움을 갖는 것을 말한다. 즉, 말하는 모양이 미숙하고 어휘력이 부족하여 말을 되풀이하거나 더듬으며, 표현이 제대로 되지 않아 머뭇거리기도 한다.

이러한 언어상의 문제는 청년기가 되어도 여전히 작문, 언어 이해 등에 문제를 갖고 있으며, 말의 미묘한 차이에 대한 이해 부족으로 사회적 상황에 적합한 말로 표현할 수가 없다(Noel, 1980).

6) 사회·정서적 문제

학습장애 아동들은 사회적으로 잘 적응하고 또래들 간에도 잘 지내는 경우도 있으나 대부분 학습장애아들은 또래로부터 거부당하는 경향이 있다. 학습장애아들은 사회적 인지능력에 결함이 있기 때문이다. 즉, 이들은 체계적, 조직적인 사회 적응이 어렵고 다른 사람의 기분을 지각하지 못하기 때문에 친구를 사귀거나, 교사나 부모로부터의 지원이 부족하고 자신의 성공 여부에 대한 기대가 낮으므로 자아 개념도 낮다. 또한 상대방이 좋아하는 방법으로 대화 및 행동을 하지 못하기 때문에 자신에 대한 부정적 태도가 강화된다. 이로 인해서 학습장애아들은 낮은 자아존중감을 형성하게 되고, 사회·정서적인 문제를 보이게 된다.

5 학습장애 아동의 교육

학습장애 아동은 장애 유형과 정도가 다양하다. 많은 학습장애 아동들은 교육하기가 어려울 정도로 심각한 지체를 보이지만, 일부 아동들은 적절하게 계획된 학습 과제를 가지고 효과적으로만 지도하면 반응이 빠르게 오는, 장애 정도가 가벼운 경우도 있다. 그러므로 아동의 장애 유형과 정도에 따라 다양한 학습 유형과 수준을 조정해야 하며, 이를 수행하는 교사는 학습장애 아동의 여러 가지 특성을 이해해야 한다. 또한 교사는 개별 아동의 필요에 따라 학업 성취를 할 수 있도록 도와주는 것이 중요하다.

학습장애 아동을 교육하기 위해서 교사는 다음과 같은 자세가 요구된다.

- 교사는 학습장애아에 관한 많은 것을 알고 있어야 한다.
- 갑작스럽게 계획을 변경하는 것은 아동에게 혼란을 초래하므로 일관성 있고 질서가 있도록 해야 한다.
- 아동의 성취 수준을 다양한 방법으로 측정해야 한다.
- 아동이 한 번에 한 가지 활동을 할 수 있도록 기준을 세워야 한다.
- 중요한 내용을 가르친 후에 아동이 배운 내용을 기억하고 있는지 점검해 봐야 한다.

다음에서는 언어 교육과 산수 및 셈하기 교육에 대해 알아보자.

1) 언어 교육

언어 능력은 학습에 매우 중요하므로 읽기와 쓰기 기술을 획득하는 것이 필요하다. 취학 전 유아들에게는 초등학교처럼 많은 언어 능력이 요구되지 않지만 유아기 시절에 학습장애아로 판별되면 초등학교 저학년에 해당하는 기초 교과 기술에 필요한 언어 프로그램을 적용하여 기초적인 언어 기술을 가르쳐야 한다.

우리나라에서는 언어 교육을 위한 프로그램들이 많이 개발되어 있지 않지만, 외국의 경우에는 다양한 프로그램들이 개발되어 있다. 'DISTAR 언어 프로그램'과 '임상 언어 중재 프로그램'들이 취학 전 유아들에게 적용되는 프로그램이다.

DISTAR 언어 프로그램은 취학 전 유아부터 3학년 아동을 대상으로 개발된 프로그램으로 언어 기술을 가르친다. 높은 수준의 언어 개념을 가르치기 위해 교사는 반복 훈련을 하고, 모델이 되어서 적절한 반응을 강화하고 부적절한 반응은 교정해 나간다. 예컨대, 명사, 대명사, 전치사 등과 같은 여러 가지 품사들을 중심으로 언어 기술을 가르친다(Engelmann & Osborn, 1976).

임상 언어 중재 프로그램은 취학 전 유아부터 8학년 아동을 대상으로 개발되었다. 이 프로그램에서는 2,000개 이상의 자극 그림, 교사용 사용 지침서, 활동 소책자 등이 포함되어 있어 아동들에게 의미론, 기억 등을 가르치는 데 사용한다(Simel & Wiig, 1982).

학습장애 아동의 읽기 향상을 위해서는 글자를 읽는 법을 가르치는 발음 중심의 어학 교수법을 제공하는 것이 좋다. 쓰기는 문자를 통해서 자신의 생각이나 감정을 표현하고 상대방에게 정보를 전달하는 역할을 한다. 특히, 자신의 생각을 단어나 문장으로 표현하기 위해서는 글자를 직접 쓰는 기술뿐만 아니라 맞춤법, 띄어쓰기 등에 맞게 문장을 정리하고 순서화하는 기술도 필요하다.

6세 이전의 아동들은 좌, 우, 위, 아래의 공간 개념이 부족하여 글자나 숫자를 거꾸로 쓰기도 한다. 그러나 아동들이 글자를 거꾸로 쓴다고 하여 쓰기 학습장애를 가지는 것은 아니며, 발달상에서 오는 문제일 수 있다는 것이다. 하지만 아동이 나이가 들어서도 계속 글자를 거꾸로 쓴다면 의심의 여지가 있다.

학습장애 아동들의 글씨 쓰기를 향상시키기 위한 방법에는 여러 가지가 있다. 특히 글자를 거꾸로 쓰는 아동을 지도하기 위해서, 글자를 기억하는 데 아동의 손가락을 이용해서 자음, 모음을 지도하여 기억 단서를 주면 좋다. 또한 쓰기 전에 아동에게 글자 이름을 말하게 하고, 글씨를 쓰면서 사용되는 획들을 말하게 한다. (예 : 삼 → ㅅ, ㅏ, ㅁ)

통합 학급에서는 글자 쓰기, 맞춤법, 작문 등을 향상시키기 위해 최근에는 컴퓨터 워드 프로세서 프로그램을 사용하는 방법이 제안되고 있다. 학습장애 아동들 중에는 손으로 직접 쓰거나 맞춤법 등에 어려움을 겪는 아동이 있으므로 이러한 문제를 해결하기 위해 컴퓨터를 사용하면 좋다.

2) 산수 및 셈하기 교육

학습장애 아동들이 산수를 학습하는 데 영향을 미치는 요인으로 계산 능력, 추상적 사고, 지각, 기억, 읽기 등 여러 가지가 있다. 산수장애를 갖고 있는 아동 중에는 언어 문제가 없는 경우도 있고 있는 경우도 있다. 산수장애의 치료를 위해서는 아동의 성취도 수준을 고려하여 학습 속도와 진도를 맞춰나가야 한다.

산수를 가르칠 때, 실제적인 물건으로 구체적인 경험을 하게 되면 훨씬 효과가 크다. 예컨대, 극장의 좌석 번호, 집 주소 등에서 수학적 개념을 활용할 수 있으며, 달력 활동에서도 시간의 개념, 수의 규칙적인 체계 등을 이해하는 데 도움을 줄 수 있다. 또한 아동의 신체(신발의 치수, 체중, 키 등)를 이용하여 수를 가르칠 때 보다 기억하기 쉬울 것이다.

또한 놀이 과정에서 자연스럽게 더하기, 빼기의 경험을 도와줄 수 있다. 예컨대, 더하기, 빼기를 목적으로 고안된 주사위 게임, 물체나 숫자카드 게임 등을 하면서 수 단어 세기를 하고, 나타나는 숫자 읽기 등을 할 수 있다. 그러나 유아기 시절에는 산수 장애를 발견하기가 쉽지 않으므로 교사의 세심한 관찰이 요구된다.

3) 학습장애 아동의 통합교육

최소로 제한된 일반학급에 통합된 학습장애아들은 행동적인 측면, 사회성 발달 측면에서 도움을 필요로 하지만 특히 학업 성취면에서 많은 도움을 필요로 한다.

학습장애 아동의 학업 성취를 높이기 위해서 교사는 기초 교과 영역(읽기, 쓰기, 산수) 중 아동에게 필요한 학습 기술을 가르치며, 만일 학년에 비해 읽기가 뒤떨어지면 보충적으로 읽기 기술을 가르쳐야 한다. 이는 초등학교 저학년 아동에게 적절하다.

통합교육에서 학습장애 아동들은 일과 대부분의 시간을 일반학급에서 보내기 때문에 특별 자료실(resource room)에서 학습 지원을 해줄 수도 있다. 특별 자료실 교육은 분리보다 통합을 원하는 교육으로 교사가 아동의 학습 문제나 교과 문제를 직접 해결할 수 있도록 한 교육 설비이다. 또한 일반학급보다 덜 산만하고 경쟁력이 적기 때문에 학습 지각 운동, 사회·정서적 측면에 문제가 있는 아동들에게 도움을 줄 수 있다.

CHAPTER

7

의사소통장애 아동의 이해

1 의사소통장애의 정의와 분류

우리는 일반적으로 다른 사람과 의사소통을 하기 위해 말(speech)이나 언어(language)를 가지고 표현한다. 따라서 언어에 장애가 생기면 학습 능력이 결여되거나 사회 적응에 어려움을 겪게 된다. 인간의 삶에서 말이나 언어를 무시하고 생활한다면 개인의 삶에 얼마나 큰 영향을 줄 것인지 짐작할 수 있다. 그러므로 의사소통장애의 효과적인 치료와 교육을 위해서 관련 전문가들의 협력이 필요하다.

1) 의사소통장애의 용어

우리나라에서는 현재까지 말과 언어에 대한 엄격한 용어 구별이 되지 않고 있다. 예컨대, 'speech disorder'를 언어장애로, 'speech therapy'를 언어 치료의 용어로 사용하고 있다. 이는 영어의 'language(언어)', 'speech(말)'이라는 뜻으로 볼 때 말장애, 말 치료로 사용되는 것이 바람직한 형태일 것이다. 따라서 말, 언어, 의사소통의 명확한 구분을 통해서 용어상 의미의 혼란을 막을 수 있을 것이며, 각각 용어의 의미는 다음과 같다.

(1) 말

말(speech)이란 언어 기호를 귀로 듣고 이해할 수 있는 음성으로 표현된 기호양식 즉, 음성을 구성하고 나열하는 행위이다. 구두 표현을 위해 가장 기본적인 도구인 말은 의사소통의 가장 보편적이고 효과적인 수단으로 언어 표현에 가장 많이 사용된다.

(2) 언 어

언어(language)란 의사소통을 원활히 하기 위해 체계적이고 추상적인 상징 관계를 나타내는 기호 조직으로, 이러한 상징 체계를 통해서 서로의 생각을 교환하는 것으로 표현 양식에 말, 글, 수화, 점자 등이 있다.

(3) 의사소통

의사소통이란 전달하는 자와 전달받는 자 사이에 정보가 전달되는 과정(process)이다. 즉, 의사소통이란 글, 말, 수화, 점자, 제스처, 불빛, 연기 등의 다양한 표현 양식으로 말과 언어를 포함하는 광의의 개념이다.

따라서 말, 언어, 의사소통은 언어를 이해하고 표현하는 기능과 메시지를 전달하는 사람과 전달받는 사람의 입장을 적절히 교류하는 기능이 필요하다. 이러한 기능을 수행하는 가운데 언어 기호 조직과 관련된 언어 이해, 표현에 결함을 보일 경우에 '언어장애'가 나타나고, 언어를 음성으로 나열할 때 문제가 생길 경우에 '말장애'가 나타난다. 또한 말, 언어 사용에 문제가 발생하여 의사소통에 결함이 있을 때 '의사소통장애'가 나타난다.

2) 의사소통장애의 정의 및 분류

(1) 정 의

오랜 기간 동안 언어장애 분야가 변화됨에 따라 언어장애를 의사소통장애(Communication disorder)나 말과 언어장애(Speech & language disorders)로 바꿔서 부르기도 하였다. 최근에는 speech-language disorder 라는 용어가 사용됨에 따라 본서에서도 의사소통장애라고 명칭하였다.

VanRiper(1978)는 의사소통장애란 다른 사람이 하는 말과 달라서 그 말 자체에 주의가 끌리거나, 의사소통이 원만히 이루어지지 않거나, 말하는 사람이나 듣는 사람에게 불안감이나 부적절함을 불러일으키거나 대인 접촉을 피하려는 부적절한 행동을 유발하는 것이라고 정의했다. 우리나라의 '장애인 등에 대한 특수교육법 시행령(2008)'에서 규정하고 있는 의사소통장애아의 정의는 다음과 같다.

▶ 다음 각 목의 어느 하나에 해당하여 특별한 교육적 조치가 필요한 사람
- 언어의 수용 및 표현 능력이 인지 능력에 비하여 현저하게 부족한 사람
- 조음 능력이 현저하게 부족하여 의사소통이 어려운 사람
- 말 유창성이 현저하게 부족하여 의사소통이 어려운 사람
- 기능적 음성장애가 있어 의사소통이 어려움 사람

(2) 분 류

의사소통장애는 그 목적이나 원인, 증상 등의 기준에 따라 다양한 방법으로 분류될 수 있다. 여기서는 의사소통장애를 크게 말장애와 언어장애로 나누어서 그에 따른 각각의 장애 유형과 정의를 살펴보고자 한다.

1 말장애

'말장애(speech disorder)'는 언어 기호의 사용과 관련된 문제로 '음성장애', '조음장애', '유창성 장애'를 의미한다. 이들 세 가지 증상은 분리되어 나타나기 보다 중복되어 나타나기도 하는데 각각의 내용은 다음과 같다.

▶ 음성장애 (voice disorder)

음성장애란 목소리 자체의 성질, 음의 고저, 크기 정도에 있어 결함을 보이는 비정상적인 음성 산출을 의미한다. 이러한 장애를 지닌 아동은 목소리를 조절하는 데 어려움을 겪어서 다음과 같은 장애가 발생한다.

- 목소리의 고저 장애 : 음의 높낮이에 따라 목소리가 너무 높거나 너무 낮은 경우 또는 억양이 변하지 않고 한 가지 음으로만 말하는 것을 의미한다.
- 목소리의 성질 장애 : 쉰 소리, 콧소리, 숨소리가 섞인 소리 등이 있다.

- 목소리의 크기 장애 : 목소리를 너무 크게 내거나, 너무 약하게 내어 알아듣기 힘든 경우를 의미한다.

조음장애 (articulation disorder)

조음장애란 단어의 생략, 대치, 왜곡, 첨가 등으로 말소리가 부정확하게 산출되는 장애이다. 즉, 말소리를 산출할 때 조음(공기가 허파를 지나서 소리를 낼 때 성문에서 성도를 거쳐서 밖으로 나오는 동안 말소리를 산출하는 것)기관의 위치, 방향, 압력 등에 의해 말소리가 부정확하게 나오는 것을 의미한다.

- 단어의 생략(omissions) : 완전한 단어에서 일부분을 제외하고 발음하는 것이다. 예컨대, '고구마'를 '고마'로 발음하여 가운데 글자를 생략하는 것이다.
- 단어의 첨가(additions) : 단어에 새로운 소리를 추가시키는 것이다. 예컨대, '어머니'를 말할 때 '어어머니'라고 발음하거나, '형'이나 '콩'의 낱말을 '형아'나 '콩아'라고 발음하여 '아'를 추가하는 것이다.
- 단어의 대치(substitution) : 사용되고 있는 음 외에 다른 음으로 대신하는 경우로 흔히 'ㅅ'을 'ㄷ'이나 'ㅌ'으로, 'ㄹ'을 'ㄷ'으로 발음하는 것이다. 예컨대, '사탕'을 '타탕'이라고 말하거나, '사랑'을 '사당'으로 발음하는 것이다.
- 단어의 왜곡(distortions) : 다른 음으로 대치되는 것과는 달리 정확한 발음에 속하지 않는 경우로 '어머니'를 '어뫄니'라고 발음하는 것이다.

유창성 장애 (fluency disorder)

말의 흐름이나 속도에 있어서 문제를 지니는 장애로 예컨대, 말의 속도가 너무 빠른 '속화(速話)'나 말의 흐름이 매끄럽지 못하며, 단어를 반복하거나 말이 중단, 지연되는 '말더듬'의 형태도 여기에 속한다. 이중에서도 말더듬이 장애가 가장 보편적으로 알려져 있다. 특히 2~4세 사이의 유아들 중 80%가 말더듬 현상을 보이는데, 이러한 현상은 대부분의 경우 회복된다(송준만 외, 1990).

2 언어장애

언어장애(language disorder)란 언어라는 기호를 사용하여 의미를 해석하거나 이해하는 데 어려움을 나타내는 것으로, 언어발달장애와 실어증 등이 있다.

언어발달장애

정상적인 아동에 비해 언어 발달이 지체되어 언어의 이해와 표현에 어려움을 갖거나, 전혀 언어를 획득하지 못하거나 문법 구조에 오류를 범하는 경우를 의미한다. 예컨대, 3, 4세가 되어서도 언어 사용이 안 되거나 한두 마디를 겨우 하는 경우, 또는 언어의 조직이나 구성을 이해하지 못하여 "나는 간다. 집에"와 같은 구조의 말을 자주 사용할 때 언어 발달이 지체되었다고 할 수 있다.

실어증

언어를 습득한 후에 사고나 질병으로 뇌 손상을 일으켜 언어 능력이 상실된 경우를 의미한다. 실어증이 발생하면 언어 기호가 결여됨으로써 언어라는 상징 기호를 표현하기 어려우며 단순한 지시 외에는 이해하지 못한다. 따라서 말하기뿐만 아니라 읽기, 쓰기, 몸짓, 계산하기 등에서도 어려움을 겪게 된다.

이러한 의사소통장애는 국립특수교육원(1998)에서 연구팀을 구성하여 전국적으로 장애 출현율을 조사한 결과 언어장애는 0.06%로 밝혀졌고, 2022년에 국립특수교육원에서 출현율을 조사한 바에 의하면 2.5%로 밝혔다.

2 의사소통장애의 원인

의사소통장애는 수많은 요인들에 의해 영향을 받기 때문에 명확한 원인을 밝히기는 어렵다. 그러나 여기에서는 크게 생물학적 요인과 환경적 요인으로 나누어 보고자 한다.

1) 생물학적 요인

생물학적 요인이란 신경조직이나 기관 구조의 이상으로 나타나는 것이며, 두뇌 및 신경 손상, 혀, 치아, 입술, 구개파열 등의 구강기관 이상과 신경장애, 청각 장애 등이 생물학적 요인에 포함된다. 뇌 손상이나 신경에 손상이 있을 경우에는 말소리를 내는 데 어려움을 느끼게 된다. 이는 실어증에서도 나타나는데, 뇌의 손상으로 상대방의 말을 이해하거나 자신의 의사 표현에 문제가 발생한 것이다.

뇌 신경조직의 결함 외에 기관 구조의 이상으로 구개파열이 있다. 구개파열과 같이 구강구조에 이상이 있을 경우에도 말 소리를 알아듣기 곤란하고, 정상적인 음성을 사용하지 못한다. 이러한 구개파열의 정확한 원인은 밝혀지지 않지만 유전, 유전인자의 돌연변이, 염색체 이상, 모체 영양 상태, 약물 중독, 방사선 노출, 태아의 산소 결핍 등에 기인한다고 볼 수 있다. 따라서 의사소통장애를 유발하는 생물학적 원인은 중추신경계나 입, 후두 등에 손상을 가져오는 질병이나 사고에 의한 것으로, 출생 전, 출생 시, 출생 후 또는 아동기나 성인기 등 모든 시기에 걸쳐서 발생할 수 있다(Lahey, 1988).

2) 환경적 요인

말·언어 발달이 제대로 되지 않고 지연되는 원인으로 환경적인 요인을 들 수 있다. 가령 부모가 유아기 때 옹알이를 받아주지 않았다거나 아이가 큰 소리를 지르거나 울 때에만 반응을 보일 경우에 언어 능력의 발달에 지체를 가져올 수 있다. 환경적 요소들은 아동기 전반에 걸쳐 말과 언어 기술을 통한 언어 능력의 발달을 촉진하기도 하고 저해하기도 한다.

Bernsteia와 Tiegerman(1985)은 아동이 새로운 소리를 습득하여 산출하기 시작할 때 성인의 미소나 모방 등에 의해서 강화되지 않으면 그 새로운 소리는 사라질 수 있다고 밝히고 있다. 또한 부모로부터 소리를 내거나 목소리를 통한 어휘놀이를 제공받지 못할 경우에도 구강 기관을 움직이는 기술이나 언어 습득의 속도가 지체된다.

말더듬의 증상을 보이는 아동들 역시 환경적 영향을 받는다. 예컨대, 가족이나 이웃 중에서 말더듬이가 있으면 이를 모방하는 경우가 있다. 또한 Johnson(1961)은 아동이 정상적인 발달 과정에서 말을 더듬는 것을, 부모가 자녀를 말더듬이로 진단하였기 때문에 고질적 말더듬이가 된다고 보고하였다. 즉, 부모가 말더듬이로 인정하고 지나치게 관심을 갖거나 비판을 하면 아동은 말을 하는 데 불안감을 갖게 되며, 더욱 심하게 더듬는다는 것이다. 또한 말을 더듬는 아동은 처음에 별 문제를 느끼지 않다가 대화가 단절되면 극도의 두려움과 좌절감을 느끼고 점차 어떤 상황, 어휘, 소리에 대해 말을 더 더듬고 많이 더듬을수록 두려운 상태가 된다고 본다(Vanriper, 1973).

3 의사소통장애의 판별

1) 판별 과정

의사소통장애 아동을 정확히 판별하기 위해서 교사는 아동의 정상적인 언어 발달과 말·언어 발달과 의사소통장애의 유형, 특성에 대해서 알아둘 필요가 있다. 또한 교사는 일상 생활 속에서 아동들의 말하는 습관이나 사회화 과정에서 사용하는 언어 등을 유심히 관찰해야 한다. 일단 장애가 의심되면 임상전문가나 전문의사에게 의뢰하여 아동의 청력, 조음, 음성, 말소리의 흐름, 언어 수행의 적절성 여부를 검사 받게 한다.

따라서 의사소통장애의 판별에서 교사는 매우 중요한 역할을 하며, 어떠한 종류의 장애를 갖든 조기에 발견하여 적절한 치료와 교정을 해야 한다.

2) 선별 검사와 진단 검사

의사소통장애를 판별하기 위해서는 선별 검사와 진단 검사를 해야 한다. 선별검사는 의사소통장애를 가진 아동과 가지고 있지 않은 아동을 구별하거나 정밀검사의 필요성 여부를 결정하기 위해 실시하는 검사로 형식이 없는 간단한 검사이다. 선별은 그 아동을 잘 아는 사람을 통하거나 아동의 말소리를 직접 들어봄으로써 할 수 있다. 또한 여러 검사를 사용하여 판별할 수도 있는데 검사의 종류는 다음과 같다.

1 언어 표현력 검사

언어 표현 방법, 사용 어휘, 화법 등을 검사하여 말더듬, 언어 발달 지체, 중복장애, 언어장애 등의 여부를 알 수 있는 검사이다.

2 언어 이해력 검사

언어를 이해하는 수준이 어느 정도인지 검사하며, 청각장애의 유무를 판별하는 검사이다.

3 조음 검사

조음장애의 유무를 가려내어 조음장애가 있을 경우 어떤 음에 장애가 있는지 알 수 있는 검사이다.

진단 검사는 선별 검사를 통해 확인된 장애 유무를 재확인하는 검사로 확인된 아동을 치료하면서 원인을 밝혀내고 과거와 현재 상태를 정확히 분석하기도 한다. 진단 검사로는 병력 검사, 가족 관계 검사, 발음기관 검사, 청력 검사, 지능 검사, 성격 검사 등 여러 가지가 있지만 검사 목적에 따라 검사 도구를 선택하여 사용하여야 한다.

4 의사소통장애의 특성

1) 심리·사회적 특성

의사소통장애 아동들은 타인과 대화를 나눌 때 거절당하지 않을까 불안과 긴장을 나타내며, 언어지체로 자아 존중감이 낮다. 또한 단어놀이나 수수께끼를 할 때, 농담을 하면서 웃을 때, 그 외 사회적 상호작용을 할 때 융통성이 부족하다(Rogow, 1987).

의사소통장애는 장애아동에게 정서적 측면에서도 좋지 못한 영향을 끼칠 수 있다. 말더듬 기간이 길수록 정서·행동장애가 나타날 가능성이 높고(Shames & Florance, 1982), 부정적 경험으로 인한 좌절감, 분노 때로는 적대감이나 위축 행동까지 보인다(VanRiper, 1978). 그러므로 교사들은 아동들이 긍정적인 상호작용과 대인관계에 적응을 잘할 수 있도록 전문가의 도움을 받는 것이 좋다.

2) 학업 성취

의사소통장애 아동들은 학습 영역들의 성취에 어려움을 겪는다. 이는 그들이 사용 어휘수가 적고 단어 인지력이나 독해력, 기존 개념의 미발달 등으로 학교 교과목을 학습하는 데 장애가 된다는 것이다. 또한 읽기 학습에서 추상적이고 상징적인 내용이 새롭게 도입될 경우 학습에 어려움이 따른다(Wiig, 1982). 그리고 의사소통장애 아동들은 지적 능력이나 성취도 평가에서 평균보다 낮은 점수를 보이곤 한다(Kelly & Rotatori, 1986). 특히 언어지체나 조음장애아들은 학습의 기회가 방해되어 지능 발달의 지체를 가져올 수 있다. 하지만 의사소통장애를 가진 대부분의 아동들이 다른 장애(지적장애, 학습장애 등)를 중복해서 갖기 때문에 의사소통장애 자체만으로 학업 성취나 지능에 영향을 미친다고 말하기 어렵다.

5 의사소통장애 아동의 지도와 교육

의사소통장애가 있는 아동은 자신의 생각을 언어로 표현하거나 상대방이 말하는 내용을 이해하지 못한다. 또한 말을 더듬거나 이상한 음성으로 말을 하기도 하며 소리, 어휘를 잘못 발음하여 부모, 교사, 또래 간 의사소통에 영향을 주기도 한다. 그러므로 의사소통장애아의 부모들은 다양한 목소리로 아동에게 말을 해줌으로써 언어를 학습하는 데 도움을 줄 수 있으며, 의사소통장애아는 부모가 내는 목소리의 높낮이, 강도, 장단, 속도, 유·무성 등의 특성에 관심을 둠으로써 언어 기능을 향상시킬 수 있다. 언어는 초기에 가정에서 먼저 발달하므로 가족 간의 상호 관계는 언어지체나 기타 장애아동들에게 중요한 역할을 한다. 일반학급 교사들은 우선 의사소통장애의 유형과 특성을 이해하고 대인관계에서 긍정적으로 적응할 수 있게 도와주어야 한다. 또한 효과적인 교수 전략을 잘 알고 적용하며 특수교사나 언어치료사 등과의 협조 관계도 유지해야 할 것이다.

1) 의사소통장애 유형별 지도 방법

앞서 밝힌 바와 같이 의사소통장애에는 여러 가지 장애 유형들이 있다. 그중 다음에서는 음성장애, 조음장애, 유창성장애(말더듬), 언어발달지체에 대한 일반적 지침만을 소개하고자 한다.

(1) 음성장애

음성장애는 목소리(음성)가 다른 사람과 뚜렷이 달라서 의사소통에 방해가 되거나 듣는 사람으로 하여금 불안정한 느낌을 갖게 한다. 예컨대, 목소리가 높거나 낮은 사람, 크거나 약한 사람, 콧소리, 목이 쉰소리 등이 여기에 포함된다. 이와 같은 경우에 일반적인 지도 방법은 다음과 같다.

- 매체를 통하여 여러 가지 소리를 듣게 하고 그 소리를 구별하게 한다. 또한 소리에는 강약, 높낮이가 있음을 알게 한다.
- 모델을 제공한다. 즉, 적절한 억양과 발음으로 자연스럽게 이야기할 수 있는 교사나 또래가 말의 시범자가 되도록 한다.
- 녹음기를 활용하여 다른 사람과 자기의 말을 비교해 보고 높낮이와 속도를 조절한다.
- 상황에 따른 말을 할 수 있도록 지도한다. 예컨대, 식당에서 주문할 때, 은행에서 저금할 때 등 여러 가지 장면을 구성하여 알맞은 말을 하게 한다.

(2) 조음장애

조음장애는 말소리가 부정확하게 산출되어 다른 사람이 듣고 이해하는 데 곤란을 느끼며 단어를 더하거나(첨가), 빼는 것(생략), 다른 어휘로 대체하는 것 등이 포함된다. 이와 같은 문제를 보이는 아동들을 위한 지도 방법은 다음과 같다.

교사의 말을 듣거나 입 모양을 보면서 따라하게 한다.

음성을 듣고 구분할 수 있는 능력을 기른다. 예컨대, 'ㅅ'을 'ㅌ'으로 대체하는 아동의 경우 '사 타', '사 사' '타 사' '타 타' 등 음성을 들어서 인식하고 'ㅅ'과 'ㅌ'을 구별할 수 있게 한다.

아동이 말 실수를 하면 비판하지 말고 올바른 말로 교정하여 아동이 한 말을 다시 반복해 준다.

특정 음을 발음하고, 그 소리가 어느 글자의 소리였는지 맞추는 게임을 한다.

(3) 유창성 장애

유창성 장애에는 말의 흐름에 있어 자연스럽지 못하고 너무 빠르거나 단어를 반복하는 등의 문제가 포함된다. 가장 일반적으로 보이는 유창성 장애로 말더듬의 형태가 있다. 여기에서는 말을 더듬는 경우의 지도 방법을 다섯 가지로 제시하고자 한다(Johnson, 1961; Shames & Ramig, 1994).

- 노래하기, 속삭이기, 목소리의 높낮이를 비정상적으로 변화시키기, 다함께 큰 소리로 읽기, 박자에 맞추어 말하기 등의 활동을 한다.
- 말을 더듬는 아동의 경우 말하는 속도가 느리고 한 문장을 완성하는 시간도 오래 걸리므로 인내심을 갖고 들어 주는 것이 중요하다. 만일 말하는 도중에 재촉하거나 말을 대신해주면 열등감이나 좌절감 등의 역효과를 내기 쉽다.
- 문장을 끝내는 데 시간이 많이 걸리더라도 말을 대신해주지 않는다.
- 아동과 함께 그림책을 소리내어 읽거나 동시, 노래를 부른다.
- 아동이 말을 할 때 수용적인 환경을 조성해 준다. 즉, 말을 하는 도중에 실수를 하더라도 수용될 수 있다는 따뜻한 분위기를 제공해 주고 정서적 안정감을 가질 수 있도록 도와준다.

(4) 언어발달지체

언어에 문제를 보이는 아동을 치료하기 위해서 언어치료사나 학급 교사의 역할은 매우 중요하다. 언어치료사들은 언어를 정상적으로 획득해 나가는 언어 모델과 환경을 제공함으로써 아동 스스로 언어 규칙을 발견하도록 도와주는 역할을 한다. 또한 학급 교사는 문법에 맞는 문자를 시범 보이고 정확한 문법과 새로운 어휘를 익히도록 도와주며 언어 기술을 필요로 하는 활동이나 과제를 아동에 맞게 수정해 준다. 다음은 언어 발달에서 수용 언어와 표현 언어의 향상을 위한 방법이다.

- 문법적으로 정확한 문장의 사용을 일관성 있게 시범 보인다. 예컨대, "나 지금 밥 먹어."라는 말을 할 경우 "나는 지금 밥을 먹고 있어요."라고 문법적으로 정확한 모델을 제시해야 한다.
- 말을 듣고 이해하는 데 '수용 언어'면에서 어려움을 겪는 아동에게는 과제를 제시할 때 요점만 간단히 전달해야 한다.
- 자신의 생각을 표현하는 데 문제를 보이는 '표현 언어'면에서 어려움을 겪는 아동에게는 개방적 질문보다는 폐쇄적 질문을 하는 것이 도움이 된다. 예컨대, "가을에는 어떤 종류의 꽃이 피니?"라고 질문하는 것보다 "코스모스는 가을에 피는 꽃이니?"라고 묻는 것이 쉬운 것이다.

- 단어의 의미를 다양한 보기를 사용해서 가르친다. 예컨대, '신는다'라는 단어를 지도할 때 '양말을 신는다' 외 '구두를 신는다', '운동화를 신는다', '고무신을 신는다' 등의 여러 가지 표현을 사용한다.
- 새로운 어휘를 가르칠 때 수수께끼와 실물을 활용한다. 예컨대, '시계'라는 단어를 가르칠 때 소리를 내면서 '우리에게 시간을 가르쳐 주는 고마운 물건'이라고 수수께끼를 낸 후 실제 시계를 보여 주면서 가르친다.
- 잘 모르는 단어를 발견했을 때 사전을 사용하도록 가르친다.
- 동사나 전치사 등의 단어를 가르칠 때는 신체를 활용한다. 예컨대, '달린다, 뛴다, 구른다' 등의 동사를 가르칠 경우 교사가 신체로 시범 보인 후에 아동들이 직접 표현해 보기도 한다.

2) 통합교육을 위한 접근 방법

말이나 언어에 문제를 가지는 아동들은 일반학급에 통합하여 교육시키는 것이 바람직하다. 왜냐하면 학급 또래들이 정확한 말의 모델이 되고, 이들의 말을 들으면서 교정되기 때문이다. 그러므로 의사소통장애 아동이 학급에 자연스럽게 수용되기 위해서 교사들은 적절한 언어 모델을 제공하고 아동들에게 의사소통의 기회를 최대한 확장해 줌으로써 사회성과 언어 기술에 도움을 주어야 한다. 이러한 의사소통의 기회를 제공하기 위한 네 가지 원칙은 다음과 같다(Culatta & Culatta, 1993).

- 아동의 필요한 욕구를 예측하지 않는다. 예컨대, 크레용 없이 종이만 가지고 있는 아동에게 크레용이 필요할 것이라고 예측하여 아동이 말하기 전에 주어서는 안 된다.
- 새롭거나 독특한 사건을 일으킨다. 예컨대, 과자상자를 벽에 붙여 놓거나 젓가락으로 국물을 먹으려고 시도하는 등의 행동을 보임으로써 아동이 말을 시도할 수 있도록 해준다.
- 다른 사람들에게 정보를 전달해야 하는 기회를 제공한다. 예컨대, 점심 시간

에 식단을 설명하거나 자리를 정해서 가르쳐주는 역할을 담당하게 한다.

- 아동으로 하여금 선택하게 한다. 예컨대, 간식 시간에 어느 자리에 앉아서 무엇을 먹고 마실지를 선택하여 말하게 한다.

말이나 언어장애를 가진 아동들을 위해서 수용적인 환경을 조성해 주는 것도 중요하다. 이를 위해서는 무엇보다 교사와 학급 친구들의 이해와 수용적인 태도가 필요하며, 말하는 중에 실수를 하더라도 계속해서 말을 시도할 수 있도록 배려해야 한다. 의사소통장애 아동은 수용적인 학급 분위기 속에서 누군가에게 말하는 것에 대해 편안함을 느끼고 계속해서 말을 시도할 가능성이 크기 때문이다.

의사소통장애 아동들을 위한 수용적인 학급 분위기를 만들기 위해서는 다음과 같은 점을 주의해야 한다.

첫째, 아동이 말하는 도중 실수를 하더라도 학급 친구들이 웃거나 놀리지 말도록 주의를 기울인다.

둘째, 말장애를 지닌 아동이 이야기를 할 때 교사는 관심을 가지고 잘 경청하여야 한다. 특히 이는 다른 아동들에게 긍정적인 모델이 된다.

셋째, 교사는 아동의 말 실수에 대해 관심을 보이지 않도록 한다.

교사가 아동의 발음이나 억양의 문제에 관심을 가지지 않고 아동이 말하고자 하는 내용에 관심을 보이면 학급 아동들도 교사와 같은 행동을 보이면서 수용하는 태도를 가질 것이다.

넷째, 교사나 학급 아동들은 말이나 언어장애를 가진 아동의 말 실수에 대해 비판하지 말아야 한다. 하지만 교사는 아동이 틀린 말을 문법상 적절한 말로 반복해 줌으로써 정확한 말을 시범 보일 수 있다.

CHAPTER

8

시각장애 아동의 이해

1 시각장애의 정의

시각장애의 정의는 다양하지만 우리나라의 장애인 등에 대한 특수교육법에 의한 정의와 미국의 법적 정의 및 교육적 정의를 살펴보기로 하겠다.

1) 우리나라 장애인 등에 대한 특수교육법에 의한 정의

장애인 등에 대한 특수교육법 시행령(2008)에서는 시각장애아를 "시각계의 손상이 심하여 시각 기능을 전혀 이용하지 못하거나 보조공학기기의 지원을 받아야 시각적 과제를 수행할 수 있는 사람으로서, 시각에 의한 학습이 곤란하여 특정의 광학기구·학습매체 등을 통하여 학습하거나 촉각 또는 청각을 학습의 주요 수단으로 사용하는 사람"로 규정하고 있다.

2) 미국의 법적 정의

시각장애는 시력과 시야에 따라 '맹'과 '약시'로 구분할 수 있다. 미국의 경우 '법적 맹인'은 시력 교정 후 잘 보이는 눈의 시력이 20/200(0.1) 이하이거나, 시야가 20도 이하인 자로 규정하고 있다. 여기서 시력이 20/200(0.1)이라는 말은 정상 시력을 가진 사람이 200피트의 거리에서 볼 수 있는 것을 안경이나 렌즈를 착용하고 20피트 거리에서 볼 수 있음을 의미한다. 또한 시력이 20/200 이상이더라도 시야가 20도 이하이면 법적 맹인에 포함된다. 즉, 정상적인 사람은 180도 안의 사물을 고개를 돌리지 않고도 볼 수 있으나, 시야가 20도 이하인 사람은 주변 시력이 매우 약하므로 법적으로 맹인으로 포함시킨다.

'법적 약시'는 교정 후 더 잘 보이는 눈의 시력이 20/200(0.1) 이상 20/70(0.3) 이하인 사람을 일컫는다. 최근 미국에서는 약시(partial sighted)라는 말보다 저시력

(low vision)이라는 용어를 사용하고 있다. 하지만 우리나라에서는 약시라는 용어가 더 많이 사용되고 있다.

3) 교육적 정의

교육적 정의는 법적 정의의 제한점, 즉 시각장애아들이 자기의 시력을 어떻게 효율적으로 사용할 수 있는지, 시각장애 수치가 시각 경험에서 어떻게 변화할 것인지 등에 대한 문제점을 인식한 후에 만들어졌다(Scholl, 1976). '맹'아동은 완전히 시력을 상실하여, 시력을 학습의 주된 수단으로 사용하지 못하고 청각과 촉각 등 다른 감각에 의존하여 학습하는 아동을 일컫는다. '약시'는 시력을 학습의 주된 수단으로 사용하고, 학습, 학습 자료, 학습 환경을 적절하게 수정하여 시력을 통한 학습이 이루어지는 교육적 저시력인 경우를 일컫는다.

Barraga(1983)는 "시각장애란 시각장애로 인해 학습 경험의 제시 방법과 학습에 사용된 자료의 특성을 적절하게 수정하지 않으면 최상의 학습과 성취가 곤란한 사람"이라고 하였다. 또한 Corn(1980)에 의하면 "시각장애인이란 시력을 교정한 후에도 심한 시각장애가 있지만, 광학보조기와 비광학보조기 및 기술을 이용하고, 환경을 변화시켜 주면 어느 정도 시각 기능이 향상될 수 있는 사람"이라고 정의하고 있다.

이러한 시각장애아는 다른 장애 영역에 비해 출현율이 낮다. 미국의 신경질병과 맹인 국가연구소의 재활 위원회의 보고서(1971)에 의하면 전체 인구의 출현율은 0.15%에서 0.56%였다. 미국의 경우 3~21세 전체 아동 가운데 약 7.1%가 장애아동인데, 제14차 의회보고서에 따르면 특수프로그램에서 서비스를 받은 시각장애아동은 1.1%였다.

보건복지부(2017)의 장애인 실태조사에서 총 44,161가구 6,549명을 대상으로 조사한 결과, 시각장애 출현율은 0.51%로 추정되었으며, 국립특수교육원의 특수교육 연차보고서(2022)에서는 시각장애 대상자의 출현율이 1.7%로 밝혀졌다.

2 시각장애의 원인

눈의 구조는 카메라의 원리와 비슷하다. [그림 8-1]에서와 같이 빛을 받아들이는 렌즈 구실을 하는 수정체가 있다. 그리고 카메라의 조리개 역할을 하는 홍채가 동공의 크기를 조절하여 눈 안에 들어오는 빛의 양을 조절한다. 그리고 외부에서 들어오는 광선을 굴절시키고 동공을 보호하는 각막이 있다. 이렇게 외부의 빛이 각막을 통하여 동공을 지나 홍채의 조절에 의하여 빛의 양을 조절하는 과정을 거쳐, 수정체는 필요에 따라 초점거리를 맞추는 조절 기능을 한다.

이러한 과정 중에 어떤 한 과정이 정상적으로 기능을 하지 못하면 시각장애가 일어나게 된다.

시각장애는 여러 가지 원인으로 나타나는데 발생 원인에 따라 굴절 이상, 안구운동 이상, 눈질환, 기타 원인 등으로 나눌 수 있다. 여기에서는 가장 보편적인 문제인 굴절 이상과 그 외 심한 시각장애를 초래할 수 있는 원인을 알아보고자 한다.

1) 굴절 이상

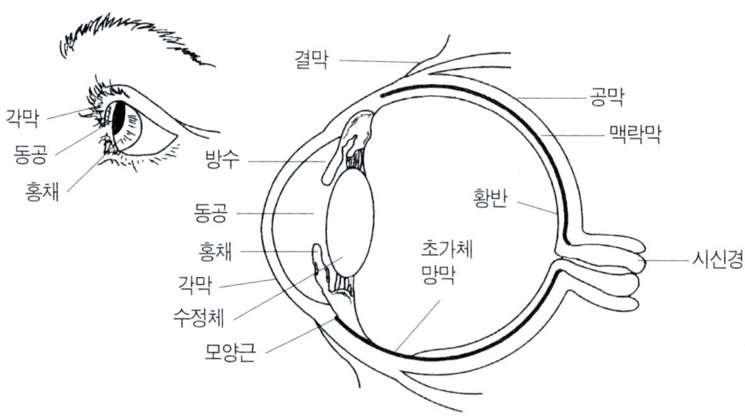

[그림 8-1] 눈의 구조

출처: 송준만·유효순(1997). 특수아 지도. 서울:한국방송대학교출판부.

굴절 이상에는 근시, 원시, 난시가 있는데, 각각의 내용은 다음과 같다.

1 근 시

시각의 상이 망막보다 앞에 맺히는 굴절 이상이다. 이것은 가까이 있는 물체는 잘 보이고 멀리 있는 물체는 잘 보이지 않으므로, 오목렌즈를 사용하여 교정해야 한다.

2 원 시

시각의 상이 망막보다 너무 뒤에 맺히는 굴절 이상이다. 이것은 안구의 전후 직경이 너무 짧기 때문에 발생하므로 볼록렌즈를 사용하여 교정해야 한다.

3 난 시

눈의 굴절면 즉, 각막이나 수정체의 표면이 균일하지 않아 발생하는 굴절 이상이다. 이로 인해 망막 위에 명확한 초점을 맺지 못하고, 넓은 영역으로 흩어져 보인다.

2) 사 시

사시는 두 눈이 같은 물체에 동일한 초점을 맞추지 못하는 상태이다. 여기에는 두 안구가 모두 안쪽으로 모이는 경우, 모두 바깥쪽으로 모이는 경우, 한쪽 안구만 위쪽으로 치우친 경우 등이 있다.

3) 안구진탕증

안구진탕증은 눈의 한쪽이나 양쪽 모두에서 불수의적인 움직임을 보이는 것이다. 이것은 떨림의 유형에 따라 좌·우방향으로 움직이기도 하고(수평형), 상·하로 움직이기도 하며(수직형), 빙글빙글 돌기도(회전형) 한다.

4) 백내장

백내장은 눈의 수정체가 혼탁해지거나 불투명해지는 현상이다. 이로 인하여 눈은 빛을 받아들이는 능력이 감소되고, 사물이 희미하게 보이게 된다.

5) 녹내장

녹내장은 안압이 높아져서 망막유두에 병적 변화가 일어나는 상태이다. 이로 인한 증세로는 통증, 매스꺼움, 두통 등이 있고, 적절한 치료를 받지 않으면 시신경의 손상과 함께 영구적인 시력 손상을 가져올 수 있다.

6) 백색증

백색증은 신체, 특히 피부, 모발, 눈의 색소(pigment)가 부족하거나 없는 질환으로 눈동자가 진홍색, 홍채가 회색 빛이나 연청색 또는 연보라색을 띤다. 대개 남자에게서 많이 나타나는 안구백색증은 시력이 약 20/200 정도로 저하되고 안구진탕증, 광선공포증을 보인다.

3 시각장애의 판별

시각장애 아동들은 시각에 결함을 보일 뿐만 아니라 다른 장애 즉, 지체장애, 언어장애, 청각장애, 학습·정서·행동장애 등을 수반하고 있다. 그러므로 장애아동을 판별하기 위해서는 여러 분야 전문가들의 정확한 진단이 필요하고, 그에 따라 지원의 종류와 강도를 결정해야 한다. 또한 고도 시각장애 아동들은 초기부터 장애가 발전되기 쉬우므로 조기 발견과 조기 개입이 중요하며, 특히 교사는 아동의 신체적, 행동적 징후를 잘 관찰·선별해야 한다. 예컨대, 아동이 눈을 자주 문지르고, 깜박거리거나 책을 가까이에서 본다든지, 읽기를 할 때 머리를 돌리는 등의 증상을 보이면 전문가와 상의하는 것이 좋다.

더 구체적인 시각장애아의 신체·행동적 징후는 다음 〈표 8-1〉과 같다. 이러한 징후가 유아에게서 발견되면 시각장애인지 의심을 해봐야 한다.

〈표 8-1〉 시각장애 아동의 징후

행동적징후

• 눈을 과도하게 비빈다.
• 한쪽 눈을 가리고 보거나 자주 깜박거린다.
• 빛에 대해 지나치게 민감하거나 둔감하다.
• 멀리 있는 물체를 선명하게 보기 어렵다.
• 형태가 비슷한 글자나 물체를 혼동한다.
• 책을 볼때 책을 눈에 가까이 댄다.
• 색의 구별이 잘 안된다.

눈의 외관상 징후

• 눈꺼풀이 벌겋게 부어오른다.
• 눈 주변이 벌겋다.
• 눈에 염증이 생기거나 다래끼 등이 생겨서 고름이 자주 낀다.
• 눈이 자주 충혈 된다.
• 눈에서 눈물이 자주 흐른다.
• 사물을 볼 때 균형이 잘 맞지 않아서 눈을 찡그린다.

불 평

• 책을 눈에서 멀리 떼며 얼굴을 찡그린다.
• 차를 타면 현기증을 자주 느낀다.
• 주의 집중을 요하는 활동을 하게 되면 두통이나 구토 증세를 호소한다.
• 글자가 희미하여 잘 보이지 않거나 이중으로 보인다고 호소한다.
• 눈이 피로하다고 호소한다.
• 눈알이 돌거나 쑤신다고 불평한다.

서구에서는 시각장애를 선별하기 위해서는 대개 간편하고 실시가 용이한 시력표를 사용하는데, 가장 많이 사용되는 것은 스넬른 시표(Snellen chart)이다. 이는 시각의 예민도를 측정하기 위해 네덜란드의 안과의사 Snellen이 개발한 것이다. 스넬른 시표는 글을 읽을 줄 아는 사람에게는 영어의 알파벳으로 구성된 표를 사용하고, 글을 읽을 줄 모르는 사람에게는 영어의 E자 모양의 상징으로 구성된 것(그림 8-2)을 사용한다.

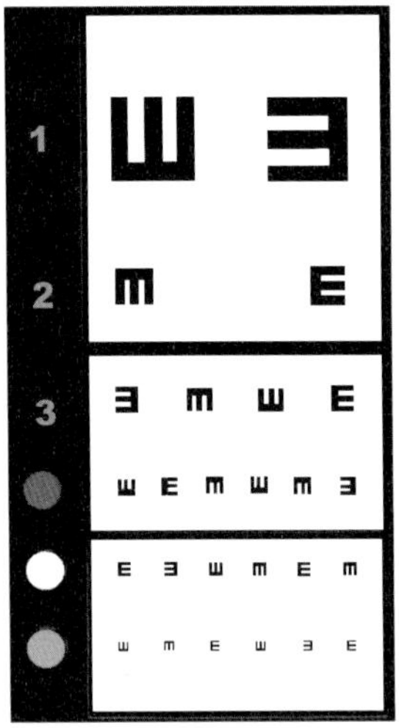

[그림8-2]Snellen시력표

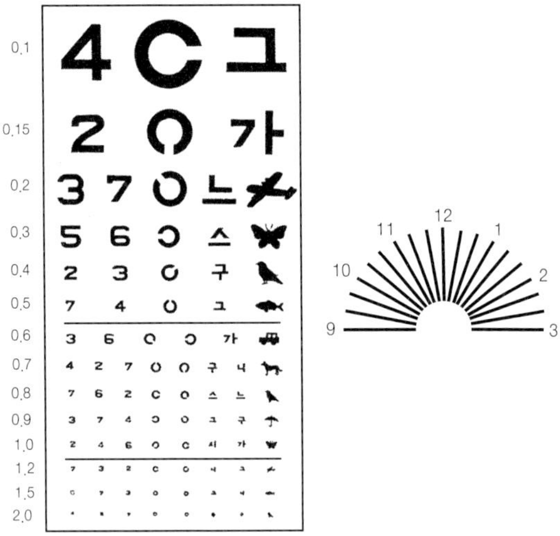

[그림8-3]한천석의시력표

우리나라에서는 한천석의 시력표(그림 8-3)를 사용하고 있으며, 이는 십진법으로 표기되어 있다.

시력 검사는 시각장애 아동을 판별하는 데 가장 효과적이다. 그러나 시야에 문제가 있거나 근시가 심한 시각장애 아동에게는 크게 도움이 되지 못한다(송준만 외 1990).

4 시각장애 아동의 특성

1) 개념 발달

시각장애 아동은 시각 경험을 통한 물체의 색채, 모양, 크기 등에 대한 개념 형성에 큰 영향을 받는다. 따라서 다른 감각 즉, 청각이나 촉각을 이용하여 정보를 얻기도 하지만 노력과 주의를 기울이지 않고서는 정확성을 기할 수 없다. 따라서 시각장애 아동은 청각을 통한 거리와 방향에 대한 단서, 촉각에 의한 온도·모양·크기 등의 단서에 의식적인 노력을 기울여야 한다.

Boldt(1969)는 시각장애 아동은 멀리 떨어져 있는 사물의 기능적, 인과적 관계에 대해 정확한 개념을 갖지 못한다고 밝히고 있다. 이는 시각장애 아동이 다른 감각에 의존하여 학습함으로써 사물의 인과 관계나 목적과 수단 관계, 대상영속성 등의 개념에 대한 이해가 늦어진다는 것이다. 또한 일반아동에 비해 사물을 모방하고 관찰하는 기회가 없기 때문에 개념 발달이 늦어지게 된다.

2) 심리·사회적 발달

시각장애 아동의 시각의 결함은 자신의 심적·정서적 문제뿐만 아니라 사회성 발달에도 영향을 끼친다. Cusforth(1951)는 완전 맹인에 대한 사회의 부정적 반응이 정서적 문제를 갖게 한다고 하였으며, 반면에 시각장애 자체나 사회적 장애의 영향보다 자아에 대한 왜곡된 태도와 내적·심리적 요인이 더 심각한 영향을 끼친다고 하였다. 시각장애 아동들은 상대방의 눈맞춤이나 얼굴 표정 등의 시각적 신호를 보지 못하며, 따라하지도 못한다. 그렇기 때문에 이들 아동의 사회적 상호작용이 제한되거나 잘못 해석되는 경우가 생기며(Warren, 1994), 시각장애 아동에 대한 부정적 태도로 사회적 고립을 초래하기도 한다.

3) 운동 발달

정상적인 아동은 소리나 대상을 보기 위해 고개를 돌리거나 머리를 좌우로 움직이는 등의 운동 반응을 보인다. 그러나 시각장애 아동은 운동성 발달의 지연을 보인다. 이는 시각 자극의 결함으로 물체가 존재한다는 사실을 알 수가 없으며, 이로 인해 공간 속으로 손을 뻗거나 움직이고자 하는 동기가 일어나지 않는다. 또한 공간에서 신체 위치에 대한 지각 즉, 신체공간감각이 낮으므로 자세가 불안정하고 보행 패턴이 자연스럽지 못하다. 따라서 저시력이나 맹아동이 촉각적·청각적 자극을 통해 움직이도록 동기를 유발시켜야 한다. 그리고 여러 가지 감각을 통한 운동 발달을 촉진시키고 자연스러운 자세와 걸음걸이를 갖도록 도와주어야 한다.

4) 지적 발달

여러 학자들이 시각장애 아동의 지능을 연구한 결과 시각장애 아동의 지능은 일반아동에 비해 낮지 않다고 보고하였다. 몇몇 연구에서(Smits & Mommers, 1976; Vander Kolk, 1982) 웩슬러 지능 검사의 언어성 검사를 사용하여 시각장애 아동의 지능을 측정하였는데, 시각장애 아동의 지능과 일반아동의 지능 간에는 유의한 차가 없거나 비슷한 것으로 나타났다.

그러나 일반아동과 지능 검사 결과가 비슷함에도 불구하고 시각장애 아동의 학업 성취도는 떨어진다. 그 이유는 첫째, 많은 시각장애 아동이 바람직한 교육을 받지 못하기 때문에 둘째, 안과적 치료로 인한 결석, 조퇴, 지각 등이 잦기 때문에 셋째, 심한 시각장애 아동의 경우 점자나 큰 활자를 사용해야 하므로 정보수집이 일반아동보다 늦기 때문에 넷째, 일반아동보다 늦게 취학하는 경향이 있기 때문이다(송준만 외, 1990). 반면에 Weiss와 Weiss(1981)는 시각장애 아동의 기초 산수 계산 능력은 정상 시력을 가진 아동에 비해 떨어지지만 문학 과목은 비슷한 것으로 나타난다고 하였다. 다만, 표준화 검사에서 성취도가 낮은 것은 읽기와 쓰기 속도가 느리고, 오류에 대한 두려움으로 위축되어 느린 반응을 보일 가능성이 있기 때문이라고 하였다.

5 시각장애 아동의 지도와 교육

우리나라의 시각장애 학교 교육 과정을 살펴보면 다음과 같다. 1967년 최초로 제정된 맹학교 교육 과정은 맹교육의 특수성을 살리려고 노력하였으나 교육목표를 비롯하여 교육 과정 운영상의 강조점으로 설정했던 일반성과 특수성의 조화가 적절히 이루어지지 못하였다. 이러한 비판과 함께 유신체제의 단행, 학문 중심 교육 과정 이론의 도입, 일반학교 교육 과정 개정 등의 영향으로 개정되어 1977년 2월 28일 문교부령 제404호로 고시되었다. 이것이 제2차 맹학교 교육 과정이었다(교육부, 1998).

1983년 문교부는 심신장애인을 위한 특수학교 교육 과정을 전면 개정하거나 새로 제정·고시하여(문교부 고시 제83-13호) 1985년 3월 1일부터 시행하도록 하였다. 이렇게 개정된 제3차 맹학교 교육 과정도 1989년 12월 29일 문교부 고시 제89-10호로 시각장애 특수학교 교육 과정 기준으로 개칭되어 고시되었다. 제4차, 제5차, 제6차, 제7차 특수학교 교육과정을 거치면서 일반 교육과의 연계성 부족, 다양한 직업 교육의 부재 등의 이유로 계속적인 개정 작업을 하고 있다.

1) 시각장애 아동을 위한 통합교육적 접근 방법

미국은 시각장애 아동들이 일반학급에서 교육을 받고 있으며, 다른 장애를 중복으로 가진 경우에 좀더 보호적인 환경에서 교육을 받고 있다(Meyen, 1996). 이에 비해 우리나라는 시각장애 아동에 대한 통합교육의 필요성은 인식하고 있으나 그들 대부분이 기숙제 혹은 통학제 맹학교에 다니고 있으며, 실제로 통합교육은 이루어지지 않고 있다(김태근, 1996).

따라서 시각장애 아동의 통합교육이 효과적으로 이루어지기 위해서는 첫째, 잘 훈련된 교사를 확보해야 하고 둘째, 특수장비와 광학보조기기를 이용할 수 있어야 하며 셋째, 점자 번역 서비스를 받을 수 있어야 하고 넷째, 아동을 위한 적절한 프로그램이 다양하게 개발되어야 한다.

시각장애 아동을 일반학급에 통합시킬 때 일반학급의 교수 방법을 그대로 적용시키면 교육적 효과를 극대화하기 어렵다. 그렇기 때문에 아동의 개인적 필요와 능력에 따라 교수 방법을 수정해야 하며, 저시력 아동을 위한 확대 자료나 점자 및 녹음 자료 사용 등 대안적인 교수 전략이 필요하다. 더 자세한 교수 전략은 〈표 8-2〉와 같다(이소현 외, 2011).

〈표 8-2〉 통합 환경에서 시각장애 아동을 위한 교수 전략

- 교수방법은 꼭 필요한 때만 수정하도록 하고, 교육목표는 시각장애 학생과 일반 학생 모두에게 동일하게 적용한다.
- 일반학급에서 사용하는 인쇄자료를 시각장애 아동이 필요로 하는 형태의 자료로 제공한다.
  - 특수교육 교사와 협의하여 확대복사물, 점자 또는 녹음된 교재를 준비한다.
  - 필요한 때에 제공할 수 있도록 하기 위하여 충분한 시간을 두고 자료를 준비하도록 한다.
  - 수업 내용뿐 아니라 시험, 과제물 등에도 이러한 대안적 방법을 활용할 수 있다.
- 책을 읽을때 충분히 시간을 준다. 시각장애 학생들은 책을 찾고, 읽기 시작할 곳을 찾는데 시간이 더 걸릴 수 있다.
- 워드프로세서의 사용을 장려한다.
  - 묵자로 자신의 의사를 표시할 수 있도록 하기 위해 워드프로세서를 사용하도록 지도하는 것이 좋다. 자신이 쓴 묵자를 컴퓨터가 읽어서 확인해 주는 프로그램이 국내에서도 개발되어 있으므로 이를 이용하여 스스로 워드프로세서를 사용할 수 있도록 지도한다.
- 칠판이나 OHP를 사용할때 내용을 크게 말하면서 적는다.
- 시각장애 학생에게도 강도높은 운동이 필요하다. 가능한 한 일반또래들과 경쟁하도록 한다.
- 시각장애 학생이 사용하는 다양한 특수기기에 익숙해지도록 한다. 점자타자기, 점필과 점판 등이 점자를 쓰는데 필요한 대표적인 필기도구이다.
- 저시력 아동을 위하여 가능한 한 대비효과가 큰자료를 사용하도록 한다.
  - 배경 그림 위에 글씨가 있는 자료는 사용하지 않는다.
  - 흐린 부분은 사인펜으로 진하게 한다.
  - 칠판은 항상 깨끗이 지운 후 사용한다.
  - 종이의 한쪽 면만 사용한다.
  - 한 페이지에 글씨가 너무 많이 몰려 있어 혼동스럽지 않도록 한다.

일반학급에서는 시각장애 아동들의 적절한 의사소통 기능 발달이 중요하다. 시각장애 아동들과의 의사소통을 돕기 위한 다음과 같은 방법이 있다(Pasanella & Volkmer, 1981).

- 시각장애 아동과 이야기할 때 '보는 것'과 관련된 단어(예 : 쳐다본다, 빨간색 등)를 사용한다.
- 말할 때 누구에게 말하는 것인지를 모두 알 수 있도록 아동의 이름을 부르고 말한다.
- 아동의 얼굴을 쳐다보며 직접 아동에게 말한다.
- 시각장애 아동에게 다가갈 때와 떠날 때를 말해 준다.
- 필요한 어떤 보조기기라도 사용하도록 권장하고 이에 대해 다른 아동에게도 설명해 준다.

2) 시각장애 아동을 위한 특수교육적 접근 방법

시각장애 아동들은 일반아동과 달리 시각에 결함이 있으므로 독특한 교수 방법을 필요로 한다. 여기에서는 점자 교육과 방향성과 이동성에 대한 내용을 간단하게 다루어 보고자 한다.

(1) 점자 교육

점자(braille)는 1829년 Louis Braille에 의해 창시된 것으로, 시각장애인들이 읽고 쓰기 위한 문자이다. 우리나라에서도 1926년 박두성에 의해 한글판 점자(그림 8-4)가 만들어졌는데, 가로 2줄, 세로 3줄의 6점이 다양하게 배열되어 있다. 시각장애 아동들이 점자를 잘 읽을 수 있게 하기 위해서는 어릴 때부터 사물에 대한 촉감적 경험을 많이 주어 손가락 끝으로 점을 식별하는 능력을 키워 주어야 한다.

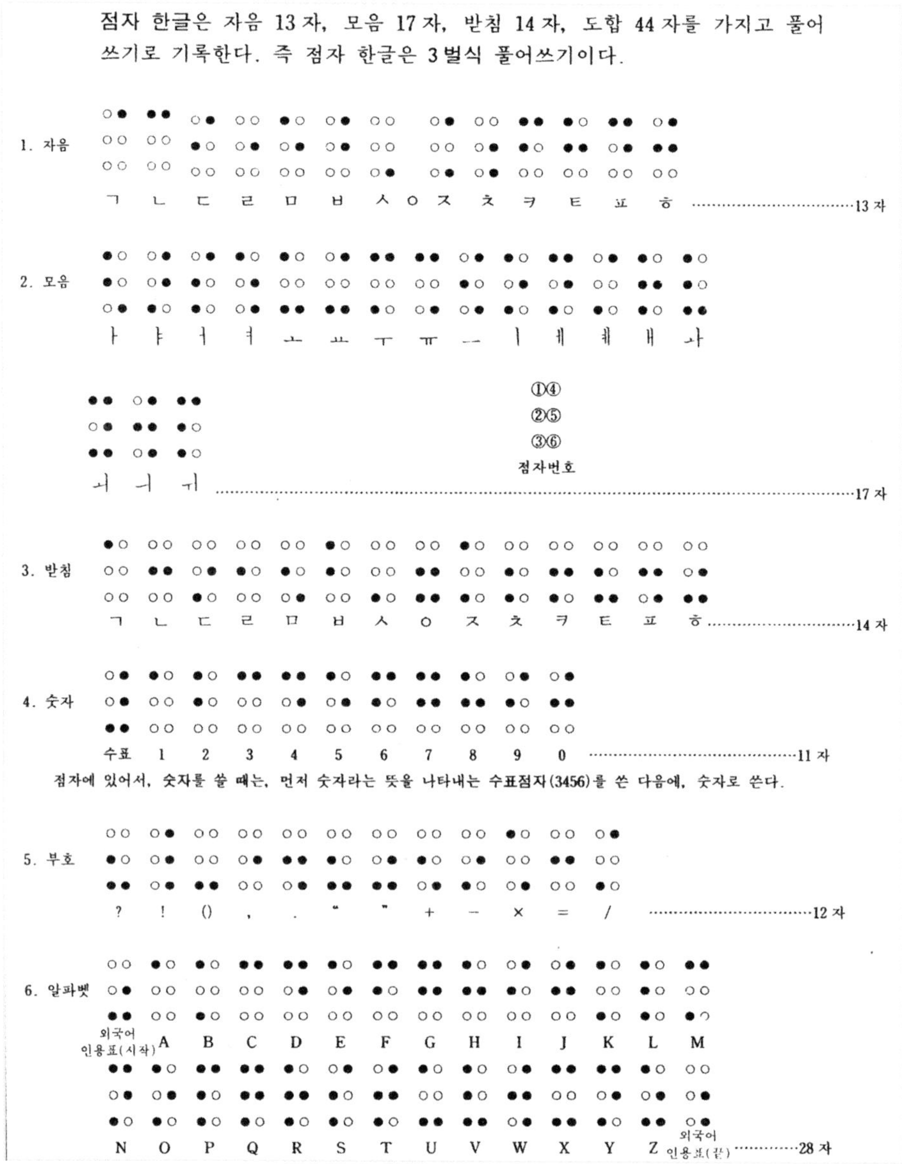
점자 한글은 자음 13 자, 모음 17 자, 받침 14 자, 도합 44 자를 가지고 풀어 쓰기로 기록한다. 즉 점자 한글은 3벌식 풀어쓰기이다.
1. 자음
ㄱ ㄴ ㄷ ㄹ ㅁ ㅂ ㅅ ㅇ ㅈ ㅊ ㅋ ㅌ ㅍ ㅎ
13 자
2. 모음
ㅏ ㅑ ㅓ ㅕ ㅗ ㅛ ㅜ ㅠ ㅡ ㅣ ㅔ ㅖ ㅐ ㅘ
ㅚ ㅢ ㅟ
①④
②⑤
③⑥
점자번호
17 자
3. 받침
ㄱ ㄴ ㄷ ㄹ ㅁ ㅂ ㅅ ㅇ ㅈ ㅊ ㅋ ㅌ ㅍ ㅎ
14 자
4. 숫자
수표 1 2 3 4 5 6 7 8 9 0
11 자
점자에 있어서, 숫자를 쓸 때는, 먼저 숫자라는 뜻을 나타내는 수표점자(3456)를 쓴 다음에, 숫자로 쓴다.
5. 부호
? ! () , . " " + − × = /
12 자
6. 알파벳
외국어 인용표(시작) A B C D E F G H I J K L M
N O P Q R S T U V W X Y Z 외국어 인용표(끝)
28 자

[그림8-4] 한글판점자

(2) 방향성과 이동성

- 방향성 : 결함이 없는 감각기관을 통해 자신과 주위 환경과의 관계를 이해하는 능력
- 이동성 : 물리적 환경을 안전하고 독립적으로 다닐 수 있는 능력

시각장애 아동에게 자기 주변의 환경을 바르게 인식하는 방향성과 혼자서 안전하게 움직일 수 있는 이동성은 중요한 과제이다. 그러나 이들은 공간을 이동할 때 어려움을 느끼며 방향성에도 문제를 보인다.

교사로서 그들이 보이는 방향성과 이동성의 문제를 도울 수 있는 방법은 다음과 같다(Hallahan & Kauffman, 1988).

- 불필요한 장애물을 없애고, 이동식 스크린 등의 일시적인 장애물로 인한 교실의 변화를 아동에게 알려 준다.
- 문을 완전히 닫거나 열어 놓아서 반쯤 열린 문에 아동이 부딪치지 않도록 한다.
- 처음에는 친구와 함께 화장실, 도서실, 체육관 등 자주 가는 곳을 다니며, 가는 길과 표지들을 익히도록 하고 익숙해질 때까지 자유롭게 다녀보도록 한다.
- 혼자서 다닐 수 있는 능력이 생기면 친구에게 의논하는 일을 줄여 가도록 지도한다.

CHAPTER

9

청각장애 아동의 이해

1 청각장애의 정의

우리나라 장애인 등에 대한 특수교육법과 미국농학교집행위원회에서는 청각장애를 다음과 같이 정의하고 있다.

1) 우리나라 장애인 등에 대한 특수교육법에 의한 정의

장애인 등에 대한 특수교육법 시행령(2008)에서는 청각장애아를 "청력 손실이 심하여 보청기를 착용해도 청각을 통한 의사소통이 불가능 또는 곤란한 상태이거나, 청력이 남아 있어도 보청기를 착용해야 청각을 통한 의사소통이 가능하여 청각에 의한 교육적 성취가 어려운 사람"로 규정하고 있다.

위의 정의에서 청각장애는 단순한 소리의 강도를 기준으로 어느 정도의 소리를 듣지 못하는가의 생리학적 관점이기보다 청력 상실에 따른 언어 정보 처리의 어려움으로 교육 수행에 손해나 불리한 영향을 미치는가를 기준으로 삼은 교육적 관점에 초점을 두고 있다.

2) 교육적 정의

미국농학교집행위원회(The Conference of American Schools for the deaf, 1974)에서는 교육적인 관점을 반영하여 다음과 같이 정의를 밝히고 있다.

▶ 청각장애 (hearing impairment)

경도에서 최중도에 이르는 청력 손실을 모두 지칭하는 일반적인 용어로, 농과 난청이 여기에 속한다.

농 (deaf)

청력 손실이 심하여 보청기를 착용하고도 청각을 통해 언어적 정보를 주고받지 못하는 사람을 지칭한다.

난청 (heard of hearing)

대개 보청기를 착용했을 때의 잔존 청력이 청각을 통한 정보 교환이 가능한 정도를 말한다.

미국의 경우 3~21세 전체 아동 가운데 약 7.1%가 장애아동인데, 제14차 의회보고서에 따르면 특수프로그램에서 서비스를 받은 청각장애 아동은 전체 특수아동 가운데 1.4%인 것으로 나타났다. 캐나다의 경우 1983년 각료회의 자료에 의하면 청각장애 아동은 전체 학령기 아동의 0.14%, 전체 특수교육 대상 가운데 0.9%였다. 한국의 경우 국립특수교육원(2020)에서 조사한 바에 의하면 청각장애 아동의 출현율은 3.3%로 밝혀졌다.

2 청각장애의 원인

청각의 손상은 여러 가지 요인에 의해 일어나며, [그림 9-1]과 같은 귀의 구조 중 어느 한 부분이 손상되었는가에 따라 청각장애의 유형이 달라진다.

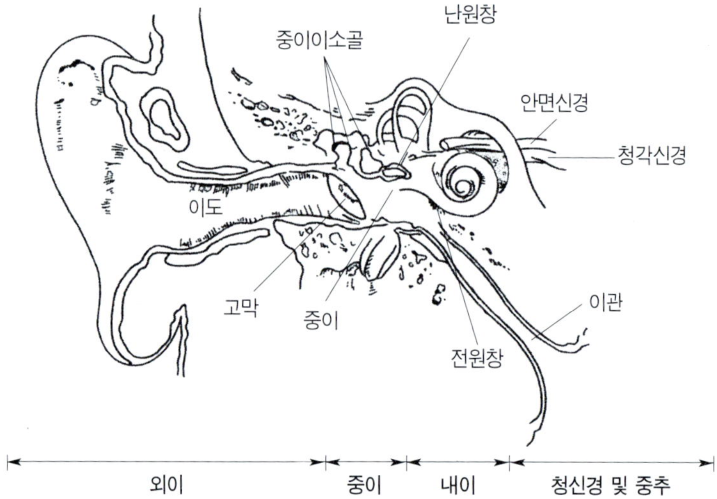

[그림9-1] 귀의 구조
출처: 송준만·유효순(1997). 특수아 지도. 서울:한국방송대학교출판부.

1) 외이의 손상

외이에 발생한 문제는 중이와 내이에 비해 청각장애가 되는 경우가 훨씬 적다. 그러나 아동 중에는 외이도나 귓바퀴가 없는 경우가 있는데, 이로 인해 청력 손실을 가져오기도 한다. 또한 외이도 피부에 염증이 생기는 외이염, 고막 파열 등도 청각장애의 원인이 된다.

2) 중이의 손상

중이의 손상은 외이에 비해 심각한 청력 손실을 초래하지만 대부분 의학적 수술이나 치료로 교정이 가능하다. 중이에 장애를 일으키는 가장 보편적인 질환으로는 중이염이 있다. 이는 감염에 의한 질환으로 아동기에 많이 발생한다. 중이염은 구개파열, 다운증후군 아동의 경우 많이 나타나며(Hallahan & Kauffman, 1988), 치료하지 않고 놓아 두면 만성중이염이 되어 청각장애를 일으킬 수 있다.

3) 내이의 손상

내이에 장애가 있을 경우 가장 심각한 청력 손실을 가져오고, 청력에 치명적일 수 있다. 내이 부분의 심한 청력 손실은 뇌막염, 모체의 풍진 감염, 유전적 요인에 의한 것으로, 유전에 의한 청력 손실 아동은 약 30~60%로 추정하고 있다(Moores, 1982). 또한 임신 3개월 이내 풍진에 감염된 경우에도 50%가 청각장애로, 20%는 시각장애, 35%는 심장박동 불규칙 및 신경계장애를 가진다고 보고하고 있다(Hardy, 1968). 뇌막염 또한 고열이 발생하면 내이에 매우 위험하다.

3 청각장애의 판별

청각장애를 측정·교정하는 목적은 첫째, 의학적 진단을 돕고 둘째, 대집단에서 정밀 검사가 요구되는 사람을 선별하기 위해 셋째, 보조적 서비스의 필요 여부를 확인하기 위해 넷째, 위험한 일이 발생한 후 청력의 변화 여부를 검사하기 위해서 청력 검사를 실시한다. 이와 같은 목적으로 청력을 평가하기 위한 방법으로는 다음과 같은 것이 있다.

1) 선별 검사

청각장애의 청력 평가는 선별 검사를 통해 문제를 발견한다. 선별 검사란 몇 가지 주요 주파수(일반적으로 500Hz, 1,000Hz, 2,000Hz) 중에서 20~25dB 소리를 제시하고 잘 알아듣지 못하는 아동을 찾아내어 정밀 검사를 받도록 하는 것이다. 여기에는 학교, 병원, 군대 등에서 실시하는 신체 검사도 포함된다.

2) 순음 청력 검사

청력 검사 중 가장 많이 사용되는 것으로, 음의 높낮이(주파수: Hz)와 소리의 강도(데시벨: dB)를 변화시켜 청력역치를 측정하는 것이다. 여기서 청력역치(hearing threshold level)는 주파수의 음을 가장 먼저 인식하는 강도의 수준을 의미한다. 다시 말해 순음 청력 검사는 이어폰을 통해 0~110dB 강도를 125(저음)~8,000Hz(고음) 소리로 다양하게 들려 주어, 아동이 어느 데시벨(dB) 수준의 어느 주파수(Hz) 소리에 반응하는지 측정하는 것이다.

Martin(1975)에 의하면 0dB 수준은 정상인이 소리를 들을 수 있는 최소 수준으로 대개 일반사람이 들을 수 있는 소리는 125~8,000Hz이며, 대부분의 말소리는 500~2,000Hz 사이에 해당된다.

3) 어음 청력 검사

어음 청력 검사는 사람의 말을 인식하고 이해하는 능력을 검사하는 것으로 말을 이해할 수 있는 청력 수준을 측정하는 것이다. 즉, 아동에게 2음절 단어를 제시하고 그 단어 중에 절반(1/2)을 이해할 수 있는 수준을 말한다.

4) 아동 청력 검사

순음이나 어음 청력 검사를 받는 대상자는 자신에게 요구되는 지시 사항을 이해하고 적절한 반응을 보인다. 그러나 너무 나이가 어리거나(4세 이하의 어린 아동) 기타 복합장애로 인해 청력 검사가 어려운 경우에는 특수한 검사법이 실시되어야 한다. 이러한 어린 아동과 검사하기 힘든 장애아동을 위한 청력 검사로는 다음과 같은 방법이 있다(Hallanhan & Kauffman, 1988).

(1) 놀이 청력 검사

놀이 형태로 검사를 하는 방법으로, 검사자가 어떤 신호음을 주었을 때 그 소리가 들리면 놀고 있던 인형이나 장난감을 집도록 하여 소리에 대한 반응 여부를 측정하는 것이다. 이 방법은 2세 정도 아동을 대상으로 아동과 검사자 간에 충분한 친밀감을 형성한 후에 실시하는 것이 좋다.

(2) 신체 반사 청력 검사

큰 소리가 나면 놀라는 신체적 반사 작용을 청력 검사에 이용한 방법이다. 이는 아동에게 물체나 도구로 큰 소리를 내어 놀라는 움직임을 보이거나 소리나는 쪽으로 머리를 돌리고 울음을 터트리는 등의 반사 반응을 알아보는 검사이다. 이 방법을 통해서 조기에 청각장애 여부가 있는지 알아볼 수 있다.

(3) 뇌파 검사

가장 최근에 개발된 방법으로 모든 소리는 뇌의 전기신호로 전달되어 뇌파에 변화가 생긴다는 원리에 따라, 유아의 머리 위에 특수한 전극을 붙여서 청각 자극에 대한 반응을 알아보는 것이다. 유아가 소리를 듣게 되면 뇌 속에서 전기적 활동에 변화가 나타나므로 청각장애의 유무를 알 수 있다.

BOX 9-1 [우리 아이 튼튼하게] 청각 왜곡 언어 발달장애

"유치원 다니는 나이가 됐는데도 두 단어 이상을 말하지 못해요."

"유치원 수업 시간에 교실을 돌아다니거나 피아노에서 뛰어내리는 등 산만한 정도가 심해 약을 복용하지 않고서는 도저히 단체생활에 적응할 수 없을 정도예요."

"학과 과목 중 한 개 내지 두 개는 아주 잘하고 그 외는 전혀 점수가 나오지 않아요. 받아쓰기는 항상 틀리고…"

병원 부설 학습 향상 연구소를 찾아온 부모들의 하소연이다. 이뿐만 아니다.

"지시 사항을 따르는 것을 보면 말을 알아듣는 것 같은데 어른 옷을 잡아 끌어당겨서 의사를 표현해요."

"짜증이 너무 심해요. 아무래도 우울증에 걸린 것 같아요."

부모가 자식에 대해 털어놓는 고민을 잘 들어보면 자녀가 청력에 문제가 있는데도 이를 잘 모르는 경우가 많다.

고열이 나거나 몸의 특정 부위가 아플 경우 고통스럽기 때문에 빨리 의사를 찾아 대처하고 시력이 나빠지면 안경을 쓴다. 그러나 청력이 나빠졌을 때에는 그 증세가 상당히 진행될 때까지 아무런 조치를 취하지 못한다. 특히 어떤 원인인지를 몰라서 그냥 두는 경우가 대부분이다. 더욱이 청력 손실이 아닌 청각 왜곡의 경우에는 생각지도 못한 다른 증상으로 나타나므로 문제 해결이 더욱 어려워진다.

사람은 태어나서 옹알이부터 시작해 어른의 말을 들리는 대로 흉내내며 배운다. 귀에서 받아들인 소리는 고막을 통하여 뇌세포까지 이어지며 모든 소리는 주파수에 따라 처리되는 부분이 각각 다르다. 특정 주파수 소리가 유난히 잘 들리거나 안 들릴 경우 그 소리를 처리하는 뇌세포와 그 주변의 뇌세포들이 비정상적으로 발달한다. 이는 곧 정서 불안, 주의산만, 발음 부정확, 이해력 부족 등의 결과로 나타난다.

또 언어 발달이 지연되고 그로 인해 이해력이 떨어진다. 의사소통이 잘 안되다 보니 사회생활도 영향을 받게 된다. 개별학습은 큰 문제가 없어도 단체학습은 어렵다. 아무렇지도 않은 일에 짜증을 내거나 받아쓰기에서 같은 것만 틀리기도 한다. 소리에 민감해지기도 한다. 일반적으로 청각과는 전혀 거리가 먼 증상으로 나타나기에 부모들은 모두를 별개의 것으로 생각하기가 쉽다.

그러므로 처음 열거한 증상이 있다면 한 번쯤은 청각 왜곡을 생각해 보고 검사를 받는것이 좋다. 특히 청각 왜곡의 경우는 청각통합훈련(AIT)으로 간단하게 치료가 가능하다. 또한 음치도 일종의 청각왜곡이다. 얼마전 KBS TV 인간극장 '음치가수 이재수'라는 프로가 있었다. 검사 결과 이씨의 청각은 정상인데 뇌에서 받아들이는데 문제가 있는 것으로나타났다. 이는 뇌의 문제가 아니고 청각에서 소리를 접수하는 데 문제가 있는 것이다. 즉, 모든 사람에게'라'음으로 들리는 것이 '파'로 들려 뇌에 접수되어 '라'음을 '파'의 높이로 발성하는 것이다. 동아일보 2001. 7. 25

4 청각장애 아동의 특성

1) 언어적 발달

청각장애 아동은 언어로 의사소통을 하기가 어렵다. 이들은 언어 발달에 큰 문제를 보이는데, 그 이유는 첫째, 자신이 만든 소리를 들을 수 없어 피드백을 받지 못하기 때문에 둘째, 어른들로부터 바른 언어적 강화를 듣지 못하여 셋째, 성인 모델이 발음한 언어를 바르게 듣지 못하기 때문이다(Hallahan & Kauffman, 1976). 이들은 큰 소리로 하는 말을 듣거나, 보청기를 사용하더라도 말소리를 이해하기 어렵기 때문에 언어 학습에 영향을 받기도 한다. 그러나 청력 손실이 경도·중등도인 아동의 경우 그 영향력이 적다.

일반적으로 청력 손실이 말과 언어에 미치는 관계는 다음 〈표 9-1〉과 같다.

2) 사회·심리적 발달

말·언어는 원만한 의사소통과 더불어 또래 관계 형성과 사회·정서적 발달에 중요한 역할을 한다. 그러나 청각장애 아동은 말·언어에 문제가 있기 때문에 사회적 상호작용에 어려움이 많으며, 적응상의 문제를 갖기도 한다.

언어에 장애가 있는 청각장애 아동은 수화를 이용하여 의사소통을 하지만, 일반 학급에 수화를 사용하는 아동이 없기 때문에 사회적 고립을 경험하기도 한다(Meyen, 1996). 또한 이들의 비형식적인 사회적 발달은 충동적이고 무책임하고 의존적인 행동으로 나타나며, 다른 사람의 감정에 무관심하고 다른 사람의 행동을 오해하며, 이기적인 성향이 강하다. 이로 인해 특이한 요구를 하는 경우가 많은데 그 요구를 들어 주지 않으면 좌절하게 된다(Meadow, 1980).

따라서 청각장애 아동이 사회적·정서적으로 받아들이는 고립감과 좌절감 등의 심리 상태를 이해하고, 올바른 사회·정서적 발달을 위해서 조기부터 적절한 교육 기회를 제공해야 한다.

〈표9-1〉청력 손실의 정도에 따른 말과 언어의 이해 관계

청력이 더 나은 쪽 귀의 청력역치	청력손실이 말과 언어의 이해에 미치는 영향
27~30dB(slight)	• 아주 멀리서 들려오는 소리나 희미한 소리는 듣기 어려울 수 있다.
41~55dB (mild)	• 얼굴을 마주보고 3~5피트 정도의 거리에서 이루어지는 대화는 이해할 수 있다. • 목소리가 아주 작거나 멀리서 들려오면, 토론의 절반 정도는 놓치게 된다. • 어휘력이 부족하고 언어적인 이상을 보일 수 있다.
56~70dB (marked)	• 말을 할때는 큰소리로 해야 알아 듣는다. • 집단 토론이 점점 더 어려워지게 된다. • 언어를 사용하고 이해를 하는데 문제가 생긴다. • 제한된 어휘력을 갖게 될 것이다.
71~90dB (severe)	• 귀에서 한발자국 정도 떨어진 거리에서 큰소리로 말하면 들을 수 있다. • 모음은 구분할 수 있으나 자음 중에는 구분하지 못하는 것도 있다. • 말과 언어에 점점 더 결함이 생기고 퇴보되어 간다.
91dB이상 (extreme)	• 큰소리로 말하면 알아들을 수도 있으나, 주로 소리의 진동 정도를 느끼는 정도다. • 의사소통의 일차수단으로 청각보다는 시각에 많이 의존한다. • 말과 언어에 결함이 있고, 점차 퇴보되어 간다.

출처: Hallanhan, D. P. & Kauffman, J. M. (1988) . Exceptionalchildren: Introductiontospecialeducation(4thed.).Boston:AllynandBacon.

3) 지적 발달

여러 학자들의 청각장애 아동의 지능에 관한 연구는 다양한 견해를 보여 주고 있다. 20세기 전반에 이루어진 연구에서는 청각장애 아동의 인지 능력이 일반아동보다 열등한 것으로 나타났으며, 1940~1950년대 사이의 연구에서는 농아동들의 인지 발달이 일반아동들에 비해 3~4년 뒤떨어지며, IQ는 기준에 비해 10점 정도 낮은 것으로 보고하였다(Meadow, 1980). 그러나 1950년대에 이르러 청각장애 아동들의 지능이 일반아동보다 열등하지 않은 것을 깨닫고, 오늘날에는 일반아동과 동일한 지능분포곡선에 포함된다고 인식하고 있다.

5 청각장애 아동의 지도와 교육

우리나라의 청각장애학교 교육 과정을 살펴보면 다음과 같다.

1967년 문교부령 제181호로 최초의 농학교 교육 과정이 제정되었다. 그러나 일반학교 교육 과정의 개정, 일반학교 교육 과정에 준하여 정상화하려는 노력 등에 의해 1979년 문교부령 제424호로 제2차 농학교 교육 과정으로 개정하였다. 제2차 농학교 교육 과정은 학교 급별에 관계없이 교과 활동과 특별 활동으로 구성되었고, 각각의 활동 영역에서는 일반학교에 준하였으며, 언어 지도와 직업 교육을 강조하는 추세는 제정 당시의 교육 과정과 다를 바가 없었다(교육부, 1998).

제2차 교육 과정은 교육목표가 너무 일반적이고, 내용이 과다하여 운영상의 어려움이 지적되어 1983년 문교부 고시 제83-13호로 제3차 농학교 교육 과정으로 개정하였다. 그러나 제3차 농학교 교육 과정도 그 운영 과정에서 특수교육의 질적 변화에 대한 요구, 장애인 조기교육에 대한 요구, 교육 과정 운영의 내실화를 위한 요구, 학교 교육 과정의 자율적 운영에 대한 요구 등 많은 요구가 나타났기 때문에 일반학교 교육 과정 개정에 맞추어 1989년 문교부 고시 제89-10호로 개정되었다. 개정된 제4차 교육 과정은 농학교 교육 과정에서 청각장애 특수학교 교육 과정으로 개칭되었고, 유치부 교육 과정이 추가되었으며, 학교 재량 시간을 특별히 둠으로써 학교 교육 과정 운영의 자율성을 강화하였다. 제4차, 제5차, 제6차, 제7차 특수학교 교육과정을 거치면서 일반 교육과의 연계성 부족, 다양한 직업 교육의 부재 등의 이유로 계속적인 개정 작업을 하고 있다.

1) 청각장애 아동을 위한 통합교육적 접근 방법

최근 청각장애 아동의 통합교육을 지지하는 전문가들은 청각장애 아동들을 그룹지어 일반학교에 배치하는 모델이 필요하다는 견해를 제시하였다(Higgins, 1992). 청각장애 아동의 통합교육은 교사 및 또래들과 상호작용하면서 말을 사용할 수 있고, 항상 어울려 생활하기 때문에 심리·사회적 측면에서도 긍정적인 효과가 있다. 그러나 장애가 심하거나 복합적인 장애를 가지는 아동은 고립감과 좌절감으로 적응하기 어려운 경우도 있다. 따라서 통합교육을 효과적으로 하기 위해서는 먼저 청각장애 아동들을 일반학교에서 편견 없이 받아주어야 하고, 교사는 그들의 특성과 요구를 잘 파악하여 교수 방법을 적절히 수정해야 한다.

청각장애 아동의 통합교육을 위한 교수 방법은 다음과 같다.

〈표 9-2〉 통합교육을 위한 교수 전략

- 청각장애 유아가 불편해 하더라도 보청기를 계속 사용하도록 격려한다.
- 보청기의 상태를 매일 매일 점검한다.
- 다양한 시각적 자료를 많이 사용한다.
- OHP를 사용하여 청각장애 유아의 얼굴을 계속보면서 수업을 하도록 한다.
- 가르치는 개념을 정확하게 설명하고, 중요한 내용은 잘 요약해 준다.
- 청각장애 유아가 수업 내용이나 활동을 잘 이해하는지 확인한다.
- 소음이 들리지 않는 조용한 상태에서 수업을 하도록 한다.
- 말을 할때는 한 두 단어만 말하지 말고, 완전한 문장으로 말해준다.

2) 청각장애 아동을 위한 특수교육적 접근 방법

청각장애 아동에게 의사소통 문제와 읽기·쓰기 문제는 가장 중요하고 어려운 과제 중의 하나이다. 이러한 문제를 해결하기 위한 여러 가지 접근 방법이 최근까지 논의되고 있다. 여기에서는 수화 교육, 구화 교육, 토탈 커뮤니케이션에 대해서 알아보고자 한다.

(1) 수화 교육 (Manual Method)

수화는 손의 형태와 위치, 운동에 의해 상징하는 여러 가지 기호나 제스처를 결합하여 상대방과 의사소통 하는 완전한 언어이다. 이는 청력 손실로 인한 의사소통에 심한 장애가 있는 농아의 경우에 사용되며, 구어의 학습에 도움을 줄 뿐만 아니라 의사소통이 가능해지기 때문에 농아동의 정서적 건강을 돕는다(Gregory, 1976).

우리나라에서의 수화 교육은 지문자(finger spelling)와 수화(sign language)로 나누어진다. 한국 표준 수화 영어 및 지문자와 지숫자의 예는 [그림 9-2], [그림 9-3]과 같다.

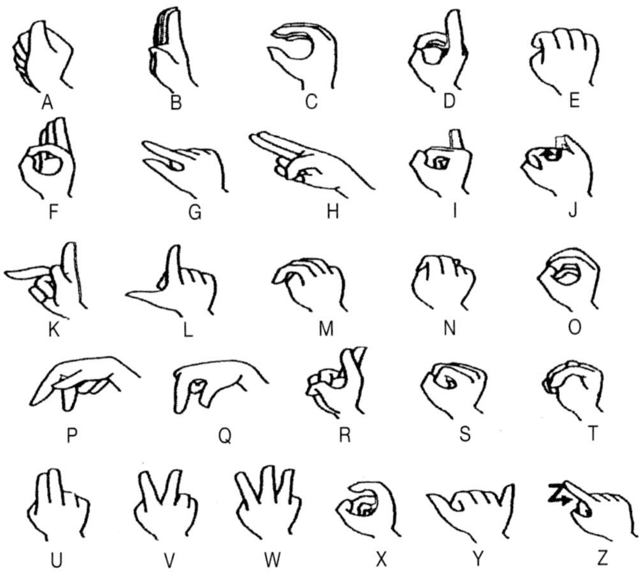

[그림9-2] 한국 표준 수화 영어

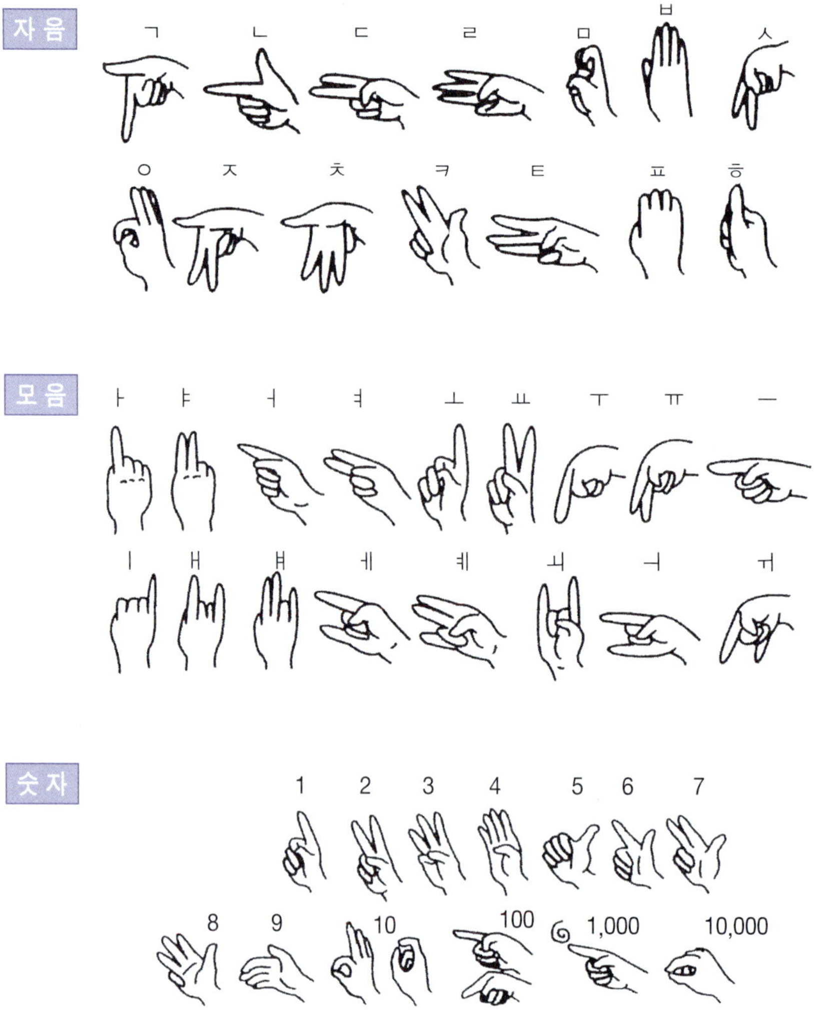

[그림9-3] 한국 표준 수화 지문자와 지숫자

(2) 구화 교육 (Oral Method)

구화 교육은 대화시에 수화와 같은 다른 의사소통 방법을 전혀 허용하지 않고 음성 언어 교육만을 통해서 정상적인 구어를 발달시키는 것이다. 이것은 청각장애 아동의 잔존 청력을 최대한 활용하는 것으로 보청기의 사용과 청능 훈련을 실시한다.

청능 훈련은 상실한 청력을 회복시키는 것이 아니라, 잔존 청력을 최대로 개발시켜 청각을 활용하도록 하는 것이다. 이러한 청능 훈련은 보청기만으로 부족할 경우 소리의 인식을 갖게 하고, 여러 가지 환경음을 변별하도록 하며, 말소리를 변별하도록 하는 것을 목표로 한다(Hallahan & Kauffman, 1988).

구화법에서는 독화(speech reading)를 가르치기도 한다. 독화는 구어의 시각적 단서를 통해 말을 이해하는 것으로 즉, 말하는 사람의 입술 움직임에서 말소리를 판별하는 시각적 단서를 의미한다. 이때에는 입의 운동을 과도하게 하지 않고 자연스럽게 입술을 움직이도록 해야 하고, 청각장애 아동이 독화시 시각 단서를 충분히 사용하기 위해서는 아동이 교사와 친구들을 다 볼 수 있게 옆으로 앉혀야 한다(Martin, 1975).

(3) 토탈 커뮤니케이션 (Total Communication)

토탈 커뮤니케이션은 특정한 커뮤니케이션 양식에서 탈피하여 구화, 수화, 무언극, 읽기, 쓰기, 그림 등 가능한 모든 언어적 양식을 통합하여 언어 습득을 하도록 하는 접근 방법이다. 이때 수화는 물론 말하기, 말읽기, 보청기 등 모든 것을 이용하여 의사소통을 하게 된다.

전통적으로 수화를 통해 의사소통을 하게 되면, 잔존 청력을 최대한 활용하여 말 읽기와 듣기를 하거나 또는 말을 하고자 하는 데 동기 부여가 되지 않는다고 하여 수화를 억제해 왔다. 많은 연구에서 수화 교육이 과연 효과가 있는 것인가에 대한 의문이 제기되었고, 이러한 연구를 통해서 수화와 말을 포함한 모든 형태의 의사소통을 강조한 토탈 커뮤니케이션 프로그램이 등장하게 되었다. 이러한 방법은 1969년 Maryland 농아학교에서 시작되어 미국 전체의 청각장애 아동 교육에 많은 영향을 주게 되었다.

CHAPTER

10

지체장애 아동의 이해

지체장애 아동들은 장애 종류나 원인, 질환 등의 범위가 넓고 그 정도도 다양하다. 또한 신체적 장애뿐만 아니라 지적인 능력이나 기타 감각적인 장애 등을 수반하여 복합장애를 가지는 경우도 흔히 볼 수 있다. 따라서 일반학급 교사들은 지체장애 아동들에 대한 편견, 두려움을 없애고 효과적인 교육을 실시하기 위해 올바른 지식과 교육방법에 대해 잘 알고 있어야 한다.

지체장애 아동들은 장애 정도와 유형이 다양하여 그에 따른 정의를 내리기가 매우 어렵다. 여기에서는 신체장애의 정의를 각 나라에서 밝히고 있는 내용을 토대로 알아보고자 한다.

1 지체장애의 정의

1) 독일의 지체부자유아보호법에 의한 정의

1920년 6월 5일 공포된 세계 최초의 지체부자유아 정의로서 "선천성 또는 후천성의 골, 관절, 근 또는 신경의 질환이나 사지 또는 그 일부의 결손 때문에 체간이나 사지의 사용이 지속적으로 부자유하여 일반 노동장에서 생업 능력이 뚜렷이 침해되리라고 인정되는 사람"라고 밝히고 있다.

2) 우리나라의 장애인 등에 대한 특수교육법에 의한 정의

우리나라의 '장애인 등에 따른 특수교육법 시행령(2008)'에서는 "기능·형태상 장애를 가지고 있거나 몸통을 지탱하거나 팔다리의 움직임 등에 어려움을 겪는 신체적 조건이나 상태로 인해 교육적 성취에 어려움이 있는 자"를 지체장애아의 기준으로 규정하고 있다.

3) 미국백악관 회의 특수교육분과(1939)에 의한 정의

“정형외과적 의미에서 골, 근, 관절의 기능적 부자유나 기형에 의한 결함을 가진 아동으로서 그 상태는 선천적 또는 후천적인 외상이나 질환에 대한 무지에 의해 악화된 아동”이라고 정의하고 있다.

용어 사용에 있어서도 과거 ‘특수교육진흥법’(1994)에서는 ‘지체부자유’라는 용어를 사용하였으나 새로 개정된 장애인 등에 대한 특수교육법(2007)과 ‘장애인복지법’(1990)에서는 ‘지체장애’로 규정하고 있는 만큼 법적 기반에 따라 본서에서는 ‘지체장애’라는 용어를 사용하고자 한다.

2 지체장애의 출현율

보건복지부(2017)에서는 지체장애인의 출현율을 3.03%로 추정하였고, 그중 뇌병변은 0.52%로 추산하였다. 연령에서 0~9세 지체장애 출현율은 0.04%, 뇌병변장애 출현율은 0.11%였으며, 남녀 출현율을 비교해 보면, 남자의 경우 지체장애 2.87%, 뇌 병변장애 0.70%, 여자의 경우는 지체장애 2.23%, 뇌병변장애 0.46%로 나타났다. 구체적인 지체장애 아동의 출현율은 〈표 10-1〉과 같다. 국립특수교육원의 특수교육원 연차보고서(2022)에서는 지체장애 출현율이 9.3%로 밝혀졌다.

〈표 10-1〉 지체장애 아동의 출현율(중복장애 포함)

구분	복지관 부설 2014년		2017년	
	추정장애인수	출현율	추정장애인수	출현율
지체장애	1,319,132	2.71	1,242,785	2.51
뇌병변장애	234,675	0.48	258,121	0.52

출처: 보건복지부(2017). 장애인실태조사.

3 지체장애의 유형

지체장애에 속하는 증상이나 장애들은 여러 가지가 있다. 일반적인 분류는 ① 장애 부위를 기준(상지 절단, 상지 기능 장애, 하지 절단, 하지 기능 장애)으로 하거나, ② 장애의 정도를 기준으로 하거나, ③ 뇌 손상의 유무를 기준(뇌손상성 지체장애, 비뇌손상성 지체장애)으로 하고 있다. 여기서는 그 중 많이 나타나는 장애들을 알아보고자 한다.

1) 뇌성마비

뇌성마비(cerebral palsy)는 일반공립학교에 재학중인 지체장애 아동들 중에서 가장 많이 나타난다. 따라서 일반 교사들도 뇌성마비에 대한 정의 및 특성을 잘 알아둘 필요성이 있다.

(1) 뇌성마비의 정의

뇌성마비는 글자 그대로 '뇌 마비'로서, 출생 전, 출생 시, 출생 후의 뇌 손상으로 신체 마비와 자세 및 운동 기능장애 등을 가져오는 신경학적 장애이다. 뇌성마비에서 연령은 대개 만 2세 이전에 발생한 경우이며, 신생아/영아 시기의 뇌 손상까지도 포함한다. 그러나 6세나 8세 이후에 뇌성마비 아동과 똑같은 장애가 있다 하더라도 뇌성마비로 진단하지 않는다.

(2) 뇌성마비의 분류

뇌성마비의 가장 보편적인 분류는 운동장애 유형에 따른 분류와 마비 부위에 따른 분류가 있다.

뇌성마비를 운동장애 유형에 따라 분류하면 다음과 같다.

1 **경직성** (spastic type)

뇌성마비 아동의 가장 보편적인 형태로, 근 긴장도가 높아서 잘 움직이기 어렵고, 움직인다고 해도 속도가 느리다.

2 **운동 실조형** (ataxic type)

균형감각과 위치감각이 없고 협응이 잘 이루어지지 않는다.

3 **불수의 운동형** (athetoid type)

사지가 떨리거나 근 긴장도가 수시로 변함으로 인해 의도한 행동 이외에 과도한 흔들림이 나타난다. 이러한 불필요한 흔들림은 의도적인 움직임을 시도할 때 많이 나타나서 기능적 동작을 방해한다.

4 **강직성** (rigid type)

경직성이 더 심화된 상태처럼 보이며 대개 사지마비를 가진다.

5 **진전형** (tremor type)

사지가 쉬고 있을 경우에도 계속적으로 흔들리며, 매우 드물게 나타난다.

6 **혼합형** (mixed type)

위와 같은 여러 가지 유형이 함께 나타난다.

마비 부위에 따른 뇌성마비의 분류는 다음과 같다(Denhoff, 1976).

1 **편마비** (hemiplegia)

같은 쪽의 팔과 다리 상하 두 부분(신체의 한쪽면이 모두 마비 즉, 한쪽 상하지)이 마비 ⇨ 35~40%

2 **양마비** (diplegia)
양다리의 마비나 양팔의 마비
(특히 팔보다 다리가 훨씬 더 심할 때) ⇨ 10~20%

3 **사지 마비** (quadriplegia)
팔과 다리(사지 전체) 모두의 마비 ⇨ 15~20%

4 **하지 마비** (paraplegia)
오직 양다리만 마비 ⇨ 10~20%

(3) 뇌성마비의 원인

뇌성마비의 원인은 출생 전, 출생 시, 출생 후로 나눌 수 있다. 출생 전 요인으로는 임산부의 감염, 풍진에 걸리거나 만성질환, 특정 물질과 엑스선 등에 노출되었을 때 일어날 수 있다. 특히 임신 3개월 이내 풍진에 감염되었을 시 치명적일 수 있다. 출생 시 요인으로는 분만의 곤란, 자궁에서 받는 뇌 압박, 산소 결핍, 합병증에 따른 진통 등이 뇌 손상을 일으킬 수 있다. 출생 후 요인으로는 조산, 고열, 감염, 중독, 뇌출혈 등으로 뇌를 손상시킬 수 있다.

또한 열등한 환경에서 태어난 아동은 어머니의 영양 실조, 출생 전·후의 적절하지 못한 보호, 유아기의 환경적 위험과 같은 요인에 의해 뇌 손상을 입을 가능성이 많다(Denhoff, 1976). 이는 열등한 환경도 뇌성마비의 원인이 될 수 있다는 것을 보여 준다.

(4) 뇌성마비의 특성

뇌성마비 아동은 신생아 시기에 특이한 행동을 보인다. 이들은 지나치게 잠을 자는 경향이 있고, 울음 소리가 약하며, 젖을 빠는 힘도 적고, 그들 주변에 관해서도 관심을 거의 보이지 않는다. 또한 느슨하게 드러누워 있다든지 약간 구부린 자세가 아닌 힘껏 뻗친 자세로 누워 있는 등 특이한 모습을 보인다(Batshaw & Porret, 1981).

Cruickshank(1976)은 신생아 때 볼 수 있는 운동신경 손상의 단서가 민감성, 창백함, 지나친 둔감, 경직됨, 안구진탕증과 황달, 지나친 경기 등이라고 보았다. 이러한 증상들을 보이는 아동들이 모두 뇌성마비가 되는 것은 아니며, 이러한 증상이 모든 뇌성마비 아동들에게 발견되는 것도 아니다.

비뇌손상성의 지체아동은 지능이 보통 아동과 비슷하지만, 뇌성마비 유아는 대부분 지적인 문제가 있다. 또한 지각 및 지각-운동의 발달이 미성숙하거나 이상한 형태로 나타난다. 그 외에 뇌 손상이 있는 뇌성마비 유아에게는 주의 산만, 충동적, 고집 등이 있어 특이한 행동 특성이 타나난다.

뇌성마비는 일반적으로 중복장애를 나타낸다. 즉, 운동 영역에만 국한되지 않고 지적장애, 학습장애, 간질, 정서·행동장애 등을 포함하는 한 가지 내지 그 이상의 장애를 가지는 것으로 나타난다. 또한 뇌성마비 아동의 50~80% 정도가 언어의 문제를 가지고 있으며(Cruickshank, 1976), 약 25~30% 정도의 뇌성마비 아동이 청각적 결함, 50% 이상이 시각적 결함을 가지고 있는 것으로 추정하였다(Lefebue, 1983).

BOX 2-1 뇌성마비 장애인 시인 등단

장애인 특수학교인 제주 영지학교에 다니는 강민호(姜旻昊. 22)씨가 문예전문지인 《M문예 사조》 2월호의 시작(詩作) 부문 신인상 수상자로 선정돼 시인으로 등단했다.

뇌성마비로 지체부자유 1등급 장애인인 그는 열네 살 때 할머니(71)의 등에 업혀 영지학교에 입학했으며, 1996년부터 시를 짓기 시작했다.

姜씨는2000년 '장애청소년 열린문예 현상공모'에서 입상했고, 지난해 말에는 첫 시집 『다가오는 아침』을 펴냈다. 지금까지 쓴 시는 2백 30여편.

그는 마우스 스틱을 입에 물고 컴퓨터 자판을 한자한자 두드려 한 편의 시를 완성한다. 姜씨는 "다른 장애인들도 스스로를 아끼고 무언가에 푹 빠질 수 있었으면 좋겠다."고 말했다.

중앙일보 2002. 2. 20

2) 뇌전증

(1) 간질의 정의

간질(epilepsy)은 그리스어의 '엄습당하다(to be seized)'에서 유래되었으며, 갑작스러운 뇌세포의 비정상적인 방전에 의한 경련 또는 발작을 의미한다.

(2) 간질의 분류

전통적으로 간질은 대발작(grand mal), 소발작(petit mal), 부분 발작(focal) 등으로 나누는데 각각 내용은 다음과 같다.

1 대발작

몸의 경직과 경련 발작이 일어난다. 비명을 지르고 의식을 잃고 쓰러지며 몸의 경직 현상이 나타난다. 발작을 일으키는 동안에는 입에서 거품을 내거나 혀를 깨물거나 배변통제를 하지 못한다.

2 소발작

경련이 없고 순간적으로 의식을 잃는다. 부재발작(absence seizure)이라고도 하며, 보통 30초 이내 짧은 시간 동안 모든 활동을 중단하고 허공을 바라보거나 눈을 깜박이며, 가벼운 경련을 일으키다가 다시 활동을 시작한다. 소발작은 대발작에 비해 덜 극적인 발작으로 아동들에게 가장 흔하게 나타난다.

3 부분 발작

몸의 일부분에만 운동 및 감각기능 이상으로 생기는 발작으로 뇌의 극히 제한된 부분에서 발생한다. 잭슨 발작(Jacksonian seizure)은 부분 발작의 형태로 몸의 한 부분에서만 규칙적으로 떨리기 시작하여 몸 전체로 진행되는 것이다.

(3) 간질의 원인

뇌를 손상시키는 어떤 요인도 경련(간질)의 원인이 될 수 있으며, 산소 결핍, 중독, 출산 시 외상, 선천적 기형, 감염 등 여러 가지 원인에 의해서도 경련이 일어난다. 하지만 뇌 손상이 있다고 하여 항상 경련을 일으키는 것은 아니며, 뇌 손상의 증거가 없는 경우에도 경련이 나타날 수 있다.

(4) 교육 및 지도

간질은 그 자체가 학습에 영향을 미치지 않으며, 경련이 없을 때에는 다른 아동들과 별 차이가 없다. 더구나 간질 아동은 복합장애를 수반하지 않는 한 약물 치료에 의해 통제할 수 있으므로 간질 때문에 특수기관에 배치할 이유는 없다. 그러나 심한 경우는 약을 복용하여도 발작이 일어나기 쉬우므로 교사가 침착하게 대처하는 것이 중요하다. 특히 학급에서 아동에게 대발작이 발생할 경우 교사가 취해야 할 행동은 〈표 10-2〉와 같다.

〈표 10-2〉 아동의 경련 발생 시 교사가 취해야 할 행동

교실에서 아동이 경련을 일으키면 교사는 침착하게 경련을 일으키는 아동을 도와주고 다른아동들에게 친구의 경련이 오래 지속되지 않으며, 아픈 것이 아니라고 설명해 준다. 교사가 취해야 할 행동은 다음과 같다.

- 침착하게 행동한다.(다른 아동들에게 발작을 일으킨 아동이 곧 괜찮아질 것이라고 말해준다.)
- 바닥에 편히 눕게하고 주변에 다칠만한 물건을 치운다.
- 부드러운 것(예:젖은수건이나코트)을 머리맡에 받쳐서 머리가 흔들릴때 바닥에 심하게 부딪히지 않도록 한다.
- 발작을 멈추게 할 수는 없으므로 스스로 끝나도록 한다. 아동의 의식을 돌이키고자 흔든다거나 발작의 움직임을 방해하지 않는다.
- 아동을 옆으로 눕게함으로써 기도가 막히는것을 방지하고, 침이 입밖으로 흘러 나올 수 있게 한다.
  - 억지로 입을 열려고 하지 않는다. - 입속에 아무것도 넣어서는 안된다.
- 흔들림이 멈추면 의식이 회복될때까지 쉬게 한다.
- 발작 도중에는 숨이 약해지고 일시적으로 멈출 수도 있다. 매우 드물지만 만약 다시 숨을 쉬지 않으면 기도가 막혔는지 점검해보고, 인공호흡을 실시한다.

출처: Lewis, R. B. & Doorlag, D. H.(1995). Teaching special students in the mainstream (4thed.). Englewoodcliffs, NJ: Prentice-Hall.

3) 소아마비

[그림 10-1] 루즈벨트

소아마비(polio)는 솔크 왁진(Salk vaccine)이 완성된 1950년대 중반 이전에는 무서운 감염증이었다. 소아마비는 세균이 척추신경의 운동세포에 감염되는 것을 말하며, 이 세균이 혈관을 통하여 척추신경의 운동세포에 도달하면서 운동세포의 기능을 파괴하고 근육의 수축과 운동 결핍을 일으킨다. 이로 인해 많은 아동과 성인을 지체장애인으로 만들었다. 미국의 루즈벨트 대통령은 심한 완전 하지마비장애였으나 훌륭한 업적을 남겼다.

초기 증상으로는 열이 나고, 고통스러운 경련과 함께 심한 근육의 무력화, 완전 마비, 골격 기형 등을 가져올 수 있다. 그러나 신경에는 영향을 미치지 않아 지능은 영향을 받지 않으므로 학습에는 별 문제가 없다. 신체 능력을 필요로 하는 활동 이외의 모든 교육에 참여할 수 있다.

4 지체장애 아동의 판별

지체장애 아동을 판별하기 위해서는 주변의 전문가들에게 협력을 요청하는 것이 바람직하다. 의사는 아동의 신체 상태를 진단·처방하고, 그 결과를 부모나 교사에게 알린다. 또 물리·작업치료사는 치료와 보조기기 관련 진단을, 언어치료사는 언어 관련 진단을 하고 필요한 정보를 부모와 교사에게 제공한다. 그리고 교사는 아동에게 필요한 교육 관련 정보를 얻기 위해 아동을 진단해야 한다.

5 지체장애의 특성

1) 지적 능력과 학업 성취

지체장애 아동들은 다양한 인지 능력 분포를 나타낸다. 소아마비는 지능에 직접 영향을 미치지 않기 때문에 일반아동의 지능과 차이가 없고, 이분척추 아동의 경우에도 뇌수증이나 다른 결함을 수반하지 않는 한 지능에 차이를 보이지 않는다.

뇌성마비 아동 중에는 평균 지능이 일반아동의 평균 지능보다 낮게 나타날 수 있으며(Nelson & Ellenberg, 1978), 정상 또는 그 이상의 우수한 지적 능력을 가지는 경우도 있다. 그러나 뇌성마비뿐만 아니라 다른 장애(시각장애, 청각장애, 지적장애 등)를 함께 가질 경우에는 인지 능력에 큰 어려움이 있다.

일부 지체장애 아동 중에는 치료나 입원, 수술 등으로 학교 생활을 정상적으로 할 수 없는 경우도 많다. 때문에 지능이나 학습 동기가 높더라도 학교 성적이 뒤처지게 된다.

경도의 지체장애이거나 장애가 일시적인 경우에는 학업 성취 면에서 문제를 거의 보이지 않지만, 지체장애의 정도가 심하거나 다른 장애와 복합성 장애를 가질 때에는 학업 성취가 낮아진다. 그러나 일반적으로 학업 성취 능력이 높은 지체장애 아동은 높은 지능과 동기를 가지고 있다. 또한 신경계통의 장애를 가지는 아동은 인지 및 지각 능력에 동시에 결함을 가지기 때문에 같은 또래보다 학업 성취가 늦어질 가능성이 높다고 보고되고 있다(Batshaw & Perret, 1986).

2) 심리·사회적 특성

초기 많은 연구에서는 지체장애 아동들의 심리·사회적 기능이 평가되어 왔다. 그 내용은 다음과 같다(Douglas, 1964; Ples & Roghmann, 1971; Stubblefield, 1974).

- 무단결석이 잦고 학교 생활에 곤란을 겪으며, 사회적으로 고립된다.
- 자아의식과 자아개념이 부정적이다.
- 충격, 무관심, 고립과 같은 억압 반응이 나타난다.
- 정신과적인 장애의 발생률이 높게 나타난다.
- 심리적 부적응의 높은 위험성은 신체장애의 지속과 직접적으로 관련이 있다. 위험성은 장애가 존재하는 기간이 길어질수록 증가한다.
- 심리·사회적 부적응 상태와 장애의 심각성 정도 간의 명확한 상관 관계가 있다.
- 장애가 일시적일 때보다 지속적일 때 더 자주 부적응 반응이 나타난다.

또한 근위축증을 가진 아동들은 우울, 공격성, 위축 등과 같은 특성을 보이기 쉬우며, 사고로 후천적 지능장애를 가진 경우에는 신체 능력 상실과 바뀌어진 생활에 많은 스트레스를 받게 된다. 그리고 사회적 기준과 동떨어진 자신의 외모를 받아들이지 못하여, 사회적 관계에서도 부정적 결과를 초래한다.

이러한 지체장애아들을 위해 교사나 가족, 친구들의 도움이 필요하며, 이들의 감정과 행동을 이해해 주고 다른 사람들과 똑같이 인정해 줌으로써 자신감과 독립심을 심어 주어야 한다.

한 연구에 의하면 신체장애 아동이 자신의 신체적 한계에 대해서 어떻게 적응하며, 사회적 대인 관계 상황에서 어떻게 반응하느냐 하는 것은 그들의 부모, 형제자매, 교사, 동료 및 일반 사람들의 반응에 의해 달라진다고 보고하고 있다(Bigge & O'Donnell, 1977). 이들은 수술, 입원, 병원 치료 등 신체적으로 남에게 많이 의존하게 되므로 수동적인데, 이는 학교 생활이나 성격에까지 영향을 미친다.

6 지체장애 아동의 교육

우리나라의 지체부자유 아동에 대한 특수교육은 1963년 3월 부산시에서 실시한 중증 지체 아동을 위한 가정 방문제 학급에서부터 시작되었으나, 1983년까지도 지체부자유학교 교육 과정이 마련되어 있지 않았다.

1983년 12월 31일 문교부 고시 제83-13호에 의해 지체부자유 특수학교 교육 과정이 제정, 공포되었으나 일반학교 교육 과정과 거의 비슷하게 구성되었으므로 장애가 심한 뇌성마비 아동의 교육에는 어려움이 있었다. 이로 인해 1989년 12월 29일 문교부 고시 제89-10호로 지체부자유 특수학교 교육 과정 기준이 개정되어 1993년부터 현재까지도 적용되고 있다. 제2차 지체부자유 특수학교 교육 과정은 학습 대상자인 학생을 세 가지 유형 즉, 정상적 학습 가능 학생, 정상적 학습 지체 학생, 정상적 학습 곤란 학생으로 구분하고 있고, 재활 훈련의 내용을 심화 확대하였으며, 조기교육의 강조, 중·고등부의 직업교육 강조, 학교 재량 시간의 신설 등을 특징으로 하고 있다. 타영역과 같이 현재 개정 작업 중에 있다(교육부, 1998).

1) 지체장애아 교육을 위한 일반적 지침

(1) 물리적 환경

지체장애 아동이 일반학급에서 적응하기 위해서는 학교 건물의 구조가 이들이 다니기에 어려움이 없어야 한다. 예컨대, 하지에 장애가 있어 계단 오르기가 어려운 경우 경사로를 설치하거나 리프트(lift)를 사용하여 계단을 오르내릴 수 있어야 한다.

또한 교실 내에서의 물리적 환경도 조정되어야 한다. 예컨대, 휠체어에 맞게 책상이 조정되어야 하며, 휠체어나 목발을 이용하는 아동이 쉽게 드나들게 문 폭을 넓히거나 공간을 확보해야 한다. 그리고 목발이 보행에 방해되지 않게 장애아동의 가까이에 목발걸이를 설치해 주는 것이 좋다. 그 외 칠판의 높이를 장애아동에 맞게 조정하거나 책상 위 물건이 떨어지지 않게 테두리가 올라온 책상이나 가장자리에 홈이 파인 것을 놓아두는 방법도 있다.

(2) 지체장애아를 위한 교수 전략

지체장애 아동들을 위한 교육목표는 우선적으로 일상 생활 활동에 정상성을 가져다 주도록 교육하고, 기초 학업 기능과 직업적 기술을 습득하도록 하는 데 있다. 여기에는 몇 가지 강조점이 있는데, 지체장애 아동들을 교육할 때 다음과 같은 점에 중점을 두어야 한다(송준만 외, 1990).

- 신체적 발달을 최대화한다. 이들의 신체 발달을 최대로 하기 위해 물리·작업 치료사 및 교사 등과 깊은 유대를 갖고 지도해야 한다.
- 지적·학습 능력에서 자신감과 창의력을 가지게 한다.
- 사회·정서 발달에 있어 건전한 자아개념을 형성하도록 한다. 자신의 장애를 수용하며, 현실적 목표와 기대를 설정하여 성취감을 맛보고 긍정적 자아개념을 가질 수 있도록 한다.
- 장래에 대한 준비를 하도록 한다. 또한 장애의 신체적 변화에 대비하도록 하고 취업을 위한 지도를 한다.
- 미술, 음악, 연극, 공예 활동을 강화하여 창조적 표현의 기회를 많이 주고 사회 경험의 기회도 가능한 많이 주도록 한다.

Bigge(1991)는 지체장애 아동들이 비정상적인 반응을 보이지 않으면서도 원하는 활동을 할 수 있도록 몇 가지 수정 방법을 다음과 같이 제시하고 있다.

첫째, 조작하고 있는 대상 물체를 고정시키는 방법이다.

예컨대, 손 사용 능력이 좋지 못하거나 글씨 쓰는 손 말고 다른 손으로 공책을 잡고 있기가 힘든 경우 글씨를 쓰려다가 공책을 떨어뜨려 줍기 힘들 때가 있다. 이 때 공책을 책상에 고정시켜 준다면 쉽게 과제를 수행할 수 있다.

둘째, 잡기 보조 기구를 사용하는 것이다.

예컨대, 연필에 고무나 테이프 등을 덧붙여 잡기 쉽게 해주거나 손가락에 연필이 고정될 수 있도록 고안된 보조대 등을 사용하는 것이 여기에 속한다.

셋째, 경계를 만들어 주는 것이다.

예컨대, 활동에 제한이 있는 아동들은 물체가 자신의 행동 범위에서 벗어나면 다시 가져오기가 힘들다. 이때 책상 가장자리에 테두리가 있거나 자석이 부착된 필기구를 사용하게 할 수 있으며, 움직이는 장난감일 경우에는 장난감에 끈을 매어 다시 가져오는 방법 등이 있다.

넷째, 조작을 도와주는 도구를 사용하는 것이다.

예컨대, 컴퓨터 조작시 엔터키를 눌려야 할 경우, 주먹으로만 조작이 가능하다면 엔터키 위에 탁구공을 붙여서 조작을 쉽게 할 수 있다.

2) 통합교육을 위한 교사의 역할

지체장애 아동들의 교육적 필요는 개별 아동의 장애 유형과 정도에 따라 매우 다양하다. 교사는 아동의 특성을 개별적으로 평가해야 하며, 아동에게 적합한 교육 환경을 조성해야 한다. 또한 개별화 프로그램을 작성할 때 특수교사와 관련 전문가들과 논의하여 결정하도록 한다.

특히 지체아동들을 일반학급에 통합할 경우 교사로서 처음 해야 할 일은 아동에 관해 교육적으로 필요한 기초 정보를 알아내는 일이다. McCoy(1995)는 이러한 기초 정보에 다음과 같은 것을 제시하고 있다.

- 예상되는 인지 능력 정도
- 신체장애 부위
- 이동 능력 정도
- 학교 생활 중 예후(prognosis)
- 장애로 인한 시력·청력의 손상 여부
- 구어를 사용하여 의사소통을 할 수 있는 능력 정도
- 일반학급에서 알아야 할 사항

이러한 기초 정보를 교사가 파악함으로써 지나치게 과보호하거나 작업을 무리하게 하는 일이 감소될 것이며, 아동의 신체적·교육적 필요에 맞는 프로그램 작성과 교실 환경을 구성할 때 기초가 될 수 있다.

또한 기초 정보만으로 아동의 교육을 충분히 계획할 수 없는 경우도 있다. 예컨대, 장애 정도가 심하고 복합장애를 수반할 경우에는 기초 정보만으로 적절한 교육을 계획하기 어려울 수 있다.

Lewis와 Doorlag(1991)은 구체적인 정보를 다음과 같이 정리하고 있다(Berdine & Blackhurst, 1985, 재인용).

의사소통

- 글씨를 쓸 수 있는가? 타이프를 칠 수 있는가? 어떤 방법으로 글씨나 타이프를 치는가?
- 말로 의사소통을 할 수 없다면 어떤 방법을 사용할 것인가?
- 전자 의사소통 기구가 사용될 것인가? 그렇다면 아동이나 교사가 꼭 알아야 할 사항들은 무엇인가?
- 아동이 자신의 요구 사항을 교사에게 어떤 방법으로 알릴 수 있는가?
- 교사가 알아야 할 다른 기자재가 있는가?

의학적인 면

- 아동이 약을 복용하는가? 한다면 어느 정도의 양을 얼마나 자주 복용하는가? 학교에서 약을 주어야 하는가?
- 복용하는 약의 부작용에는 어떤 것이 있는가?
- 발작, 인슐린 쇼크, 혹은 그 외의 응급 사태가 생기면 어떤 절차를 취해야 하는가?
- 아동의 활동이 어떤 형태로 제한받아야 하는가?

자세잡기

- 어떤 자세잡기 보조 기구를 아동이 사용하는가?

◎ 쉴 때, 수업할 때에는 각각 어떤 자세가 좋은가?
◎ 교사가 알아야 할 다른 기자재가 있는가?

▶ 이 동

◎ 아동이 어떻게 학교를 통학할 것인가?
◎ 학교 건물이나 교실 내에서 이동할 때 특별한 조치가 필요한가?

▶ 자조 능력

◎ 식사나 화장실 사용 등의 신변 처리에 어떤 도움이 필요한가? 누가 도와줄 것인가?
◎ 아동이 어떤 기자재를 사용하는가?

이러한 구체적이고 다양한 정보는 기초 정보와 더불어 본격적인 교육 프로그램을 개발하고자 할 때 도움을 줄 수 있을 것이다. 따라서 교사는 교육적으로 충분한 기초적 정보와 구체적 정보를 수집·정리하여 아동의 교육 프로그램을 작성하며, 무리한 요구를 삼가야 한다. 그리고 자신의 장애로 인해 느끼는 심리·정서적 문제를 지도하는 일이 중요하다. 지체장애 유아의 경우에는 무엇보다도 조기 발견과 이에 따른 개입이 필요하고, 또한 의사소통 기술의 발달이 필요하다.

교사는 지체장애 유아를 세심하게 잘 들어올릴 수 있고, 잘 잡아줄 수 있어야 한다. 그래야 유아가 편안함을 느끼고 교육을 잘 받을 수 있을 것이다. 또한 유아의 자세를 지탱하도록 보조해 줄 수 있는 도구를 제공하여 교육을 받는 데 지장이 없도록 해야 한다. 끝으로 지체장애를 가진 아동들이 시설물을 자유롭게 사용할 수 있도록 건축물상의 장애 요소를 제거해야 한다. 미국표준국에서 건축가와 설계사들이 참고할 수 있는 시설물 사용 기준 지침은 〈표 10-3〉과 같다. 우리 주변에 있는 시설물에 다음과 같은 장애물들이 있는지 관심을 갖도록 한다.

〈표 10-3〉 건축 장애물과 환경적 위험물들

이름______________________ 날짜 ____________
살펴본건물 · 지역 ____________

A. 입구/출구	예	아니오
1. 휠체어를 탄 사람이 이용할 수 있는 주요 입구가 최소한 한 개는 있는가?	___	___
2. 경사로는 기울기가 1/12(3.75°)(8.33%) 이하인가?	___	___
B. 문과 현관		
1. 열었을 때, 문의 크기가 32″인치이상넓은가?	___	___
2. 문은 최소한의 힘이나 압력으로 작동되는가?	___	___
3. 문은 장애인이 이용할 수 있을 만큼 천천히 닫히는가?(빨리 닫히는 자동문이 있음)	___	___
4. 손잡이는 쉽게 다룰 수 있게 되어 있는가?	___	___
C. 계단과 층계		
1. 계단 손잡이는 이용자들에게 편리한 높이에 있는가?	___	___
2. 계단 손잡이는 계단의 위와 아래쪽에 18″이상 연장되어 있는가?(크럿치 사용자들이 크럿치 균형을 맞추기 위하여 필요한 거리)	___	___
3. 각 계단은 7″혹은 7″이하인가?	___	___
4. 계단표면은 미끄럽지 않은가?	___	___
D. 마룻바닥		
1. 각 층마다 모든 마룻바닥은 같은 높이인가 혹은 경사로 나엘리베이터로 연결되어 있는가?	___	___
2. 마룻바닥표면은미끄럽지않은가?	___	___
E. 화장실		
1. 화장실은 휠체어를 탄사람이 사용할수 있도록 60″×60″의 회전공간을 가지고 있는가?	___	___
2. 화장실은 접근 가능한 좌변기를 하나는 가지고 있는가?	___	___
a. 밖으로 열었을때 최소한 32″되는 문이 있는가?	___	___
b. 좌변기 크기가 최소한 3′×5′ 인가?	___	___
c. 손잡이 평행봉이 양쪽 다 알맞은 높이에 있으며 마룻바닥과 평행한가?	___	___
d. 화장지는 닿을 수 있는 높이에 있는가?	___	___

3. 소변기는휠체어탄사람이접근할수있는가?	___	___
a. 휠체어의 팔이 들어갈 수 있도록 바닥에서 30″위로 설치되어 있는가?	___	___
b. 물조절장치가 쉽게 작동되며 정면에 가깝게 올려져 설치되어 있는가?	___	___
c. 손닦는 자동수건이 바닥으로 부터 40″이하인가?	___	___
F. 수돗물	___	___
1. (분수식 물 마시는곳) 식수대는 마룻바닥으로부터 36″이하인가?	___	___
2. 분수식 수대는 앞에서 위로 솟는 분출구와 조절장치를 가지고 있는가?	___	___
G. 공중전화(만일 해당된다면)	___	___
1. 신체장애인이 전화거는 곳에 갈 수 있는가?(접는 문이나 높이 둘러싼 벽이 없는 전화박스)	___	___
2. 다이얼이나 버튼높이가 바닥으로부터 48″이하인가?	___	___
3. 동전 넣는곳이 바닥으로부터 48″이하인가?	___	___
H. 엘리베이터 (만일 해당된다면)		
1. 엘리베이터는 일층이상의 건물에서 사용할 수 있도록 되어있는가?	___	___
2. 엘리베이터의 넓이는 최소 5′×5′이상인가?	___	___
3. 조정기의 높이는 바닥으로부터 48″이하인가?	___	___
4. 버튼은 누르기 쉽거나 촉감에 민감한가?	___	___
I. 교실 접근 가능성(만일 해당된다면)		
1. 교실문은 활짝 열었을때 넓이가 최소한 32″가 되는가?	___	___
2. 문턱(문지방)은 휠체어가 쉽게 지나갈수 있게 충분히 낮은가?	___	___
3. 책상이 잘 배치되어 통로가 최소한 36″이상 넓은가?	___	___
4. 교실의 앞쪽과 뒤쪽에 최소한 5′×5′가 되는 회전공간이 있는가?	___	___
5. 책장과 칠판의 높이가 바닥으로 부터 36′이하인가?	___	___
6. 최소한 한 칠판에는 손잡이봉이 있는가?	___	___
7. 휠체어를 수용할 수 있는 책상이나 테이블(지역)영역이 있는가?	___	___
8. 세면기, 작업장 그리고 다른 특수한 영역이 장애학생이 사용할 수 있도록 접할 수 있게 되어 있는가?	___	___
9. 잠재적 위험으로부터 교실은 안전한가?	___	___
a.바닥에 작은 물체나 쓰레기가 없는가?	___	___
b.뾰족한 모퉁이나 톡 튀어나온 물체는 없는가?	___	___
c.바닥표면은 미끄럽지 않은가?	___	___

출처:송준만 · 유효순(1992).특수아동교육(제3판). 서울:교문사.

CHAPTER

11

영재아동의 이해

1 영재교육의 이해

1) 영재교육의 필요성

영재교육의 중요성과 필요성에 대해서는 오래전부터 논의되어 왔고, 그에 대한 찬반론이 대두되어 왔다. 영재교육이 내포하고 있는 필요성과 당위성은 크게 두 가지 유형으로 대별된다(전경원, 2000).

(1) 국가·사회적인 차원

1 국가 · 사회적인 재능의 손실을 방지

영재아의 능력을 계발하지 못하는 것은 사회적인 비극이라고까지 말하고 있다. "장애 아동의 잠재 능력을 계발함에 있어서 실패하게 되면 아동 자신과 가족들에게 안타까운 일이다. 영재아동의 잠재 능력을 계발하는 데 있어서 실패하는 것은 사회적인 비극이다"(Gallagher, 1985).

따라서 국가·사회적인 차원에서의 미성취 현상을 초래하지 않기 위해서 영재교육이 필요하다. 영재교육이 제대로 이루어지지 않으면 영재들의 질 좋은 두뇌력이 사회의 질서를 파괴하게 된다. 매스컴에 등장하는 컴퓨터 해커나 은행 절도범 중에는 과거에 수학경시대회 수상자나 전교 수석을 했던 사람도 있다. 만약에 영재교육이 제대로 이루어졌다면 이런 일이 발생하지 않았을 것이다. 영재교육의 부재로 인하여 그들의 고도의 지적 에너지가 부정적인 방향으로 잘못 흐르게 된 것이다.

2 국가 · 사회 발전을 위해서

부존 자원이 부족한 우리나라에서는 영재교육에 기대를 걸어야 한다. 한국의 발전을 위해서는 우수한 인재들을 양성하여 빈약한 부존 자원을 보충할 수 있어야 한다. 영재교육은 국가가 어려운 위기에 처해 있을 때 더 필요한 것이다.

3 정보화 · 전문화 사회에 능동적 대처

급변하는 정보화 사회에 능동적으로 대처하기 위해서 뛰어난 영재가 필요하다. 또한 고도의 전문화 사회에서는 국제 경쟁력을 신장시키기 위해 과학, 정치, 경제, 사회 등의 다양한 분야에서 우수한 전문가 양성이 필요하다.

(2) 개인적인 차원

1 잠재 능력 최대 발휘

교육 기회 균등의 법 정신이나 민주주의 이념은 각자의 잠재 능력을 최대한 보장하는 것이므로, 장애아동뿐만 아니라 우수한 영재들은 그들에게 적절한 특수교육을 받을 필요가 있다. 즉, 영재교육을 통해 지적인 욕구를 충족하고, 나아가 자아 실현을 하기 위해 영재교육을 받을 필요가 있다.

2 행복한 삶 영위

미래 영재교육의 필요성은 행복론적인 입장에서 필요하다. 인간은 자신의 타고난 능력을 최대한 발휘할 때, 지적·창의적 욕구가 충족되고, 비로소 행복한 삶을 영위할 수 있는 것이다. 특히 특수교육의 대상자들인 영재들은 다양한 관심과 흥미가 있어 이를 집중적으로 탐구하고자 하는 기본적인 지적 욕구가 있다. 이러한 욕구가 형식적 비형식적 교육을 통해 충족되지 않는다면 불행해질 것이고, 그 어떠한 창조도 이루어지지 않을 것이라고 본다. 그러므로 영재교육이란 인본주의에 입각하여 그들의 특수한 욕구를 충족시켜 행복을 누릴 수 있도록 도와주는 데 그 목적이 있다.

3 지적 호기심 충족

영재들은 삼라만상에 대해 호기심이 많아 질문이 많다. 이러한 호기심을 충족시키기 위해 끊임없이 지식을 갈구하고 있고, 그 갈구하는 정도는 보통 사람과 다르다. 이들은 지식을 얻기 위해 열정적이고 원하는 지식을 얻었을 때 지적인 희열도 자못 클 것이다. 이런 점으로 보아 영재들은 인간으로서의 참된 행복을 누리기 위해 그에 적절한 교육이 필요하다.

부모 입장에서 영재교육이 사회이동이나 더 많은 재화를 갖기 위한 것이라면, 아동 입장에서 영재교육은 지적인 즐거움을 향유하는 데서 오는 인간으로서의 행복감을 느끼는 데 있다고 할 수 있다.

BOX 11-1 영재로 지목되면 불행해져

영재로 지목되는 아이들은 성장과정에서 보다 많은 감정적 어려움을 경험할 수 있다고 영국의 한 저명한 심리학자가 10일 주장했다.

미들섹스 대학의 조안 프리먼(Joan Freeman) 교수는 이 날 영국 심리학회 회의에서일부 '재능있는 아이'로 지목된 어린이들은 동일한 수준의 재능이 있지만이 같은 지목을 받지 않은 아이들보다 내성적으로 자라나며, 불행해지는 경향이 있다고 지적했다.

프리먼 교수는 평균 이상의 지능지수(IQ)를 가졌으며 영재로 지목된 아동 70명, 평균 이상의 IQ를 가졌지만 지목받지 않은 아동 70명, 무작위로 선정한 아동 70명의 성장과정을 27년 이상 비교 분석했다.

분석 결과에 따르면, 영재로 지목된 아동의 40%는 어른이 됐을 때 감정적 어려움을겪고 있는 것으로 나타났다. 이들이 겪는 어려움으로는 불면증, 반사회적 행동, 불만족등이 있는 것으로 분석됐다. 프리먼 박사는"영재로 지목됐던 아이들은 어른이 되어서높은 이혼율 등 가정에서 더 많은 문제를 안고 있는 것은 물론, 학교에서도 덜 행복해한다."고 지적하고, 반대로 재능있다는 지목을 받지 않고 안정적인 가정환경을 지닌 아이들은 본인의 사업에도 잘 적응할 뿐만 아니라 자족할 수도 있게 된다고 주장했다. 그는 영재로 지목받는 아이들은 자신이 평범하다는 사실이 발견될까 두려워하며, 언제나 완벽해야 한다는 강박관념에 시달린다고 말했다.

조선일보 2001. 9. 10

2) 영재의 정의

(1) 영재와 재능

1900년대 이전과 1900년대 초기에는 주로 천재(genius)라는 용어를 사용하고, 1920년대 이후부터 지적 영재(intellectually gifted)라는 용어가 사용되다가 1950년경부터 영재(gifted)라는 표현이 등장하였다. 그러던 중 1950년 Guilford의 미국심리학회 연설에서 '창의성'이라는 심리학적 개념이 소개된 이후 창의성이 영재의 개념으로서 중요한 위치를 차지하게 되었다. 1970년대 이후에는 비지적인 요인 및 다양한 재능 등으로 영재의 의미가 '복합적인 재능'의 개념으로 변천되어 왔다.

▶ 영재아

영재아(Gifted)는 특수아의 한 분야로서, '학문적 우수아'(Academically Talented)로 간주되는 경향이 있다. 뛰어난 영재(Highly Gifted)란 IQ가 160~170 이상으로 인구 중에 0.03% 미만의 아동이 이 그룹에 속한다. 뛰어난 영재는 다시 경도, 중도, 고도의 영재로 구분된다(Silverman, 1987).

▶ 재능아

재능아(Talented)라는 용어는 영재아와 동의어로 쓰이며, 영재아 또는 재능아와 함께 혼용되고 있다. 미국문교국과 그 외의 여러 정의를 종합해 보면 영재라는 심리적 구인은 지능만을 일컫는 단일 개념보다는 복합적 지능과 재능을 모두 포함하는 광의의 의미로 해석된다. 미국문교국 정의에서는 영재성과 재능을 뚜렷하게 구분지어 놓고 있지 않고, 전반적으로 이 두 개념은 구분 없이 사용되고 있다. 앞서 언급된 것처럼 재능이란 영재성의 한 요소로서 포함된다고 볼 수 있으며, 만장일치로 받아들여지는 '영재'의 정의 부재로 영재성과 구별짓는 것은 별 의미가 없다(Hagen, 1980).

즉, 재능이란 개념은 문화와 시대의 변천에 따라 다르고, 영재의 한 개념 속에 포함된다고 할 수 있으며, 대인 관계가 뛰어나거나 '대화'에 능숙한 것도 재능의 하나가 될 수 있고 넓은 의미로는 그러한 사람도 '영재아'이다.

(2) 전경원의 정의

전경원(2000)은 "개개인이 어느 정도 선천적으로 타고났으며 또한 후천적인 훈련을 통하여 가장 잘 할 수 있는 모든 형태의 다양한 특수 재능"을 영재로 정의하고, 각각의 특수한 재능 분야에서 적어도 상위 30% 정도 안에 들고 다음 5가지 측면에서 기술과 발달이 이루어질 가능성이 있어야 영재로 간주한다.

- 기본적인 지식과 기술 (basic knowledge and skill)
- 고등 사고 능력 (higher level thinking skill)
- 창의적인 문제해결력 (creative problem solving skill)
- 사회·정서적 발달 (social and emotional development)
- 도덕성 발달 (moral development)

영재교육은 "다양한 형태의 모든 특수 재능을 계발시키는 과정에서 필요한 기본 지식과 고등 사고 능력과 창의력 및 문제해결력을 키워주기 위해, 가정에서 가족 구성원과 주변 사람에 의해 이루어지는 비형식적이고 비체계적인 형태의 활동에서부터 교육 기관에서 교사에 의해 이루어지는 형식적이고, 체계적인 모든 형태의 소극적·적극적인 교육내용과 교육방법 활동의 일체"라고 볼 수 있다. 즉, 영재교육이란 개개인의 타고난 특수한 재능을 계발시키기 위해 자극을 줄 수 있는 한 개의 질문에서부터 창의적인 문제 해결 과정 모델에 의해 체계적인 수업을 받는 일체의 활동을 의미한다. 그런 의미에서 본다면 과거 고대부터 동·서양에서는 영재교육이 존재했다고 볼 수 있다.

(3) 미국문교국(U.S.O.E.)의 정의

미국문교국(United States of Office of Education)의 Marland 보고(1972)에서 발표된 공법 91-230 조 806항에서 "영재아/재능아란 뛰어난 능력을 갖고 있어서 높은 성취를 보일 가능성이 있는 자로서 자신과 사회에 기여하기 위해서 정규 학교가 제공하는 것 이상의 특별한 교육 프로그램이나 도움을 필요로 하는 사람을 일컫는다."라고 정의하고 다음과 같이 6개의 영역으로 영재성을 구분했다. 이 중에서 한 가지 또는 그 이상의 능력이 있으면 영재로 보았다.

일반적 지적 능력(General Intellectual Ability)

탁월한 지적 능력(High Intellectual Performance)을 일컫는데, 주로 부모나 교사에 의해 우수한 기억력, 뛰어난 추상적인 사고력, 풍부한 어휘력, 폭넓은 정보의 보유 등에 의해 관찰될 수 있다.

특수 학업 영역에서의 적성(Specific Academic Aptitude)

과학이나 수학 또는 언어 영역과 같은 학업 영역에서 뛰어난 능력을 갖고 있는 것을 의미한다.

창의적 · 생산적인 능력(Creative and Productive Thinking)

창의성과 지능에 대한 고전적 연구를 한 Getzel과 Jackson(1962)에 의해 소개된 개념으로 독립적이고 서로 관계가 없어 보이는 것을 새로운 형태로 생산해 내는 사고력을 의미한다.

지도자적인 능력(Leadership Ability)

개인이나 집단이 결정을 내리기 위해 한 쪽으로 이끌어나갈 수 있는 능력으로, 이러한 능력이 있으면 어려운 문제 상황을 협상할 수 있다.

시각 예술 능력(Visual and Performing Arts)

시각 예술 및 연주 예술 능력으로 미술, 음악, 무용, 조각, 사진, 창의적인 작문 등에서 능력이 뛰어난 것을 일컫는다.

정신 운동 능력(Psychomotor Ability)

대근육·소근육 발달이 뛰어난 것으로 체조, 수영과 같은 운동 분야에서 두각을 나타낸다. 또한 이들은 손이 미세하게 발달되어 있어 공예품을 만들거나 미세한 수술을 할 수 있는 능력 등이 포함된다(Marland, 1972, p.10).

(4) Renzulli의 정의

미국문교국 정의 다음으로 널리 사용되고 있는 영재아에 대한 정의는 Renzulli(1978)의 정의다. 그는 영재아란 [그림 11-1]에 나타난 것처럼 평균 이상의 지적 능력, 과제에 대한 집착력, 높은 창조력을 그의 세고리 개념(Three-ring Conception)에서 영재 개념의 구성 요소로 보았다. Renzulli는 이 세 요소가 모두 중요하여 어느 요인 하나 특별히 중요하지 않은 것이 없다고 했다. 그의 정의에서 특이한 점은 과제에 대한 집착력을 영재의 한 요소로 포함시켰다는 점이다. 과거에는 동기라든가 열심히 일하는 것 등으로 표현했는데 그는 이것을 과제에 대한 집착력으로 일컫고 그것은 어떤 일을 완료하기 위해서 들이는 끊임없는 인내와 시간, 노력 등이 포함된다고 했다.

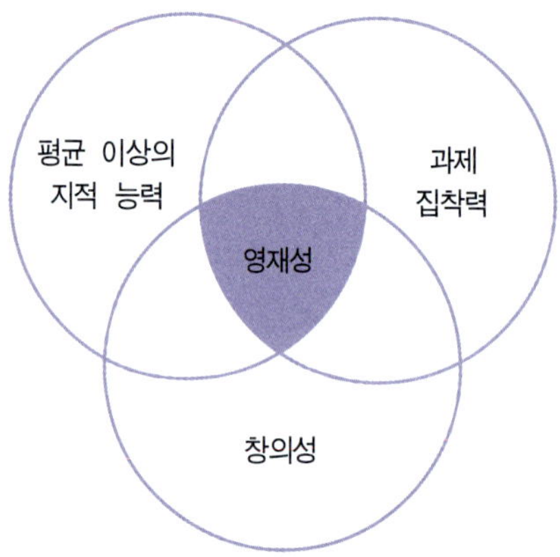

[그림11-1] Renzulli의 영재개념

출처: Renzulli, J. S.(1978). What makes giftedness? A reexamination of the gifted and talented. Ventura, CA: Office of the Super intendent of Ventura County Schools.

(5) Feldhusen의 정의

Feldhusen(1986)에 의하면 영재성과 재능은 네 가지 중요한 영역이 상호작용하여야 한다고 했다. 높은 수준의 능력, 자아개념, 동기 유발, 창의성을 그 네 가지로 보고 있다.

첫째, '높은 수준의 능력'이란 세계에 대한 정보를 받아들이고, 처리하고, 또한 그러한 세계에 대한 적응하는 행동을 창출하는 능력이나 잠재력을 일컫는다.

둘째, '자아개념'이란 자신에 관한 인식과 해석, 이상적인 자아, 자신의 재능과 능력 등으로 구성되어 있다고 했다. 영재아에게 자아개념이란 자신의 재능과 능력, 다른 영재들과의 사회적, 정서적인 관계를 감지하는 능력이다. 자아개념은 자신과 자신의 능력, 성취에 대한 만족감이다. 그러므로 영재아는 긍정적인 자아개념을 갖고 있어야 한다.

셋째, '동기 유발'은 영재로 하여금 행동을 유지하게 하거나 중단하게 만들기도 하는 목적, 목표, 방향 등을 일컫는다. Feldhusen은 동기 유발을 내재적인 동기 유발(Internal Motivation)과 외재적인 동기 유발(External Motivation)로 대별했다. 내재적 동기 유발이란 개인 자신의 관심과 추진력을 말하고, 이러한 내재적 동기 유발은 자연적인 호기심과 탐구하고자 하는 욕구로부터 비롯된다고 설명했다.

넷째 구성 요소는 '창의력'이다. Feldhusen은 창의력과 영재성을 동의어로 간주했고 창의성이란 영재성의 필수적인 요소로서 영재의 재능, 능력, 개인적, 사회적 특성, 가치관, 태도와 신념을 포함하였다. 다시 말해 창의성이란 유창성, 융통성, 독창성, 정교성이 조화롭게 어우러질 때 창출되는 것으로 가치가 있을 뿐 아니라 독특하고 비상한 아이디어나 해결책을 만들어 내는 능력을 총칭한다.

위와 같이 영재에 대한 다양한 정의가 있다. 그런데 우리나라에서는 주로 인지능력과 관련된 기억력이나 읽기, 쓰기와 같은 언어적인 능력이 뛰어나면 영재라고 오인하는 경향이 있다. 그러나 영재아의 개념은 다지능, 다양한 재능을 포함하는 복합적인 개념으로 21세기에 걸맞는 인재를 양성하는 데 초점을 두어야 한다. 따라서 지나치게 인지적인 능력만 강조하는 학습 위주의 활동보다는 창의성이나 기타 다양한 영역의 활동들을 탐색하여 올바른 영재교육을 시도해야 한다. 21세기는 다양한 영재·재능을 요구하는 시대이므로 다양하고 특수한 재능을 지닌 특수재능인을 위한 교육을 해야 하고, 이에 대한 판별도 적성·재능에 맞도록 다양한 방법을 시도해야 한다. 판별 후에는 이에 적절한 프로그램을 선택하고 시간을 투자하고, 부모가 적극적으로 지원해야 한다. 그런 의미에서 21세기의 부모의 역할은 그 어느 때보다도 중요하다고 볼 수 있다.

3) 영재의 출현율

출현율(prevalence)이란 어느 한 시점의 인구 중에서 출현하는 모든 사례의 백분율이나 비율을 의미한다. 그런데 영재아에 대해 보편적으로 받아들여질 수 있는 합의된 정의가 없기 때문에 그들의 출현율을 통계적으로 추정하기란 매우 어렵다. 과거에는 영재아를 판별하기 위해 지능만 사용했기 때문에 매우 적은 수의 영재만이 포함되었다. 또한 영재아에 대한 보수적이고 부정적인 시각과 올바르지 못한 이해를 하는 사회와 문화에서는 교사와 부모에 의해 영재아의 출현율을 추정하기 어렵다.

최근에 들어서는 영재아의 정의가 매우 다양하고, 영재아에 대한 정의 및 특성들이 각급 학교와 부모들에게 인식됨에 따라 영재아에 대한 출현율이 높아졌다.

물론 영재아를 어떻게 정의하느냐에 따라 출현율은 달라진다. 예컨대 Hollingworth(1942)는 고도의 영재의 경우에는 100만 명 중에 1명 정도로 지능지수가 170~180 이상인 아동이 있을 수 있다고 했다. 미국교육국에서 1972년에 실시된 Marland의 보고서에 의하면 3~5% 정도로 추정하고 있다. 이 출현율이 미국영재교육부(Office of Gifted and Talented)에 의해 받아들여져 미국의 경우에는 3~5%의 출현율을 널리 사용하고 있다(Mitchell & Erickson, 1978).

Hallahan과 Kauffman(1982)은 영재아동을 고도의 지능, 고도의 창의성, 높은 과제 수행을 분명하게 나타내거나 그 잠재성을 보이는 아동이라고 정의하고, 이러한 정의에 해당하는 아동이 학령 인구 중에 적어도 2% 정도는 있을 것이라고 하였고, 많아도 5%보다는 확실히 적을 것이라 하였다. 그리고 이러한 정의에 해당하는 아동의 IQ는 적어도(WISC-R) 115가 될 것이며, 거의 대다수는 130 이상이 될 것이라고 하였다.

그러나 보통 이상의 지적 능력을 영재아의 한 판별 기준으로 본다면 학령 인구의 15~25%까지도 영재아로 판별될 수 있는 것이다. Renzulli(1982)는 그의 영재아에 대한 정의, 보통 이상의 지적 능력, 창의성, 과제집착력에 의하면 학령 인구의 15~25%까지가 영재적인 잠재성을 갖고 있는데, 3~5% 정도로 출현율을 본다면 많은 수의 잠재적인 영재들을 제대로 판별하지 못하고 간과해 버리는 오류를 범할 수 있다고 지적한다.

또한 부모의 교육 수준과 사회·경제적 수준에 따라 출현율이 다르게 나타날 것이라고 보기도 한다. 만일 IQ만을 판별 기준으로 삼는다면 영재아동은 사회·경제적 지위가 높고, 형제 자매의 수가 적으며, 부모의 교육 수준이 높은 가정에서 더 많이 나타날 것이라고 했다(Barbe, 1956; Fisch, Bilek, Horrobin, & Chang, 1976). Kirk와 Gallagher(1983)은 영재아동이 학령 인구 중에 1% 정도가 있으며, 사회·경제적 지위가 높은 사회에는 15~20%가 있을 것이라고 하였다.

이와 같이 외국에서는 교육부나 학자들에 의해 영재아의 출현율을 추정하고 있지만, 우리나라에서는 영재아의 출현율을 밝힌 연구가 없으므로 현재로서는 외국에서 밝히고 있는 영재아동의 출현율을 가지고 우리나라의 영재아동의 출현율을 추정할 수밖에 없는 실정이다(김승국, 1995).

4) 영재아의 특성

(1) Terman의 연구

Terman과 그의 동료들은 1921년부터 약 40년 동안 영재들을 연구하여 과학적인 토대를 마련하는 데 기여했다. 그는 IQ가 140 이상인 1,528명의 영재를 선발하여 영재를 종단 연구한 결과 지적, 정서적 및 사회적, 신체적 특성에 관한 과학적인 사실들을 밝혀내 학교에서 영재들의 본질을 이해하고 그들을 판별하여 교육적 프로그램을 제공하는 데 큰 역할을 했다.

Terman과 Oden(1947)에 의하면 영재아동은 다음과 같은 특성을 갖고 있다.

- 나이에 비해 빈틈 없는 행동을 한다.
- 날카로운 관찰력을 가지고 있다.
- 배우고 싶어하는 열정을 보인다.
- 끊임없는 질문을 한다.
- 모든 것에 흥미를 느낀다.
- 남보다 뛰어나려는 야망이 있다.

- 시험 답안을 잘 쓴다.
- 명문 학교에 다닌다.
- 말을 유창하게 한다.
- 읽기 능력이 뛰어나다.
- 독립적으로 판단한다.
- 독창적인 생각을 한다.
- 언제나 요점을 잘 이야기한다.
- 유머감각이 뛰어나다.
- 집중력이 뛰어나다.
- 그 또래의 다른 아이들에 비해 신뢰할 만하다.
- 올바른 도덕심을 갖고 있다.

(2) Gardner의 연구

Gardner(1983)의 다중지능이론에 비추어 7가지 분야 중 한 분야라도 능력이 뛰어난 사람을 영재로 보았을 때, 각 분야의 영재들에게서 나타나는 특성은 다음과 같다.

언어적 재능

- 이야기나 동요, 동시, 역사적 사실, 다른 일상적인 일 등을 쉽게 기억한다.
- 일찍 읽기 시작했다.
- 시, 동화나 낙서 등을 좋아한다.
- 상황에 적절한 어휘를 사용하여 조리있게 말하는 편이다.
- 사전이나 백과사전을 즐겨 찾는다.
- 즐겨 읽는 책이 많다.
- 말을 일찍 시작했다.
- 또래 아이들과 이야기하는 것보다는 어른들과 이야기하기를 더 좋아한다.
- 지적인 대화 능력이 우수하다.
- 친구들과 이야기할 때 잘 듣는다.

- 어느 장소에 가더라도 책을 찾아서 읽고 있다.
- 커서 소설가나 시인, 또는 기자가 되고 싶다고 말한다.
- 어른용 신문이나 잡지를 읽는다.
- 어른과의 대화에서도 상당히 의미있게 주제를 전개한다.

논리 수학적 재능

- 한번 풀기 시작한 문제는 끝까지 풀려고 노력한다.
- 수와 관련지어 생각하기를 좋아한다.
- 과학 실험을 즐긴다.
- 수리적 개념을 쉽게 이해한다.
- 숫자 세기를 즐긴다. 물건이 어떻게 작동되는지, 자연의 이치에 대한 질문이 많다.
- 자연이나 과학과 관련된 TV프로그램이나 책을 즐겨 찾는다.
- 블록이나 장난감을 가지고 놀 때도 원인, 결과를 놓고 실험하기를 즐긴다. (예 : "이렇게 하면 어떻게 될까?")
- 패턴이나 규칙을 찾아내려고 애쓴다.
- 여러 가지 자연 현상에 대해서 관심이 많다.
- 물건들이 어떻게 작동하는가를 찾아내려고 애쓴다.

공간적 영역

- 그림을 그리거나 물감놀이를 즐긴다.
- 특별히 좋아하는 색이 있다.
- 퍼즐이나 기계 장난감들을 분리하고 다시 끼워 맞추기를 좋아한다.
- 레고 놀이나 블록 쌓기, 또는 모래성 쌓기와 같은 만들기를 즐긴다.
- 꿈 이야기를 자주 한다. 꿈을 선명하게 기억한다.
- 길 눈이 밝고 방향 감각이 뛰어나다.
- 동화책을 볼 때 그림에 더 관심이 많다.
- 그림을 그릴 때 아주 세밀하게 그린다.

신체 운동 영역

- 걷기를 일찍 시작했다.
- 찰흙놀이, 가위질하기 등을 즐긴다.
- 매우 활동적이다.
- 여러 가지 운동을 잘한다.
- 무용, 발레, 기계체조와 같은 신체적 활동을 즐긴다.
- 야외에 나가는 것을 좋아한다.
- 일인 다역을 하면서 연극이나 인형극놀이를 즐긴다.

음악 영역

- 옹알이 할 때 노래부르듯이 했다.
- 장난감이나 가구, 부엌 용품으로 리듬있게 소리내기를 즐긴다.
- 좋아하는 노래를 녹음해 놓고 듣기를 즐긴다.
- 혼자서 노래를 만들어 부르기를 즐긴다.
- 악기 연주하는 것을 즐긴다.
- 음악이 나오면 즐거워하고 멜로디, 리듬 등을 쉽게 기억하여 노래로, 또는 악기로 재현해 낸다.
- 여러 가지 소리(개 짖는 소리, 바람 소리 등)를 잘 구별한다.
- 노래와 음조를 바꾼 후에도 일관성 있게 잘 부른다.

사회성 영역

- 낯선 사람들과 빨리 친해진다.
- 친구를 잘 사귄다.
- 친구들 간에 의견 충돌이 있을 때 중재하는 역할을 한다.
- 또래들 사이에서 지도자 역할을 한다.
- 다른 사람이 좋아하고 싫어하는 것에 대해서 잘 알고 있다.
- 다른 사람의 감정을 잘 파악한다.
- 다른 사람의 느낌을 쉽게 공감한다.
- 혼자서 놀기보다는 다른 친구들과 놀기를 좋아한다.

◉ 세계의 여러 나라와 지역에 대해서 관심이 많다.

▶ 개인적 통찰 영역

◉ 자립심이 강하다.

◉ 혼자서 하는 놀이나 취미가 많다.

◉ 혼자 있기를 원할 때 찾는 장소가 따로 있다.

◉ '커서 무엇이 될까?'하는 생각을 많이 한다.

◉ 주위에 일어나는 일에 대해서 많이 생각한다.

◉ 자아의식이 강하다.

◉ 종교나 심미적인 것에 관심이 많다.

◉ 자신의 장점이나 단점을 정확히 파악하고 있다.

(3) 전경원의 연구

연구자에 따라 영재아의 특성을 지적 특성, 비지적 특성, 동기적 특성, 학습 특성 등으로 구분하기도 하지만, 전경원은 국내·외적으로 연구된 영재/재능의 특성들을 종합한 결과 다음과 같은 3가지 유형의 일반적인 특성들이 나타난다고 본다. 여기서는 창의성을 인지적인 특성 안에 포함시키지 않고 별도의 특성군으로 분리하여 창의적인 특성에 초점을 두었다. 8가지 인지적 특성, 5가지 창의적 특성, 6가지 사회·정서적 특성으로 구분해 보면 다음과 같다.

▶ 인지적 특성

◉ 높은 수준의 언어 발달 : 어휘 수준이 발달되어 있고, 언어적인 표현이 유창하다.

◉ 풍부한 지식 보유 : 풍부한 독서 수준과 또래보다 2년 정도 앞선 높은 수준의 독서 및 광범위한 독서로 인해 풍부한 지식을 보유하고 있다.

◉ 비상한 기억력 : 영재의 기본적인 특성으로 한 번 보고 들은 것에 대해 자세하게 기억한다.

◉ 뛰어난 학습 능력 : 또래에 비해 학습에 대한 이해력이 높아 쉽고 수월하게 학습한다.

- 뛰어난 사고 능력 : 논리적, 비판적으로 사고하고 추상적·상징적 사고를 즐긴다. 또한 단순한 것보다는 복잡한 생각을 즐긴다.
- 광범위한 흥미 영역 : 다양한 흥미와 취미가 있고, 다양한 것을 수집한다.
- 탁월한 성취 능력 : 어떤 특정 분야에서 반드시 성취하고자 한다.
- 탁월한 문제해결력 : 효율적인 방법으로 복잡한 문제를 해결하는 것을 좋아한다.

창의적 특성

- 뛰어난 상상력 : 한 가지 답이 정해진 활동보다는 상상을 해서 다양한 반응을 할 수 있는 창의적인 활동을 좋아한다.
- 뛰어난 관찰력 : 사람, 사물들을 관찰할 때 매우 구체적이고 세부적인 것까지 잘 관찰한다.
- 높은 호기심 : 주변의 사물과 환경 등에 대해 호기심을 갖고 질문한다.
- 민감성 : 남들은 간과하는 점들을 놓치지 않고 잘 지각한다.
- 유머감각 : 날카로운 유머감각을 지니고 있다.

사회 · 정서적 특성

- 탁월한 지도력 : 다른 사람에게 영향력을 행사하고, 인기가 있고, 솔선수범하며, 다른 사람을 지도하기를 좋아한다.
- 탁월한 과제집착력 : 어떤 어려움이 있어도 흥미있는 일은 지속적으로 진행한다.
- 긍정적인 자아개념 : 자신에 대한 긍정적인 자아개념을 갖고 있다.
- 높은 독립심 : 외부의 통제 없이 자신 스스로를 통제할 줄 안다.
- 도덕·윤리적 가치관 : 또래에 비해 선과 악, 정오의 판단 등 도덕·윤리적인 가치에 대해 관심이 많다.
- 높은 동기 유발 : 내적인 동기 유발이 잘되어 자신에게 흥미있는 일을 할 때 장시간 동안 몰입하여 열정적으로 활동한다.

5) 영재아의 판별

영재의 판별은 영재의 개념과 프로그램 목적에 의해 결정되므로, 판별에는 정형화된 방법이 있는 것은 아니다. 영재를 제대로 판별하기 위해서는 적절한 판별 도구지를 선정하는 것도 중요하지만, 가장 중요한 것은 영재가 아닌 아동을 영재로 판별하거나, 영재를 영재가 아닌 것으로 판별하는 오류를 줄여야 하는 것이다. 판별 결과에 따라 적절한 교육적 서비스를 받을 수 있도록 배치하는 것이다. 영재를 판별할 때는 이와 같은 점을 고려하여 다음과 같은 사항에 유의해야 한다.

(1) 판별의 기본 원칙

1 영재 개념의 적절성

영재의 정의 및 개념에 의해 판별의 준거 기준을 마련한다. 판별에 앞서 영재를 어떻게 정의할 것인지, 영재의 개념은 무엇인지 생각해 본다. 그에 따라 적절한 판별 기준을 마련한다. 이러한 정의에 따라서 판별 방법과 검사도구지가 달라질 것이므로 판별에 앞서 반드시 판별의 준거 기준을 설정하도록 한다.

2 복합 판별

단일 판별보다는 복합 판별 과정(다단계 판별 방법)을 사용한다. 최근에 개발된 영재 판별 방법들은 어느 한 가지 측정 도구를 사용하는 단일 판별보다는 다양한 판별 접근 방식을 취하고 있다. 다양한 판별 방법을 사용하면 판별에서 발생할 수 있는 문제점을 극소화할 수 있다. 이렇게 하기 위해서는 영재의 다양한 특성을 반영하기 위해 다양한 자료들을 수집해야 한다.

복합 판별 과정을 통하여 다양한 자료를 수집할 때에는 판별 대상의 지적, 신체적 발달 특성에 따라 적합한 판별 방법을 선택한다. 특히 유아들의 집중 시간과 언어적인 발달 상태를 고려하여 적절한 검사도구지를 선정하고, 놀이를 통한 관찰 자료들을 활용하도록 한다. 또한 영역별 특성이 잘 나타날 수 있는 검사도구지를 선정하도록 한다.

3 조기 판별

판별은 조기에 실시되어야 하며, 영재성 또한 조기에 판별되어야 한다. 대부분의 사람들은 조기 판별에 대한 부정적인 시각도 있으나 조기 판별의 목적은 아동들이 지니고 있는 영재성을 조기에 발굴하여 이에 적절한 교육을 제공하여 최대한으로 잠재 능력을 키워주는 데 있다. 만약 이 시기를 놓치게 되어 적절한 교육적인 자극을 받지 못하게 되면 이러한 영재성이 사장되어 버린다. 주변에서 어렸을 때는 두각을 나타내고 신동 소리를 듣던 사람이, 영재성이 제대로 계발되지 않은 채로 성인이 되어서는 보통 사람들과 같게 되어 불만족한 삶을 살아가는 사람들이 많다.

4 지속적 판별

판별은 일회성으로 끝나지 말고 지속적으로 이루어져야 한다. 다양한 정보를 수집하고, 다단계 판별을 했을지라도 영재성이 간과되는 경우도 있다. 그러므로 영재로서 판별되도록 지속적인 판별을 하여 한 명의 영재도 놓치지 말아야 한다. 이러한 지속적인 판별 자료들은 나중에 프로그램 평가를 하는 데도 유용한 자료로 활용될 수 있다.

5 판별의 타당성과 적절성

판별 목적에 부합하여 판별 방법을 활용한다. 다양한 자료를 수집하고, 다단계 판별 방식을 활용하여 얻은 자료와 정보들을 최대한 활용해야 한다. 이때에는 어떤 분야의 영재를 판별할 것인가를 고려하여 판별 계획을 세우도록 한다.

판별 결과를 타당하게 활용하도록 한다. 판별 결과에 따라 적절한 교육적 배치가 이루어진다. 그러므로 프로그램의 성격에 따라 다양한 검사 결과의 비중을 어떻게 둘 것인가 심사숙고해야 한다. 예컨대 5가지 검사 결과와 2가지 종류의 행동 체크리스트 점수와 창의적인 산출물을 갖고 있을 때 이들 정보들을 어떻게 조합하여 최종적인 선발을 할 것인가에 대해 신중을 기해야 한다.

6 다양한 판별 정보원

'다양한 판별 정보원'이란 영재 판별에 기여할 수 있는 모든 사람들을 일컫는다. 교사와 아동 자신은 물론 그 외에 동료, 부모, 조부모, 가족 구성원, 지역 사회 구성원, 다른 교사와 교장(원장), 교감(원감) 등 모든 사람을 판별 자료 정보원으로 활용하여 다양한 자료를 수집해야 한다.

특히 부모는 제 자식이 모두 영재일 것이라고 생각하기도 하지만 부모로부터 얻을 수 있는 정보는 매우 귀중한 정보로 활용될 때가 많다. 아동은 대부분의 시간을 가정에서 보내기 때문에 유아 교육 기관과 학교에서 관찰할 수 없는 영재의 특성들에 관한 귀중한 정보를 수집할 수 있으므로 반드시 부모가 판별을 하기 위한 정보를 제공하도록 해야 한다.

(2) 판별의 문제점

판별에서 가장 문제가 되는 것은 지능 검사와 창의성 검사 사용에 있다. 영재 판별에 있어서 복합 판별 방법이 이상적이지만 경제적, 시간적 문제로 단일 판별을 많이 사용하고 있는 실정이다. 이때 지능 검사와 창의성 검사를 제일 많이 사용하는데, 지능 검사는 집단 지능 검사와 개인 지능 검사로 구분되어 있어 선별이나 판별에 사용될 수 있다. 하지만 일반적인 지적인 능력을 측정하기 때문에 특수한 재능을 알아보는 데 제약이 따른다.

또한 창의성 검사는 최근 들어 창의성이 영재성의 중요 구성 요소로 인식되고 있어 많이 사용되고 있으나, 지능과 창의성 간의 관계에 대해서는 학자에 따라 의견을 달리하고 있다. 말하자면 지능이 높다고 해서 반드시 창의성이 높은 것은 아니라고 보는 경우도 있고, 반면에 창의성을 지능의 일부로 보고 지능 검사 안에 창의성을 포함시키는 학자도 있다. 또한 지능 검사와 창의성 검사는 신뢰도와 타당도 문제가 끊임없이 제기되어, 이에 관한 연구들이 지속적으로 이루어지고 있다.

(3) 판별 도구

판별 도구는 다양하지만 주로 다음 〈표 11-1〉과 같이 정리할 수 있다.

〈표 11-1〉 영재아 판별 도구

- **표준화검사**
  1) 지능
  2) 창의성
  3) 성취도
  4) 적성검사
- **체크리스트, 평정척도, 설문지**
  1) 학교교직원
  2) 부모
  3) 동료
  4) 자신
- **지명과추천**
  1) 학교교직원
  2) 부모
  3) 동료
  4) 자신
- **자서전적정보**
  1) 포트폴리오
  2) 유치원,학교기록물
  3) 자서전적검사도구
  4) 면접
- **특수분야의전문가에의한판단방법**

2 영재교육 담당 교사

1) 교사 교육의 중요성

영재교육과 관련된 아동, 부모, 교사, 행정가 중에서 가장 중요한 역할을 하는 사람이 교사라는 것을 부인하는 사람은 없을 것이다. 그 이유는 영재교육의 시작부터 종료까지－영재를 판별하고, 프로그램을 개발·적용·평가하고, 나아가 영재들의 진로 상담 및 추후 지도－모든 관리를 해야 하는 사람이 교사이기 때문이다. 주지하는 바와 같이 지역 사회의 행·재정적 지원, 교육 자료, 공간이 완벽하게 갖춰져 있어도 이를 운용할 수 있는 영재 담당 교사가 없으면 영재교육이 제대로 이루어질 수 없기 때문이다. 그러므로 영재교육을 시작하려면 교사 교육부터 시작해야 한다.

(1) 교육적 배치

학급에서 가장 큰 영향력을 미치는 사람이 교사라는 연구가 있지만, 아동의 교육적 배치(Educational placement)에 있어서 가장 중요한 역할을 하는 사람 역시 교사라는 점을 흔히들 간과하고 만다(Dunkin & Biddle, 1974). 아동을 어떤 종류의 교육적 환경에 배치하느냐의 결정은 교사의 태도와 영재성과 장애성에 관한 지식으로부터 비롯된다. 그리고 교사가 아동에 관한 특수한 욕구를 충족시켜 줄 수 있는 특별한 기술을 갖고 있는가에 달려 있다. 만일 영재를 제대로 판별해 내지 못하거나 판별해도 제대로 교육을 못하면 미성취 현상을 보이게 되는데 이러한 미성취 예방을 위해서도 교사 교육이 필요하다.

(2) 교사 교육의 부재

아동은 그들의 능력, 재능, 장애 조건의 정도에 따라 적절한 교육을 받을 기본적 권리가 있지만 불행하게 그러한 기본적 권리를 올바로 인식하지 못하는 교사로 인해 기본적 권리를 박탈당하고 있다. 특히 영재아동의 독특한 특성과 이에 수반되는 욕구는 교사의 통찰력 있는 이해와 특별한 교수 방법에 의해 충족될 수 있지만 이런 자격을 갖춘 교사는 드물다.

아직도 많은 학교 행정가와 교사들은 '장애성'과 '영재성'에 대해 올바로 인식할 수 있는 교육을 받지 못했고, '일반아동'을 가르치는 방법만 준비해 왔다. 미국은 공법 94-142조에 의해서 일반아동을 담당하는 교사들과 행정가들이 장애아의 특성과 교육적인 욕구를 더 잘 이해하도록 대학 교육 프로그램(Preservice program)이나 현직 교사 연수 프로그램(Inservice program)을 수정했다. 이렇게 함으로써 교사 교육 측면에서 특수 교과 교육과 일반 교사 교육을 통합시키고자 했다(Whitmore, 1983).

2) 영재 담당 교사의 자질과 특성

"영재교육의 성패는 교사에게 달려 있다."고 해도 과언은 아니다. 그러므로 영재교육에 관한 문제를 거론할 때 교사의 자질이나 성격에 관해서 다루게 된다. 영재교육 담당 교사가 갖추어야 할 자질에 대한 연구는 학자에 따라 약간씩 다른데, 여기서는 여러 학자들의 주장을 대체적으로 포괄하고 있는 Ehrlich(1982)의 연구 결과를 소개하고자 한다. 그는 영재교육 담당 교사의 바람직한 특징에 대하여 열다섯 가지로 다음과 같이 제의하고 있다.

1 교사 자신의 지적 우월성

교사 자신이 영재성 또는 지적 우월성을 겸비하고 있어야 한다. 선택을 할 수만 있다면 지적인 능력이 가장 상위에 있는 교사를 선별하는 것이 가장 좋으며, 음악이나 미술과 같은 예능 수업을 위해서는 전문가를 찾아내야 한다.

2 감정 이입

교사는 학생을 진정으로 이해하고 사랑하는 태도가 있어야 한다. 이러한 특성을 지닌 교사는 영재아동이 생각하고, 또 환경에 반응하는 방식에 대하여 통찰력을 가지고 있을 것이며, 상이한 학습의 방식을 이해할 수 있을 것이다.

3 영재성에 대한 긍정적인 태도

교사는 학생의 탁월성이나 영재성을 적대감 없이 인정하고 받아들이는 자세를 가져야 한다. 아동의 능력을 인정해 주고, 또 그들을 존중하며, 이해하는 태도는 교사와 학생 사이의 생산적인 신뢰감을 형성하는 데 절대적으로 필요한 것이다.

4 준비성

교사는 지도 교과목을 항상 충분히 준비하여야 한다. 영재아들은 대개 자기 나름대로의 지식 자원을 가지고 있으며, 얕은 생각이나 어떤 잘못된 정보 또는 빈약한 논리를 매우 빠르게 감지한다. 영재아동들을 가르치는 일은 매우 도전적이면서도 경험을 요하는 일이다.

5 경험의 다양성

교사는 교과서의 지식은 물론 학생의 정신적 발달을 풍요롭게 할 수 있는 다양한 독서와 경험을 갖추어야 한다. 경험의 다양성이란 교사의 흥미, 능력, 기술 등에 적용된다. 교사는 폭넓게 읽고, 현재의 경향과 발달에 민감하며, 일상적이거나 미리 설정해 놓은 학교의 교수 요목을 넘어서서 교육 과정의 범위를 확대시키고, 심화시킬 수 있는 다양하고 특별한 기술을 가져야 한다.

6 수용적 자세

교사는 학생들의 교육 활동에 대하여 비판적·평가적 태도를 견지하면서도 그들의 학습 방법이나 견해에 대하여 지원적인 태도를 가져야 한다.

7 자아 통찰력

교사는 자신의 능력과 한계를 이해하여야 하고 모든 가능한 인력과 자원을 활용할 수 있어야 한다.

8 지각력

교사는 영재를 한 개인으로서 인정하고 그들의 욕구를 편견 없이 인정해야 한다. 영재에 대한 그릇된 주장이나 선입관은 이들의 발달에 유해하다.

9 융통성

교사는 이미 실시한 학습이나 앞으로 실시할 교육 계획을 필요에 따라 보다 바람직한 방향으로 변경하는 융통성을 발휘할 수 있어야 한다. 뿐만 아니라 교사는 어떤 주장이나 견해에 대하여 고정적 관념을 버려야 한다.

10 복잡한 문제를 처리할 수 있는 능력

영재는 보통 사람들보다 복잡한 문제 다루기를 선호하는데 교사는 이를 지도할 수 있는 능력이 있어야 하고 즐겁게 받아들여야 한다.

11 창의성

교사 자신이 창의성을 가져야 하고 학생들의 창의성을 최대한 계발하도록 노력하여야 한다. 영재아동의 창의성에 대처하기 위하여, 교사는 창의적인 능력을 가져야 한다. 창의적인 사람들 사이에는 유사성이 있다. 그들은 다른 사람들의 생각에서 차이를 찾아내고, 문제를 해결하는 능력이 뛰어나다.

12 인내심

교사는, 영재학생들은 두뇌가 명석하므로 어떤 문제를 해결할 때나 교사의 질문을 받았을 때 빠른 해결력을 기대하기 쉽다. 그러나 영재들은 문제를 해결함에 있어서 즉각적인 결론을 내기보다는 신중하게 생각하는 경향이 있으므로 교사의 인내가 필요하다. 교사의 인내는 영재들의 비판적 사고 능력을 기르는 데 있어서 필수적 요건이기도 하다.

13 유머감각

영재는 지적 혹은 경험으로부터 오는 즐거움을 즐기려 하고 또한 이와 같은 즐거움을 함께 즐기고자 하는 교사를 선호한다.

14 능률성

교사는 매우 조직적이어야 하며 시간과 자원을 최대한 효율적으로 사용할 수 있는 능력이 있어야 한다. 따라서 교사는 영재의 특성과 요구, 수업 전략 등에 철저한 이해와 효율적 수업을 위한 과학적인 수업 계획을 준비하여야 한다.

15 지성인으로서의 양식

교사는 영재의 성취 목표와 성취 수준에 대하여 적당히 타협하는 자세를 배제하고 학자적인 양식과 성실성을 가지고 영재 각자의 능력을 최대한 계발해 주어야 한다.

3 한국의 영재교육 방향과 미래 영재교육 방향

1) 한국의 영재교육 방향

한국의 역사 속에서 역대의 국가와 사회의 많은 지도자들이 영재교육의 필요성을 강하게 피력했지만 영재교육은 실효를 거두지 못하고 있다. 그것은 한국인 대다수의 정서를 제대로 읽지 못하고, 무차별적으로 선진국의 영재교육을 표방하려고 했기 때문이다. 영재교육이 대중들로 하여금 올바른 인식을 갖게 하고, 뿌리내릴 수 있는 몇 가지 방향을 제시하면 다음과 같다.

첫째, 학문 영재 및 예술 영재에만 국한된 소수의 영재교육에서 진일보하여 다양한 영재 유형을 고려하여 모든 사람이 자신의 특수한 재능에 걸맞은 영재교육을 받을 수 있도록 하여 '영재교육의 대중화'를 꾀하는 것이다. 그렇게 된다면 누군든지 한 분야에서는 영재교육을 받게 되기 때문에 소수의 영재들에게만 특혜가 주어진다는 불만이 사라질 것이고, 그동안 소외되었던 다수의 평재 부모와 학생들로부터의 원성이 사라질 것이다.

둘째, 앞서 제안한 영재교육의 대중화를 꾀하려면 학문 영재 이외의 다양한 영재·재능에 대해 사회·문화적인 가치를 부여해야 한다. 영재교육을 대중화하려 해도 많은 부모들이 사회적으로 가치를 두고 있는 몇몇 분야만으로 몰린다면 현실적으로 영재교육의 대중화는 어려울 것이다. 그러나 이제는 시대적인 요청에 의해 다양한 영재/재능을 키워야 한다. 학문 영재도 특수한 재능 중에 한 가지로 받아들여져야 하고, 사회적으로 큰 가치를 두지 않았던 분야들에서도 창의성을 발휘하면 전문가로서 인정받을 수 있는 풍토가 조성되어야 한다.

셋째, 다양한 분야의 영재교육을 실시하는 과정에서 한국인의 정서를 고려한다면, 과감한 방법의 영재교육보다는 서서히 변화를 줄 수 있는 일반학교에서의 영재교육이 더 적합하다고 본다. 예컨대, 속진 학습보다는 심화 학습 위주로, 특수학교에서보다는 일반 정규학급에서 영재교육을 할 수 있는 방법을 모색해야 한다. 한국인의 성급한 성격으로 속진제나 월반제와 같은 프로그램은 오히려 영재교육의 착근을 더욱 어렵게 만들고 더 많은 시행착오를 겪게 할 수도 있다.

넷째, 앞서 언급한 첫째, 둘째, 셋째 방안이 실효를 거두려면 영재교육에 대한 기본 인식의 전환이 필요하다. 이러한 인식 전환을 위해서 우선 '영재'라는 용어를 사용하지 않고 특수한 재능을 의미하는 공식적인 용어를 채택하여 그동안의 '영재' 교육에 대한 선입견을 없애야 한다. 예컨대, 학문 재능, 음악 재능, 컴퓨터 재능 등과 같이 학문을 포함한 일체의 영재성·재능성들을 '재능'이라는 용어로 사용하든가, 아니면 '우수아', '능력아' 등과 같은 신조어를 사용할 수도 있다. 그렇게 되면 영재교육에 대한 부정적 시각이 줄어들 것이고, 이에 대한 반감도 줄어들 것이다.

2) 미래의 영재교육 발전 과제

영재교육진흥법이 통과된 이후 현재 정부 차원에서 영재교육을 실시하기 위한 한 방편으로 이에 관한 연구 및 검토와 그 대책을 강구하고 있다. 미래의 영재교육의 발전을 위해 다음과 같은 사항을 고려해야 한다.

1 영재교육 전문가 육성

한국에는 전문 인력이 절대 다수 부족하므로, 영재교육을 범국가적으로 실시하기 위해서는 이 방면의 많은 전문가가 필요하다. 영재아를 지도할 교사들을 훈련, 지도 해야 하고, 그 밖에 연구도 체계적으로 수행하고, 부모를 위한 교육이나 워크숍 등이 활발하게 진행되기 위해서는 전문 인력이 대다수 필요하다.

2 다양한 프로그램 개발

지나치게 과학 영재교육에 편중되어 있어 다른 분야에서의 영재교육이 되지 않고 있으므로 균형적인 영재교육이 필요하다. 영재교육을 위하여 잠재력이 있는 미래의 수학자, 공학자, 과학자를 위한 교육뿐 아니라 예술과 사회과학 분야에서도 능력이 있는 학생을 위한 프로그램에 대한 교육적 배려가 있어야 한다.

또한 사회·예술 분야뿐 아니라 21세기에 출현할 다양한 영재성·재능성을 고려하여 다양한 영재교육 프로그램을 개발하여야 한다. 21세기에는 다양한 영역(요리, 속독, 미용 기술 등)이 하나의 영재의 유형으로 자리를 잡을 것이다. 그러므로 개인이 이 세상에서 제일 좋아하는 일을 직업으로 삼기 위해 조기부터 진로 교육과 진로 상담을 함께 실시해야 한다.

3 조기 영재교육 실시 및 연계성 고려

고등학교나 대학교 수준뿐 아니라 유아들과 초·중학생들에게도 영재교육을 실시하여야 한다. 또한 유치원부터 초·중·고·대학생에 이르기까지의 영재교육의 연계성을 고려해야 한다. 한국에서는 국가적인 차원에서 초·중학교 수준에서 영재교육이 전무후무한 것을 볼 때 영재교육이 본격적인 궤도에 오르기 위해서는 영재성을 조기에 발견하여 조기교육을 실시하는 것이 효과적이며 효율적이다.

4 체계적 교사 훈련 실시

학교에서 영재교육이 실시되려면 우선 교사 훈련이 체계적으로 실시되어야 한다. 영재교육의 성패는 교사가 쥐고 있다고 해도 과언이 아니므로 교사 훈련에 중점적으로 후원해야 한다.

5 통합교육 실현

영재들이 일반 학급에 적응하기는 쉽지 않다. 얼핏 생각하면 일반 학급에서 영재들을 좋아할 것 같지만 이들을 싫어하는 평재아들도 많아서 통합교육 시 어려운 점이 많을 것이다. 그러나 영재들만 분리하여 교육하는 것은 점점 더 어려워질 것이므로 통합교육 실현에 박차를 가해야 한다.

6 영재들의 교육에 부모도 동참

영재교육을 교사에게만 의존하는 것보다는 가정에서 부모가 할 수 있는 최대한 방법을 강구하는 것이 영재교육의 효과를 극대화할 수 있다. 영재들의 부모들은 자녀들의 교육을 위해 적극적인 활동을 펼쳐야 한다. 때에 따라 영재아 부모 협의회를 조직하여 제대로 영재교육을 할 수 있도록 해야 한다.

CHAPTER

12

미술 치료

1 미술 치료의 개념과 견해

미술은 비언어적인 방법으로 자신을 표현하는 방법이며, 언어를 자극하는 역할을 한다. 자신의 작품을 감상하면서 자신의 감정이나 하고 싶은 말들을 언어화하는 예술이다(류정자·김동연·정옥락, 1996). 또한 미술 활동 자체가 치료의 근원이 되며, 이러한 미술 활동이 부적응 활동을 치료할 수 있다는 연구 결과가 많이 보고되고 있다(한국미술치료학회, 1997).

미술 치료는 용어에 있어서 회화요법, 묘화요법, 그림요법 등이 다양하게 사용되고 있으며, 영어의 Art therapy도 예술 치료, 미술요법, 미술 치료, 회화요법 등으로 번역되고 있어 한마디로 정의한다는 것은 어렵다. 학자에 따라 다양한 정의가 있어, 접근 방법이나 적용 대상에 따라 정신요법적 미술 치료, 재활적 미술 치료, 레크리에이션적 미술 치료 등으로 나누기도 하지만, 미술 치료는 결국 이미지 표출 과정에 있어서 비언어적인 커뮤니케이션 기법으로서 우위를 차지하고 있다. 이 기법을 반복적으로 시행함에 따라 언어적 이미지와 시각적 이미지에서 지금까지 상실, 왜곡, 방어, 억제되어 있는 상황에서 보다 명확한 자기상, 자기 자신의 세계관을 재발견하여 자기동일화, 자기실현을 꾀하게 된다고 보는 것이다(Wadeson, 1980).

미술 치료가 선보였던 초기에는 심신의 어려움을 겪고 있는 사람들을 대상으로, 그들의 미술 작품을 통하여 심리를 진단하고 치료하는 데 사용되었다. 이러한 미술 치료 활동들은 다양한 창조적 미술 매체의 사용이 가능하고, 의사소통을 용이하게 하며 자유롭고 자발적인 표현을 가능하게 해준다. 근래의 미술 치료는 치료적 차원을 뛰어넘어 자신의 시각적 메시지로, 자신의 욕구와 자원을 인지하기 위한 최대의 잠재력을 활성화시킬 수 있는 방법으로 나아가고 있다.

즉, 미술 치료는 궁극적으로 심신의 어려움을 겪고 있는 사람들을 대상으로 그들의 미술 작품(작업)을 통해서 그들의 심리를 진단하고 치료하는 데 목적이 있으며(한국미술치료학회, 1997), 이러한 과정에서 내담자의 자기 이해, 자기 지도, 자기 성장을 촉진시키기 위한 다양한 접근을 시도함으로써 인격적 통합을 유도하는 데 궁극적 목표가 있다고 하겠다.

Wadeson(1980)는 미술 치료의 장점을 다음과 같이 6가지로 제시하였다.

① 미술은 심상의 표현이다.

우리는 심상(image)으로 생각을 한다고 볼 수 있는데, 말이라는 형태를 취하기 전에 심상으로 사고한다. 즉, 엄마라는 말을 하기 전에 '어머니'의 심상을 떠올릴 것이다. 삶의 초기 경험이 심상의 중요한 요소가 되며, 그 심상은 성격 형성에 중요한 역할을 하게 된다. 미술 치료에서는 꿈이나 환상, 경험이 순수한 언어적 치료법에서처럼 말로 해석되기보다는 심상으로 그려진다. 예술 매체는 종종 심상의 표출을 자극하는 즉, 일차적 과정의 매체를 자극하여 창조적 과정으로 나아가게 한다.

② 미술은 방어가 감소된다.

심상과 밀접한 관련이 있는 것이 방어이다. 우리는 어떤 다른 의사소통 양식보다 언어화시키는 작업에 숙달되어 있다. 미술은 비언어적 수단이므로 통제를 적게 받는다. 예상치 않았던 작품이 그림이나 조소에서 제작될 수 있는데, 가끔 창작자의 의도와는 완전히 반대가 되기도 한다. 이러한 것은 미술 치료의 가장 흥미 있는 잠재성 중의 하나이다. 예상치 않았던 의식은 가끔 환자의 통찰, 학습, 성장으로 유도되기도 한다.

③ 미술은 어떤 유형의 대상을 즉시 얻을 수 있다.

미술 치료는 눈으로 볼 수 있고, 만져 볼 수 있는 자료가 내담자로부터 생산되는 것으로, 구체적인 유형의 자료를 얻을 수 있다.

④ 미술은 자료의 영속성이 있어 회상할 수 있다.

미술 작품은 보관이 가능하기 때문에 환자가 만든 작품을 필요한 시기에 재검토하여 치료 효과를 높일 수 있다. 때로는 새로운 통찰이 일어나기도 하며, 내담자 자신도 이전에 만든 작품을 보면서 그 당시 자신의 감정을 회상하기도 한다. 또한, 내담자의 작품 변화를 통해서 치료 과정을 한눈에 이해할 수 있으며, 치료팀의

회의에서도 작품을 통해 그 환자의 생생한 목소리를 들을 수 있다.

⑤ 미술은 공간성을 지닌다.

미술 표현은 문법, 통사론, 논법 등의 언어 규칙을 따를 필요가 없다. 즉, 본질적으로 공간적인 것이고, 시간적인 요소도 없다. 미술에서는 공간 속에서의 연관성들이 발생한다. 미술의 공간성은 바로 경험을 복제한 것이다. 우리는 나의 가족을 말로 소개하고, 동시에 그것을 그림으로 나타낼 수 있다. 가깝고 먼 것이나 결합과 분리, 유사점과 차이점, 감정, 특정한 속성, 가족의 생활 환경 등을 표현하게 되므로 개인과 집단의 성격을 이해하기 쉽다.

⑥ 미술은 창조성과 신체적 에너지를 유발한다.

미술 작업을 시작하기 전 개인의 신체적 에너지는 다소 떨어져 있지만, 미술 작업을 진행하고, 토론하며, 감상하고, 정리하는 시간에는 대체로 활기찬 모습을 띤다. 미술 치료를 통하여 체내의 에너지 정도가 변화되는데, 이는 단순한 신체적인 운동을 넘어서 '창조적 에너지'의 발산이라고 해석된다.

2 미술 치료의 적용 대상

미술 치료는 개인의 부적응 행동에 대한 진단과 개인 치료 및 집단 치료, 표현 활동, 재활용법 등에 다양하게 적용할 수 있으며, 그 외에 특수 집단을 대상으로 실시하기도 한다. 임상에서 정신병원의 입원·외래 환자뿐 아니라, 상담소·특수학교에서는 신체장애인이나 자폐아, 지적장애 아동 및 표현력이 부족하거나 또는 공격적인 아동의 적응 행동 프로그램이 개발되어 왔다.

선행 연구의 임상 경험 등을 종합하여 적용 대상의 예를 제시하면, 정신질환자(정신분열증, 우울증 등), 심신장애인(시각장애, 청각장애, 지체장애, 지적장애, 정서·행동장애 및 행동장애, 자폐성 장애, 학습장애, 언어장애, 중복장애 등), 비행청소년(폭력, 절도), 이혼(별거) 부부, 가족 관계 개선, 근친상간, 성폭행, 섭식장애(대식증, 신경성, 식욕 부진 등), 학업 부진, 입시 및 시험 불안, 교우 관계 및 인간관계 개선, 자아 성장 프로그램, 산업 상담, 주의력 결핍장애, 등교거부증, 노인 치매, 노인 상담, 신체 질병자의 심리 안정 등에 가능하다고 할 수 있다(김동연, 2000).

병원이나 치료 센터에 그치지 않고 각종 교육 기관에서도 활용이 증가되고 있다. 사회 부적응이나 발달장애아 등의 기관에서는 치료보다는 인격적 표현으로서의 미술을 활용하고 있으나, 사실상 교육과 치료의 거리는 가깝다. 성인들을 대상으로 한 미술 치료에 있어서도 자기 탐색과 창조라는 인격적 성장을 추구하고 있다.

3 미술 치료의 물리적 환경 및 치료 시간

미술 작업을 위한 치료실은 적당히 넓은 공간, 충분한 채광, 미술 도구 등을 갖추는 것이 좋고, 조용하고 비밀을 유지할 수 있으면 더욱 바람직하다. 하지만 그 크기를 규정하는 데 어려움이 있으며, 많은 미술 치료사들은 어떠한 환경도 환자에 따라서 유용할 수 있다고 지적한다. 물리적 환경에 있어서 어떤 요소들은 미술 치료에 중요한 의미를 가진다. 예를 들면, 집단 미술 치료에서 구성원들 간의 물리적 간격(거리)은 미술 작업 시간이나 토론에 영향을 미칠 수 있다. 또, 마루에 앉아 그리는 것, 이젤과 의자를 사용하는 것 등 미술 도구도 영향을 미친다.

미술 치료에서 고려할 점은, 미술 작품의 제작자와 작품 사이의 물리적 연관성이다. 미술 작품을 벽에 걸거나 이젤에 놓거나 땅바닥에 놓고 작품을 설명할 수 있다. 이때 가능하면 환자가 자기 작품에 가까이 접근하게 하여 그림과 환자 사이의 연결을 강조하고, 미술 작품이 자아의 확장임을 보다 생생하게 경험하도록 한다(한국미술치료학회, 1997).

미술 치료의 시간 구성은 이러한 치료 목표나 대상, 방법 등에 따라 다양하게 결정된다. 치료의 기간과 빈도, 사용될 매체, 특정 활동, 치료 종료 등이 시간 계획에 포함되며 대체로 주 1~2회 정도의 상담과 심리 치료가 이루어진다. 치료 시간에는 제한 시간을 두어야 할 개인이나 집단이 있을 수 있고, 반대의 입장도 있을 수 있다. 예컨대, 정신병원의 경우에는 환자의 특성이나 그때의 상황에 따라 시간이 조절될 수밖에 없다. 미술 치료의 목표에 따라 환자와 환경 조건을 기초로 하여 시간 구성을 해야 한다(한국미술치료학회, 1997).

4 미술치료의 기법

1) 진단적 도구로서의 미술

사람의 심리를 이해하기 위한 많은 방법들이 있지만, 여기에서는 투사법에 속하는 몇 가지 방법을 간단하게 살펴보고자 한다.

1 자유화

내담자의 욕구에 따라 자유롭게 제재나 방법을 결정하여 그리게 하고, 색채 사용, 선과 형태, 공간 이용과 공간적 형태, 내용(부모, 형제, 자신, 산, 태양 등) 등을 분석한다. 그림에서 색채, 형태, 요소 배치 등은 정서 및 성격과 관련되고, 선과 형태로 에너지의 양과 통제력을 알 수 있다.

2 인물화 검사

인물화 검사는 전신상의 남·여를 따로 그리도록 한다. 자유화에 비해서 저항이 적어 심리 검사로 애용되고 있다. 신체상의 왜곡은 자아 기능의 불완전성과 현실감의 상실을 의미한다(Ievy, 1952). 인물화 검사를 통하여 병의 상태 진단과 회복기를 알 수 있으며, 대인 간의 역동성을 살펴볼 수 있다.

3 과제화

내담자에게 사람, 가족, 친구, 집, 나무, 산, 동물, 길 등의 과제를 주고 그리게 한 뒤, 그린 결과에 대해 분석, 검토하는 방법이다. 이상 행동에 대한 내면의 욕구와 그 욕구를 저지하는 압력을 잘 알 수 있다. 인물화, 묘화 완성법, 나무 그림 검사, 집 그림 검사, 산과 해의 묘화법, 풍경 구성법 등이 여기에 속하며, 산·길·집과 같은 특정 과제를 부여할 수도 있다.

4 나무 그림 검사

나무 그림 검사는 진단에 많이 사용되며, 열매가 달린 나무를 한 그루 그리도록 지시한다. 나무는 내담자의 질병 상태를 잘 발견할 수 있는데, 대체로 줄기, 가지, 뿌리, 열매, 잎, 전체 인상 등을 기준으로 분석한다. 자기상을 나무에 투사한 형태로 인간의 무의식의 영역이 이미지화된 것이다. 검사를 통하여 발달의 과정과 상태를 관찰할 수 있다.

5 집 · 나무 · 사람 검사

집·나무·사람 검사는 진단 도구로 많이 사용되며, 네 장의 종이에 집, 나무, 남·여를 각 장에 따로 그리거나, 한 장에 자유롭게 그려 넣을 수 있다. 집·나무·사람 검사는 저항이 적으며, 동일 환자의 그림을 배열했을 때 질병의 경과를 잘 파악할 수 있어 사전·사후 검사에도 유용하다. 가족 내 역동의 인식 또는 가족 상태 등을 진단할 수 있으며, 자아상과 환상 세계를 진단할 수도 있다.

6 동적 가족화

가족을 그리게 하여 가족의 체계나 내담자의 가족 지각을 파악한다. 자신을 포함한 가족이 각기 무엇인가 하고 있는 모습을 그리게 한다. 인물상의 특징과 그림의 양식, 상징, 그림의 역동성 등(가족 구성원을 그린 순서, 화지에서의 크기, 위치, 타인 묘사 방향 거리 등)을 기준으로 진단한다. 가족에 대한 태도 및 가족 구성원 간의 역동적 관계와 가족 내 상호 간의 인식 수준, 비언어적인 접근으로 가족에 대한 정보를 파악할 수 있다.

7 동그라미 중심 가족화

부모 또는 자신을 중심에 두고 주변에 자유 연상되는 상징을 배치한다. 인물상의 상대적 크기와 생략, 표정과 부정적 상징의 배치 등이 진단의 기준이 된다. 중심화된 상징의 강조가 통찰과 치료를 가져오며, 언어에 의한 자유연상을 통해 무의식을 의식화한다. 이는 기억과 감정을 통합하는 데 유용하다.

8 학교 생활화

자신을 포함한 교사와 친구가 학교 내에서 무엇인가 하고 있는 모습을 그리게 하여 내담자의 학교 생활을 분석한다. 학급 집단 내의 사회적 위치나 역할, 적응상태 등을 파악하기 위하여 사용되며, '동적 가족화'와 함께 받으면 좋다. 6~10세 아동의 경우에는 놀고 싶은 친구, 하고 싶은 것 등을 그리게 하며, 직장의 산업상담, 정치인의 정치생활 등에도 이용한다.

9 풍경 구성법

도화지에 강, 산, 밭, 길, 집, 나무, 꽃, 동물, 돌이나 바위, 만족하지 않는다고 생각하는 것이나 그려 넣고 싶은 것 등 11개를 순서대로 그려 넣게 해서 하나의 풍경으로 완성시켜 채색한다. 그린 후 그림의 계절, 시각, 기후, 사람과 집, 밭 등의 관계에 대해서 이야기한다. 풍경 구성법은 치료 가능성의 평가와 문제점의 추측과 관찰에 유용하다. 진단과 치료에 모두 사용할 수 있으며, 모래상자 놀이 치료 전문가들이 즐겨 쓰는 방법이다.

10 협동화

가족이나 내담자들이 소집단을 이루어 한 장의 종이에 협동해서 그림을 그리게 한다. 공동으로 그림을 만들어 나가는 작업 과정을 관찰하며, 집단 체계 진단과 치료에 유용하다. 자발성의 정도, 경험의 표출, 협동성, 그리는 위치와 내용, 그림 순서와 동작, 속도와 주의력, 창조성 등을 관찰하여 분석한다. 정해진 제재를 주는 경우와 주지 않는 경우로 나누어 실시할 수 있다.

2) 치료 도구로서의 미술

미술 치료적 행위란 미술 작업을 통해서 심리 상담이나 심리 치료를 하는 것이라고 할 수 있다. 대상에 따라 다양한 기법이 적용될 수 있으나 여기서는 몇 가지만 소개하고자 한다.

① 테두리법

도화지를 제시하면서 용지에 테두리를 그어서 내담자에게 건네주는 방법으로, 테두리를 그릴 때에는 자를 사용하지 않는다. 조형 활동을 자극하고, 공포를 줄일 수 있어 자아가 허약한 환자들에게 많이 사용되고 있다. 또 도화지에 원을 그려 주고 원 안에 그림을 그리거나 채색하게 하여 과잉 행동, 주의 산만 등을 통제할 수 있으며, 심리적 지지도 해줄 수 있다.

② 난화 게임법

치료자가 난화를 환자에 그려 준 뒤 환자에게 더 그리고 싶은 것을 덧붙여 그리게 하고 이야기하도록 한다. '무엇을 하고 있니? 전에 무슨 일이 일어났니? 다음엔 어떤 일이 일어날 것 같니?' 등의 질문을 통해 그림 의미를 명료화시킨다. 자신의 문제와 감정에 대한 직접적인 접근에 저항이 있는 잠복기 아동에게 사용된다. 은유를 통해 문제의 자료를 얻고 의사소통을 위한 기법으로 사용되며, 자기 객관화·상징·관계 형성에 도움이 된다.

③ 출발 그림

종이에 치료사가 직접 잡지에서 얼굴 사진을 오려 붙여 주거나 그려 주거나, 눈을 오려 붙여 준 후 그림을 완성하도록 하는 방법이다. 처음 작업을 시작할 때 사용되는 기법이다. 그림 그리는 데 저항이 있거나 공포, 수줍음 등을 줄여서 그림그리기를 자극하고 촉진하는 데 사용한다. 장애아동이나 정신질환자에게 모두 사용할 수 있다.

4 콜라주 기법

최근에 가장 많이 사용되는 현대적 미술 치료 기법으로 사진이나 잡지, 천 등 자신과 연관된 매개물을 화면에 붙여서 말하고자 하는 상징물을 통해 표현한다. 표현이 쉽고 그리기보다 정확한 감정 전달이 우수하나, 이를 위해서는 선택할 수 있는 사진 매체가 많아야 한다. 자기 감정, 가족이나 친구에게 말하고 싶은 것, 선물로 주고 받고 싶은 것, 타인에 대한 느낌, 문제의 예방 및 대처 방법 등을 쉽게 표현할 수 있다. 저항이 심하거나 표현력이 부족한 경우 쉽게 대상을 표현하도록 한다. 개인, 집단 치료 모두 적용할 수 있으며, 거부의 감소, 분노의 노출, 희망에 대한 상징 등 다양하게 활용할 수 있다.

5 갈겨그리기법

내담자에게 사인펜을 주어 손으로 직접 갈겨그려서 선을 따라 가게 한 후, '어떻게 보이니? 어디가 어떻게 되어 있니?'에 대해 이야기한 후 채색시킨다. 내담자와 치료자가 갈겨그리기를 하면 환자 관계의 동력을 더욱 강화하게 된다.

6 자아 감각 발달법

자아상을 높이기 위하여 출발그림이나 묘화완성법, 손도장과 발도장 찍기, 조소활동, 동그라미기법, 가면 만들기, 자기 신체 본뜨기(실물 크기), 인체 퍼즐 게임, 거울 보고 자기 그리기, 손 본뜨기 등을 할 수 있다. 신체 영상이나 자아 개념이 부정적인 심신장애인이나 일반인을 대상으로 하며, 특히 섭식장애 환자나 신체장애인에게 효과적이다.

7 생활선 그리기

유아 시절부터 현재까지 그리고, 미래에 대하여 생활선으로 표시한다. 연령 단계별로 높낮이, 선의 굵기 등으로 자신의 삶의 주기를 나타내게 한다. 그린 후, 내담자가 그림을 설명하면서 자신을 발견하고 느끼게 할 수 있다.

8 상호의존 역할 놀이법

짝을 지어 서로 역할을 바꾸어 그리도록 한다. 이때 가족 인형이나 집, 벽화 등을 이용하여 그룹 활동으로 활용할 수 있다. 그림을 그리면서 타인의 역할을 함으로써 역할 놀이의 효과를 얻는다. 그 후에 경험했던 감정을 서로 이야기하고 교환한다. 이는 부부 치료에도 큰 도움이 된다.

9 조소 활동법

점토를 이용하여 자기의 느낌을 표현하거나 인물상을 만들게 하여 해석하게 한다. 묽은 점토는 수채 물감과 같이 액체 도구로서 언어화가 결핍된 내담자에게 유용하며, 과도한 언어화를 나타내는 사람들에게는 감각적 요소를 강조할 때 사용한다. 특히, 대상 관계가 부족한 내담자의 치료에 유용하다.

이 외에도, 역할 교환법, 핑거페인팅, 색채 선택법, 만다라 그리기, 그림 완성법, 이미지 묘화법, 감정 차트 만들기, 그림 대화법, 집단 만다라 벽화 그리기법, 가계도 그리기, 삼자 관계 그리기, 자기집 평면도 그리기, 동물 가족화 또는 동물 자화상 그리기, 난화와 콜라주를 합쳐서 표현하기, 상동적 표현을 수정하기 위하여 또는 표현을 자극하기 위하여 무용이나 노래를 도입하는 법, 사진 기법, 색채 치료 기법, 만화 그림 방식으로 대화하기 등이 치료 기법으로 다양하게 활용되고 있다. 또한 최근에 '사진 미술 치료'는 내담자로부터 '즉석 이미지'를 느끼게 하는 데 효과적인 기법이다(김동연, 2000).

5 미술 치료 프로그램의 예

1) 자아 개념 미술 치료 프로그램

'자아 개념'이란 개인이 가지고 있는 자신에 대한 견해로, 자아 개념 속에 포함되는 요소는 자기 자신의 능력에 대한 견해만이 아니라, 성격·태도·느낌 등을 모두 포괄한다. 즉, 자기의 현재 모습에 대한 지각뿐 아니라 자기가 되어야 한다고 생각하는 이상적 자아까지도 포함된다. 이러한 자아 개념은 유아기나 아동 초기 환경과의 상호작용을 통해 형성되는데 개인의 평가 방법에 따라 긍정적 또는 부정적 자아상의 발달을 촉진시킨다.

자아 개념을 위한 미술 치료에서는 미술 작품의 작품성에 대한 평가보다 개인의 상상력과 독특한 개성을 중요하게 평가하므로 긍정적 자아상의 형성에 도움이 될 수 있다. 특히 미술 활동의 주제가 자아 개념과 관련이 있을 경우에는 좀 더 깊이 있는 자기 통찰의 기회를 줄 수 있다. 이러한 미술 치료 과정에서 작품 제작이 완료된 후, 평가 토론의 기회를 갖는 것이 바람직하다. 물론 미술 활동 과정 자체가 자가 치료의 기회를 제공하지만, 평가 토론을 통하여 자신의 작품에서 받은 느낌과 제작 과정 중의 감정을 다루면서 좀 더 깊은 자기 인식의 기회를 마련할 수 있기 때문이다(인간발달복지 연구소, 1997).

〈표 12-1〉의 자아 개념 미술 치료 프로그램은 치료자 중재가 강화된 지시적 미술 치료 시 주로 사용되는 것으로 개별 치료와 집단 치료 모두 사용할 수 있다(인간발달 복지연구소, 1997).

2) 대인 관계 프로그램

'대인 관계'란 인간과 인간 사이의 관계를 일컫는다. 이는 아동의 사회성 발달만이 아니라 지적 능력과 정서적 특징의 발달에 지대한 영향을 미치는 것으로 밝혀졌다. 특히 가족 관계는 인간 관계 중에서 가장 중요한 것으로 간주되며 아동과 부모의 관계는 지능·창의력·학력·가치관·인격·성격 등의 발달과 밀접한 관계가 있다. 인간의 성장 과정에 따라서 점차로 동료 관계·이성 관계, 직장에서의 인간 관계 등이 중요한 의미와 역할을 지니게 된다. 최근에 와서는 가정·학교·직장·지역사회 등에서의 인간 관계의 개선과 향상을 위한 교육과 훈련 프로그램의 개발과 실시가 활발해지고 있다. 이는 단순한 인간 관계 장애를 극복하기 위한 것이라기보다는, 적극적으로 긍정적 인간 관계의 지식과 지능을 육성하려는 데 그 목적을 두는 경향이 있다(서울대학교 교육연구소, 1995).

Rogers(1961)는 긍정적인 자아상의 확립을 위해서 환경과 성공적인 상호작용이

〈표 12-2〉 대인 관계 프로그램의 예

활동명	방 법
1. 자화상	충분한 시간을 주고 그릴 수도 있고, 2분 동안 자신의 특징적 모습을 중심으로 재빨리 그릴 수도 있다.
2. 자소상	눈을 감고 한 손으로 얼굴을 더듬고 다른 손으로 찰흙을 빚어 자소상을 만든다.
3. 거울	자신의 얼굴을 거울에 비추어 보면서, 다양한 표정을 지어 보고 그것을 그려본다.
4. 상징	나를 상징할 수 있는 것을 그려 본다.
5. 은유적 초상화	자신을 집, 나무, 동물, 음식, 섬, 색, 꽃등으로 표현해본다. 내가 만일 변신 할 수 있다면 어떤 것으로 변할 수 있을지 표현해본다.
6. 광고	나 자신을 광고하는 광고지를 만든다. 다른 사람들(친구,가족)을 위한 광고지를 만든다.
7. 인생콜라주	잡지 사진들 중 나의 인생과 관계된 그림을 오려 붙인다.
8. 정서	한 그림 안에 반대정서를 그린다. 낙서로 그림을 시작하여 그것으로 부정적인 감정을 표현하고 나중에 긍정적인 감정으로변화시켜 표현해본다.
9. 인물콜라주	다양한 정서를 표현하고 있는 사진을 오려붙이고, 인물이 하는 말을 상상하여 써본다.
10. 공포	위험 인물이 뒤를 따라오고 있다, 혹은 숲에서 길을 잃었다, 감옥에 갇혔다 등 위협 상황에서 나는 어떻게 할지 그림으로 표현한다. 이때에는 화지에 칸을 나누어 만화 형식의 그림을 그려보는 것이 도움이 된다.
11. 소망	강을 건너고 있는 그림을 제시하고 강 건너 다른쪽에는 무엇이 있을지 표현해본다. 나는 막 성장하려고 하는 씨앗이다. 나에게 필요한 것은 무엇인지 표현해본다. 나는 미지의 세계에 도착했다. 그 세계를 나 자신이 어떤 모습으로 새롭게 건설할지 표현해본다.
12. 창문	창문을 만들고 창문을 통해 보이는 장면을 표현해본다.
13. 나의 안과 밖	빈 상자를 이용해 밖은 다른 사람이 보는 나를, 안은 내가 보는 나를 표현해본다.
14. 가면	여러 가지 정서의 가면을 만들어 보고 가면들을 사용하여 이야기를 꾸며 본다(이가면 작업은 특히 여러 가지 형태로 변형시킬 수 있다. (예 : 내가 되고 싶은 얼굴,내가 버리고싶은얼굴등).
15. 나는?	큰 화지에 자기 몸을 외곽선을 따라 그리고, 그 몸 안에 자신이 좋아하는 것과 싫어하는 것(예:색, 음식, 성격, 소망 등) 모두를 표현한다.

14,15번프로그램은매우느낌이 강한프로그램이기때문에치료초기에사용하는것은바람직하지않다.

필요하다고 했다. 여기서 환경이란 개인에게 중요한 사람들로 구성되므로 원만한 대인 관계는 건강한 삶을 보장할 수 있는 반면, 대인 관계의 결함은 여러 가지 사회적, 정서적 문제를 야기시킨다. 그러므로 대인 관계의 개선은 심리 치료의 주요 목표이며 이를 위해 여러 가지 치료 방법들이 모색되었다(인간발달 복지연구소, 1997).

〈표 12-2〉에 제시된 프로그램은 작품의 완성도보다 집단 역동을 중요하게 다루어 개인적으로 작품을 통한 성취감을 느끼기에는 부족한 점이 있으나, 집단원들이 흥미를 가지고 부담 없이 참여할 수 있다. 치료자가 모델이 되어 프로그램에 함께 참여하는 것도 좋을 결과를 줄 수 있고, 작품 제작 후 집단원의 평가 토론도 프로그램의 효과를 더욱 높일 수 있다. 이때 토론 내용은 다른 집단원의 작품에 대한 느낌, 자신의 작품에 대한 느낌, 또한 작품 제작 과정 중 집단원 상호 간의 태도에 대한 느낌 등 다양한 의견 교환이 있을 수 있다(인간발달 복지연구소, 1997).

〈표12-2〉대인관계프로그램의예

활동명	방법
1. 셀로판지구성	각자 원하는 모양으로 여러색의 셀로판지를 오려서 공동의 배경지 위에 함께 구성해 본다.
2.색물총	물총에 물감을 풀어 넣고 공동 화지에 함께 쏜다.
3. 집단 데칼코마니	각자 테칼코마니한 후, 한쪽 면에 다른 집단원의 데칼코마니를 겹쳐 찍어본다.
4. 말과그림	각자 한 장의 그림을 그린 후, 차례대로 한 사람씩 자신의 그림을 보여주지 않고 언어만을 사용하여 설명하고 다른 집단원들은 그 설명을 듣고 그림을 그린다. 다 그린 후 원래 그림과 얼마나 비슷한지 알아본다. 상대방에게 자신의 의사를 정확히전달시키는 능력을 기를 수 있다.
5. 만화	화지를 긴 필름처럼 여러 칸으로 나눈다. 만화 영화를 만들 듯이 집단원들이 순서를 정하고 첫 번째 사람이 첫 그림을 그리면 차례대로 그 그림과 내용이 이어질 수 있도록 그림을 그려 나간다. 다 그린 후 어떤 내용인지 서로 이야기를 하여 보고 제목을 함께 붙여본다(이때 이야기 내용이 서로 다를 때가 많다).

활동명	방법
6. 무엇을더?	각자 자신의 그림을 5~10분 동안 그린 후, 서로 그림을 바꾸어 다른 집단원들이 그린 그림 위에 덧붙여 그린다. 자신의 그림이 다시 돌아왔을때 그림을 정리한 후 내용을 설명한다.
7. 당신에게 필요한것은?	서로 번갈아 큰 화지에 누워서 상대방의 몸 외곽선을 따라 그린다. 그림 안쪽에(몸 안쪽) 그 그림의 주인에게 필요한 것을(옷, 마음, 성격,물건 등) 다른 집단원들이 그리거나 잡지에서 오려 붙인다. 다른 사람이 보는 나를 큰 상처없이 간접적으로 알아볼 수 있다.
8. 비밀	각자 내용이 담긴 그림을 그린 후 어떤 내용인지 다른 집단원들이 알아 맞힌다(제목을 붙여주기도 한다).
9. 자유그림	공동 화지를 주고 각자 원하는 그림을 원하는 장소에서 마음대로 그리도록 한다. 집단 역동을 가장 잘 알수 있는 프로그램이다.
10. 공동주제	집단원들이 의논하여 한 가지 주제를 결정하고 공동작업을 한다.
11. 교환	집단을 둘로 나누고 양쪽에 종이를 준다. 그리고 한 집단에는 가위, 풀, 붓을 주고, 다른 집단에는 물감, 콜라주에 필요한 종이를 주어서 서로 교환해 가면서 작업을 완성시킨다.
12. 선물	집단원들이 서로 상대방에게 주고 싶은 것을 그리거나 만들어 선물한다(콜라주를 사용하기도 한다). 이때 주고 싶은 것은 사랑, 용기 등 정신적인 것부터 컴퓨터, 옷, 장신구, 주소까지 무엇이든 가능하다.
13. 티셔츠	집단원들이 의논하여 집단 심볼(마크)을 만들고 그것을 티셔츠에 염색하여 함께 입는다.

*1, 2, 3번 프로그램은 모두 색이 서로 섞이면서 주는 느낌이 강해집단 응집력을 강하게 할 수 있다.
*5, 6번 프로그램은 상대방의 감정, 의도를 정확히 인식하는 능력이 요구되는데 특히 6번은 상대방에 대한 존중감도 필요하다(다른 사람의 그림에 덧붙여 그릴때 존중감이 없으면 그림을 손상시킬 수 있다).
*12, 13번 프로그램은 집단치료 종결단계에 매우 효과적인 프로그램이다.

3) 정서·행동장애 아동을 위한 자기 표현 미술 치료 프로그램의 예

정서·행동장애 아동은 정상적인 지적, 감각적, 신체적 능력을 지녔음에도 불구하고 불안과 위축된 심리로 부정적 자아상(김창은, 1990)과 학습 무능력, 대인 관계 무능력 등의 행동 특성을 보인다. 또 이러한 아동들은 자신의 문제, 생각, 욕구 그리고 감정들을 언어화하여 표출하는 데에 어려움을 갖고 있으며, 이와 같은 것들에 대해 논의하는 데 강한 저항을 보인다(홍준표, 1996).

Wadeson(1980)은 미술 활동을 자신의 이미지를 표현하는 비언어적 커뮤니케이션 기법으로 보고, 이 기법을 반복적으로 시행함에 따라 아동들은 언어적 이미지와 시각적 이미지를 창출하는 것이 가능하게 된다고 하였다. 즉, 아동은 자신의 이미지 표현에 대한 두려움을 느껴 자기 표현을 거부하거나 거짓으로 자신을 표현하던 상황에서 벗어나 보다 명확한 자아상을 발견하여 정체감을 갖게 되며, 자기 실현을 꾀하게 된다(권기덕·김동연·최외선, 1993).

〈표 12-3〉은 미술 활동 기법으로 비정형적인 표현 형식을 통해 정서·행동장애 아동이 직접적으로 자신을 표현할 수 있도록 도와주기 위한 프로그램이다. 본 치료 대상자는 대전광역시에 위치한 복지관 방과 후 프로그램과 아동 보호 시설에 의뢰된 아동을 대상으로 정서·행동장애 아동 선별 조사지(정대영, 1991), KEDI-WISC 검사와 사회 성숙도 검사 도구를 사용하여 15명을 선정하여, 주 4회 50분씩 총 30회를 실시한 프로그램의 예이다. 본 프로그램의 적용 결과, 자기 표현 미술 활동이 정서·행동장애 아동의 일반 자아 개념, 정서 자아 개념에 긍정적 효과를 주었으나, 학업 자아 개념, 사회 자아 개념에는 유의미한 차이를 나타내지 않았다(김주연·백은희, 1999).

〈표12-3〉정서·행동장애 아동을 위한 자기 표현 미술 활동 프로그램의 예

단계	회기	형식	목표	내용
Ⅰ	1~7회기	집단 지도	모임 성격 설명 및 소개	모임 성격 설명 / 별명 짓기 / 별칭 그림으로 자기소개
			라포르 형성 및 심리적 긴장 이완	데칼코마니, 마블링 / 핑거페인팅 / 그라타쥬, 프로타쥬 / 휴지 붙이고 물감으로 칠하기 / 휴지에 물감 물들이고 새총으로 휴지 쏘아 모양 만들기, 물총 · 분무기에 물감 넣고 쏘고 구슬에 물감 묻혀굴리기 / 소금파스텔
Ⅱ	8~14 회기	집단 지도	신체에대한재인식	사진 찍기와 그림자 놀이 / 신체 그리기와 손바닥 · 발바닥 무늬 찍기 / 지문찍기와 손톱 색칠하기 / 얼굴 분장하기 / 발자국 놀이 / 몸으로 형태만들기 / 자신에 맞는 동물 그려 판화로 찍기
Ⅲ	15~20 회기	집단 지도	비언어적자기표현	음악 듣고 몸짓으로 나타내기 / 음악듣고 그림 그리기 / 동물소리 흉내내고 몸짓으로 표현하기 / 얼굴표정(웃는, 우는, 화난, 슬픈 얼굴)그리고 행동으로 표현하기 / 좋아하는 것과 싫어하는 것 콜라주 / 액자 만들고 사진 꾸미기
Ⅳ	21~24 회기	집단 지도	언어적자기표현	인형 만들어서 놀이하기, 휴지로 인형 만들기, 스테인플로 이용해서 인형 만들기, 상자로 얼굴 만들기 / 기뻤던 일 · 슬펐던 일 그리고 발표하기 /색종이 입체 표현 만들고 발표하기 / 그림 상황보고 옳은 행동 발표하기
Ⅴ	25~27 회기	전시 및 준비	패션쇼준비	초대장 만들기 / 자기 사진 꾸미기 / 작품 액자 만들기
	28~30 회기		전시회준비	가면 · 모자 만들기 / 옷 만들기 / 신발 만들기
	마무리		작품전	프로그램에 대한 소개 및 작품 발표 / 부모 · 친구 초대 및 다과회

CHAPTER

13

음악 치료

1 음악 치료의 이해

1) 음악 치료의 개념

시간과 장소를 불문하고 어디에서든 쉽게 접할 수 있는 장르 중의 하나가 음악이다. 음악은 우리의 삶과 밀접한 관계를 갖는다. 가볍게 흥얼거리는 콧노래부터, 다양한 매체들을 통하여 접하게 되는 각양 각색의 음악들은 삶 속에서의 긴장감과 피로 등을 완화시켜 줌으로써 신체적 리듬이 좋아지게 하고, 심리적인 안정감을 제공함으로써 우리의 삶을 보다 편안하고 풍요롭게 이끈다.

또한 다른 어떤 매개체보다 더욱 쉽게 상대방에게 감정을 표현하고 전달하는 특성을 갖고 있으며, 대부분의 사람들에게 긍정적인 반응을 이끌어 내고, 신체적·심리적·사회적인 측면에 영향을 준다는 사실 등으로, 음악을 통한 치료가 가능하다는 사실이 알려지게 되었다. 치료란 환자의 정신적, 신체적인 건강을 유지하고 완화시키며, 향상시키는 것으로서, 음악 치료라 함은 '치료를 목적으로 음악을 활용하는 것'이라고 말할 수 있다. 예컨대, 시험에 대한 강박 관념에 사로잡혀 집중력이 현저히 떨어지는 사람의 경우, 음악 치료를 통해 마음의 안정을 회복시켜 주는 것이 치료의 목적이 될 수 있다.

음악 치료의 범위는 정신질환, 발달장애, 노인질환에 이르기까지 대상과 영역이 다양하며, 대상자들의 장애적 행동을 파악하여 적절한 음악적 요소들을 시행하는 것이 까다롭고, 음악이 갖는 기능 또한 다양하기 때문에 음악 치료를 한마디로 정의한다는 것은 어렵다.

미국음악치료협회(American Music Therapy Association)에서는 음악 치료를 다음과 같이 설명하고 있다(최병철, 1999).

"음악 치료는 치료적인 목적 즉, 정신과 신체의 건강을 복원 및 유지시키고 향상시키기 위해 음악을 사용하는 것이다. 이것은 치료적인 환경 속에서 치료 대상자의 행동을 바람직한 방향으로 변화시키기 위한 목적으로 음악치료사가 음악을 단계적으로 사용하는 것이다. 이러한 변화는 치료를 받는 개인으로 하여금 자신과 주변의 세계를 깊이 있게 이해하게 하여 사회에 좀 더 잘 적응할 수 있도록 도와준다. 치료를 맡은 팀의 한 구성원으로서 전문 음악 치료사는 치료 계획을 세우거나 특정한 음악적 활동을 시행하기 전에 치료팀이 환자의 문제를 분석하여 일반적인 치료의 목적을 설정하는 데 먼저 참여하게 된다. 또한 시행되는 치료 과정이 효율적인지를 알기 위해 정기적인 평가를 행하게 된다."

한편 Bruscia(1989)는 "음악 치료는 훈련된 치료사가 개입하여 음악적 경험과 치료적 관계를 통해 환자를 역동적으로 변화시키는 체계적인 치료 과정"이라고 하고 음악 치료를 위해서는 음악을 치료적 목적으로 사용하기 위하여 교육과 훈련을 받은 치료사의 개입이 꼭 필요하다고 언급하고 있다.

음악 치료는 의학적인 모델에 그 적용 양식을 두고 있지만, 임상학적 측면에서는 행동 과학 영역에 기초를 두어, 태도, 신념, 동기, 사회성, 인간 관계, 정서 발달, 학습 능력, 운동력 등 다양한 행동을 포함하고 있다. 이러한 이유로 음악 치료는 한 가지 학문에 한정된 치료법이 아닌 다양한 인접 학문 분야를 포함하여 진행되는 음악의 전문적인 분야라 할 수 있으며, 일반적으로 음악이라는 도구를 통해 치료적인 목적을 달성해 가는 과정이라 할 수 있다.

2) 음악이 치료에 사용되는 원리

문명 혜택의 유무와 상관없이 이 지구상에 있는 모든 민족들은 각기 나름대로의 음악 형식을 갖고 있다고 한다. 악기를 활용한 음악 장르부터 원시 부족들의 리듬감 있는 구음(口音)에 이르기까지 다양한 형태를 나타내고 있다. 또한 음악은 각 개인마다 선호하는 특징이 있어 상황과 기호에 따라 적절한 장르의 음악을 선택함으로써 정서적 안정과 더불어 주어진 일에 대한 동기 부여를 조장하기도 한다. 예컨대, 우울증이 있는 사람에게 슬프고 어두운 음악은 자신의 내면을 더욱 빨리 자극하여 보다 깊은 우울증에 빠지는 계기를 마련할 것이다. 따라서 환자의 상황이 고려된 음악을 적절하게 제공해 줌으로써 정서적인 안정을 유도할 수 있을 것이다. 또한 정교한 작업에 종사하는 사람에게 안정되고 차분한 음악은 편안한 분위기를 형성해 주어진 일의 능률을 높여 준다.

음악의 기능적인 역할은 치료의 목적에 직접적으로나 간접적으로 서로 연관되어 작용한다. 그 내용을 살펴보면 다음과 같다(최병철, 1999).

- 음악은 신체적 활동을 야기시킨다.
- 음악은 사람에게 상징성을 제공한다.
- 음악은 사람에게 만족을 준다.
- 음악은 환경과의 접촉을 가능케 한다.
- 음악은 대화의 기능을 가지고 있다.
- 음악은 감정을 표출시킨다.
- 음악은 기억을 자극시킨다.
- 음악은 내적·외적 동기를 유발시키는 촉진제이다.
- 음악은 개인을 집단으로 통합시킨다.
- 음악은 개인에게 즐거움을 준다.

2 음악 치료의 실제

1) 음악 치료의 형태

음악 치료는 개인 치료와 집단 치료의 형태로 시행되며, 치료 계획을 설정하기에 앞서 치료 형태를 결정해야 한다.

(1) 개인 치료

개인 치료는 집단 치료에 참가할 수 없을 정도의 심한 정신적·신체적 장애를 갖고 있거나, 다른 사람들에게 공격적이거나, 너무 소극적인 경우, 또한 치료 목적 자체에 치료사와 일대일 치료의 필요성이 인정되는 경우에 적합하다.

(2) 집단 치료

집단 치료는 치료사와의 일대일 관계 형성이 치료에 도움이 되지 않을 때, 치료 목표에 대인 관계, 사회성 등의 발달이 요구될 때, 가족 치료처럼 함께 한 집단 구성원이 환자의 삶에 중요한 영향력을 가진 경우 등에 적합하다. 이때 적절한 숫자는 7명에서 12명 내외이며, 장애의 정도가 심각한 경우일수록 적은 숫자가 적절하다.

2) 음악 치료의 방법

(1) 환자 중심의 치료

환자 중심 치료는 환자가 치료의 중심이 되는 방법으로, 비지시적인 상담법이라고도 일컬어진다. 이는 치료사가 문제 상황에 따른 방향을 미리 설정하지 않고, 환자 스스로가 자신의 문제를 찾고 그 해결책을 발견해 가는 과정에 초점을 둔 방법이라 할 수 있다. 이때 치료사는 환자가 자신의 문제를 바르게 파악하고, 긍정적인 자아 개념을 확립할 수 있도록 도와주는 보조자로서의 역할을 담당하게 된다. 따라서 치료의 방향에 치료사의 가치관이 개입되지 않으며, 환자와의 신뢰적인 관계를 형성함으로써 환자가 문제 해결에 위압감을 느끼지 않고, 자유롭게 활동할 수 있도록 한다. 또한 음악 치료가 비언어적으로 진행되는 활동임을 감안하여, 환자들의 다양한 형태의 의사소통 체계를 민감하게 파악하는 것이 요구된다. 음악 치료 활동 중 표현 음악 치료, 즉흥 연주 음악 치료 등이 효율적이다.

(2) 치료사 중심의 치료

환자 중심 치료와는 반대되는 개념으로, 이때는 치료사가 환자의 문제 상황에 깊이 관여하게 된다. 환자 중심 치료에서 치료사가 보조자였던 것에 반해, 치료사 중심의 치료 방법에서 치료사는 적극적인 안내자로서 환자의 치료 방향을 미리 설정하고, 환자의 반응에 많은 책임을 갖게 된다. 따라서 치료사의 가치관이나 의도는 치료에 큰 영향을 미치게 된다. 음악 치료 활동 중 치료사 중심의 치료에서는 단체 연주 활동이 효과적이다.

(3) 역할 무제한 치료

환자 중심 치료와 치료사 중심 치료의 장점을 혼합한 치료 형태로서, 환자를 치료하는 방향 결정에 있어 치료사는 환자의 의견을 존중해 주며, 환자 역시 치료사와의 원만한 상호작용을 통해 문제 해결을 위한 바람직한 해결책의 방향을 이끄는 방법이다. 음악 치료 활동 중 즉흥 연주 그룹, 작곡, 노래 쓰기 등이 효과적으로 활용된다.

3) 음악 치료 활동

(1) 음악 연주 그룹

흔히 주변에서 일반적으로 행해지는 음악 활동을 나타내며, 노래를 함께 합창하는 시간, 악기를 이용한 합주 시간, 다양한 악기를 배우거나 가르치는 활동 등이 모두 포함된다. 하지만 음악 치료는 단지 음악적인 기술 습득을 목표로 하는 음악 교육과 달리 음악을 통하여 음악 외적인 신체적, 정신적, 사회적 기술 습득을 목표로 하기 때문에 환자의 음악적 재능, 사전 경험, 연주 능력 등은 그다지 중요하지 않다. 즉, 음악 활동을 활용하는 과정에서 치료사는 음악 외적인 행동 즉, 신체적·정신적 건강 상태를 회복하고, 유지·증진시켜 삶의 질을 향상시킬 수 있도록 변화를 이끌게 된다.

(2) 즉흥 연주 그룹

집단에서 즉흥적으로 행해지는 연주를 의미한다. 환자들은 즉흥 연주를 행하는 가운데 자신의 의식적, 무의식적 경험을 즉각적으로 표현하게 되며, 이러한 과정을 통해 자신이 미처 깨닫지 못하고 있던 내적 감정이나 생각들을 표현함으로써 탐색하게 되고, 더불어 협동, 질서, 조화로움 등을 이해하며 받아들이게 된다. 또한 연주 과정에서 나타나는 타인과의 비언어적인 교류를 통해 서로 간의 상호작용이 원활해지고, 연주를 행함에 있어서 요구되는 책임과 질서 등을 통하여 사회 생활의 적응을 돕게 된다.

즉흥 연주시 환자들은 주어진 환경 내에서 악기를 선택하고, 다양한 연주 방법을 시도함으로써 소리를 마음껏 표현해 볼 수 있다. 치료사는 환자들이 여러 각도에서 자신의 역할을 발견하고, 성취해 가는 경험을 체험할 수 있도록 유도한다.

(3) 작곡, 노래 쓰기

환자를 진단함에 있어 마디수가 적은 간단한 노래의 활용은 환자와 치료사와의 유대관계 형성에 효과적이며, 그룹 활동의 진행을 원활하게 이끄는 역할을 한다. 이 외에도 환자의 문제 상황에 도움을 줄 수 있는 노래를 불러 보고 그 노래 가사가 의미하는 바를 함께 이야기 나누거나, 익숙한 곡을 선정하여 자신의 생각과 느낌을 삽입하여 곡을 만들어 보는 활동 등을 통해 환자는 감정의 인식 및 표현 능력의 향상 등을 경험할 수 있게 된다.

(4) 적극적인 음악 감상과 인식

치료사가 부르는 노래가 어떤 곡인지를 알아맞히거나, 합주곡에 사용된 악기의 소리를 찾는 활동이다. 음악 치료의 큰 부분을 차지하는 노인성 질환자들에게 많이 사용되는 방법으로, 환자들의 젊은 시절에 유행했던 노래를 들려줌으로써 어떤 곡인지 이름을 알아맞히고, 노래를 함께 따라해 볼 수 있다. 또한 합주곡에 사용된 악기를 구별하는 것은 악기를 기억하고, 소리에 집중하며, 음색을 구별하는 데 도움을 주는 활동이다.

(5) 적극적인 음악 감상과 상상

음악 감상과 상상을 통해 몸과 마음의 안정을 찾는 접근 방법으로, 가장 널리 알려진 것으로는 GIM(Guided Imagery and Music)이 있다. GIM은 1970년대 초 어릴 적 정신적 쇼크를 지닌 청소년의 의식 세계를 돕기 위해 시작된 음악 중심의 치료 방법으로, 불안, 우울 등의 신경성 치료 외에 정상인의 심리 치료에도 활용된다. 이때 치료사는 적극적인 안내자가 아닌 보조자로서 환자 스스로가 자신의 내부 세계를 자유롭게 여행할 수 있도록 돕는 역할을 담당하게 된다.

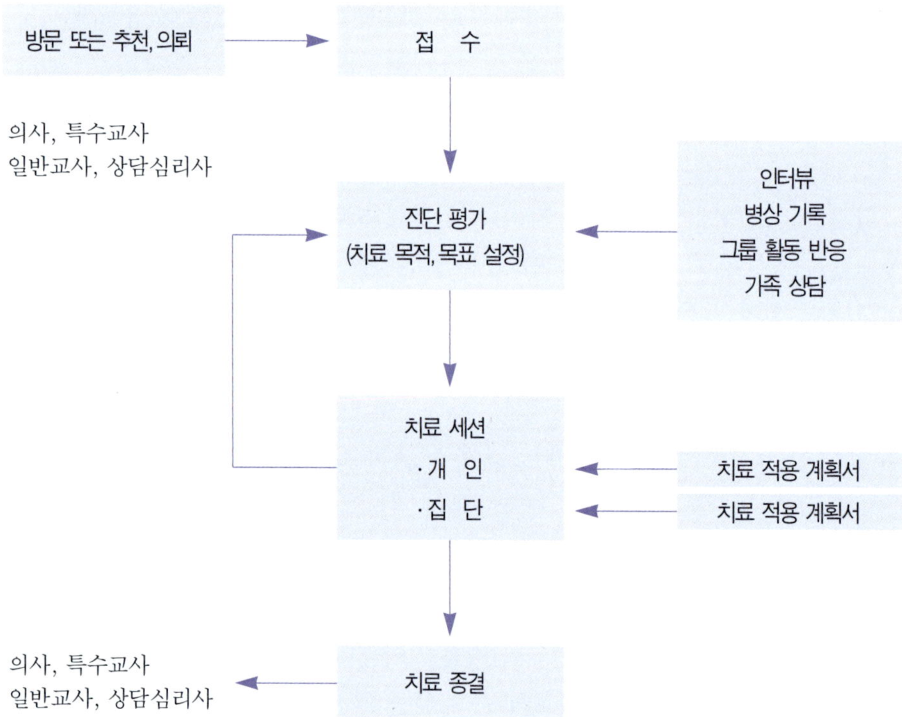

[그림 13-1] 체계적인 치료의 과정

4) 음악 치료 과정

음악 치료는 한 번에 끝나는 치료 행위가 아니라 구체적인 목표를 세우고, 목표를 단계적으로 시행해 가는 체계적인 과정이다. 치료사는 환자와의 만남을 통해 우선 환자의 상태를 진단하고, 그 결과에 따라 목표를 설정하게 된다. 일단 목표가 설정되면 표출된 문제성 있는 행동을 변화시키기 위해 구체적인 치료 계획을 세우게되고, 이 계획 안에서 설정된 목표에 도달할 때까지 적절한 음악 활동을 시행하는것이다. 즉, 음악 치료는 즐거운 음악 활동을 진행하는 체계적인 과정에서 치료적인 목적을 달성해가는 형태라 할 수 있다.

3 음악 치료의 적용

1) 음악 치료의 대상

초기의 음악 치료는 주로 정신적인 측면에서 문제를 나타내는 정신질환자들에게 행해졌으나, 점차 음악 치료에 대한 이론이 정립되고, 여러 분야에서 시행됨으로써 정서·행동장애, 학습장애, 지적장애, 감각장애, 발달장애, 신체장애와 더불어 특별한 장애가 없는 정상인에게까지 적용 범위가 확대되고 있다. 그 대상 또한 유아에서 노인에 이르기까지 다양하다. 음악 치료는 이렇듯 다양한 대상에 따라 각각 다른 치료 목표를 가지며, 설정된 목표에 따라 다양한 형태의 음악 활동을 제공하게 된다.

2) 음악 치료의 적용

(1) 지적장애 아동을 위한 음악 치료

지적장애 아동은 낮은 지능과 생활 부적응으로 인하여 사회·정서적인 어려움을 겪는다. 이들에게 정서적인 안정감을 줄 수 있는 음악 치료는 지적장애 아동을 위해 다음과 같은 효과를 가져다줄 수 있다(최병철, 1999).

- 음악은 문화권을 넘어서서 감정을 표현하는 도구이다.
- 음악은 언어를 필요로 하지 않아 비언어적 커뮤니케이션의 대표적인 도구로 사용되고 있다.
- 음악은 소리라는 매개체로 사람의 몸과 마음에 직접적이고 순간적으로 작용하기 때문에 치료 대상의 지능 수준에 상관없이 어떤 환경에서도 생리적인 반응을 유도할 수 있다.
- 음악은 자아 성찰을 돕고 개인과 집단 간의 조화를 형성한다.
- 음악적인 행동을 통해 비음악적인 행동을 유도할 수 있다.
- 음악은 학습을 돕고 여러 가지 기술을 습득할 수 있도록 도와준다.

지적장애 아동을 위한 효과적인 음악 치료를 하기 위한 네 가지 원리(표 13-1)와 구체적인 목표(표 13-2)는 다음과 같다(최병철, 1999). 이때 한 가지 주제와 한 가지 목표를 세워서 긴 활동보다는 그들의 주의 집중력을 고려하여 한 시간에 짧은 활동을 3~5개 정도로 계획하는 것이 좋다.

〈표 13-1〉 지적장애 아동을 위한 음악 치료의 네 가지 원리

① 음악 프로그램은 각 개인의 지체 정도와 필요에 따라 맞춰야 한다.
② 반복되는 동작과 노래로 환자의 마음을 편안하게 하며 도전과 새로운 것에 대한 불안감을 없애도록 한다.
③ 분별, 인식 능력을 길러 주기 위해 음(音) 또는 악기를 식별하는 다양한 종류의 방법을 개발한다.
④ 환자의 마음을 끌 수 있는 재미있는 노래를 다양하게 준비하여 환자와의 관계를 흥미롭게 지속 시키고 커뮤니케이션을 돕는다.

〈표 13-2〉 지적장애 아동을 위한 치료 목표

소리 인식 : 음악과 쉼
1. 레코드에서 나오는 소리에 맞춰 악기를 연주한다. 음악이 멈추면 악기연주도 그친다.
2. 음악에 따라 움직인다. 음악이 멈추면 움직이는 것을 멈춘다.
소리의 위치를 알아맞힘 : 가리키고, 보고, 소리가 나는 곳을 말한다.
1. 소리나는 카세트 녹음기를 숨기고 소리나는 곳을 가리키도록 한다.
2. 눈을 감고 왼편의 사람이 손뼉을 치면 자기도 따라친다.
3. 앞에 스테레오 녹음기를 놓고 소리나는 곳을 가리키도록 한다.
4. 눈을 감기고 방의 가운데 세운 다음 벨소리 내는 사람을 향해 손으로 가리키도록 한다.
소리의 구별 : 세기
1. 입으로 소리를 세게 또는 약하게 내본다.
2. 큰 음악을 들을 때 힘차게 행진하고 작은 음악 소리에는 발꿈치를 들고 조용히 걷는다.
소리의 구별 : 리듬
1. 들은 리듬을 소리를 내어 따라낸다.
2. 들리는 음악의 박자에 맞춰 박수를 친다.
소리의 구별 : 음정
1. 같은 음정과 다른 음정을 구별한다.
2. 들리는 음정에 맞추어 입으로 소리를 낸다.
소리의 구별 : 색깔
1. 음악 소리를 듣고 악기를 알아맞힌다.
2. 악기 소리가 바뀔때마다 동작을 바꾼다.
3. 녹음기에서 누구의 소리가 들리는지 알아맞힌다.
4. 녹음기에서 나오는 소리가 남자 목소리인지 여자 목소리인지 알아맞힌다.
5. 주변 환경에 들리는 소리를 말한다.
소리의 인식 : 구별
1. 합창에서 한 성부를 듣고 알아낸다.
2. 음악을 들으며 어떤 특정한 악기가 몇 번 나오는지 세어본다.
소리 기억
1. 리듬을 따라해 보거나 가락을 따라 부른다.
2. 지난 음악 치료 시간에 했던 것을 묻고 답한다.

시각적 상태

1. 사람들과 눈을 마주친다.
2. 사물과 눈을 마주친다.

눈의 초점과 셈

1. 많은 그룹의 악기에서 특별한 악기를 골라낸다.
2. 악보에서 특별한 음표나 표시를 골라낸다.

눈을 따라감

1. 움직이는 대상을 눈으로 따라간다.
2. 악보를 따라가거나 가사를 손으로 짚으며 따라간다.
3. 악보를 읽는다.
4. 움직이는 벨을 공치는 막대로 친다.

보는 것 구별 : 색깔

1. 노래에서 나오는 색깔을 가리킨다.
2. 특정한 색깔에 따라 특정한 동작을 취한다.
3. 노래에서 나오는 색깔의 옷을 입고 있는 사람을 가리킨다.

보는 것 인식 : 모양

1. 모양이 같은 것끼리 구별한다.
2. 노래에서 가리키는 모양의 물건을 알아맞힌다.
3. 글자, 숫자, 음표를 읽는다.

보는 것 인식 : 크기

1. 노래에 따라 크게 혹은 작게 동작을 취한다.
2. 길고 짧은 음표에 맞게 소리를 내어본다.
3. 악기를 크기순으로 놓아본다.

식별력 : 기억

1. 합주에서 빠진 악기를 말한다.
2. 악보를 보고 연주한 후 보지 않고 해본다.

식별력 : 차례

1. 실로폰의 바(막대)를 차례로 놓는다.
2. 벨의 크기 순서대로 놓아 본다.

신체 인식

1. 노래에서 가리키는 신체 각 부분을 짚어본다.
2. 노래에서 나오는 몸의 부분을 움직인다.

반사 속도

1. 인도자의 행동에 따라 동시에 몸을 움직인다.
2. 인도자를 따라 악기 연주를 동시에 한다.
3. 함께 스퀘어 댄스를 한다.

균 형

1. 직선위를 따라 행진한다.
2. 한쪽발을 든 채 게임을 한다.

지속력

1. 음악이 멈출때까지 행진한다.
2. 음악이 가리키는 행동을 계속한다.

방 향

1. 오른쪽, 왼쪽으로 움직이며 몸의 서로 다른 부분을 인식한다.
2. 노래에서 지시하는 방향으로 움직인다.

협 응

1. 음악의 리듬에 맞춰 움직이고 악기를 연주한다.
2. 음악의 리듬에 맞춰 두 가지 동작을 동시에 취한다.(손뼉치며 동시에 뜀뛰기 등)

손으로 잡고 놓기

1. 타악기 연주 막대를 쥐었다 놓았다 한다.
2. 손가락으로 잡고 연주하는 악기를 연주한다.

손가락 힘 기르기

1. 손가락으로 연주하는 악기를 연주한다.
2. 피아노, 기타, 크로마하프를 연주한다.

팔목 힘 기르기

1. 타악기를 연주한다.
2. 피아노를 연주한다.

사회성 : 개인 연주

1. 혼자서 노래를 부른다.
2. 혼자서 악기를 연주한다.

사회성 : 합주

1. 다른 사람과 함께 노래 부른다.
2. 다른 사람과 함께 악기를 연주한다.
3. 다른 사람과 함께 동작을 취한다.

사회성 : 그룹별 경쟁

1. 곡목을 알아맞힌다.
2. 작곡자를 알아맞힌다.

발성 훈련

1. 동물의 소리를 노래로 불러본다.
2. 주위 환경의 소리를 노래로 불러본다.

호흡 조절

1. 관악기를 연주한다.
2. 풍선을 이용한 게임을 한다.

표현력

1. 악기를 통해 현재의 감정을 표현한다.
2. 다른 사람의 기분을 악기 연주를 통해 알아맞힌다.
3. 악기연주를 통해 서로 커뮤니케이션을 한다.

출처: 최병철(1999). 음악치료학. 서울: 학지사.

지적장애 아동은 일반 아동에 비해 감상 능력 및 표현 능력이 부족하므로 이해하기 쉬운 곡을 선택하는 것이 좋다. 이때 다양한 소리를 식별하는 청음 식별력부터 점차 치료를 하는 것이 좋다(문장원, 1997). 그러므로 다음과 같은 음악 치료 방법을 참고로 하여 효과적인 음악 치료를 해보도록 하자.

- 생활 주변에서 들을 수 있는 다양한 소리의 식별을 녹음기와 그림 카드 등을 활용하여 훈련시킨다.

- 대조적인 두 곡을 선택하여 듣고 느낀 후 다른 점을 찾아내고 이해하고 그것을 표현하는 학습 즉, 밝고 어둡거나, 크고 강하거나 부드럽고 약한 것, 슬프고 기쁜 것에서부터 크게 구별하여 지도하며 이와 같은 과정을 거쳐 장조와 단조의 식별력까지 점차적으로 훈련시킨다.
- 지적장애 아동을 위한 음악 감상 프로그램은 이들이 감각기관을 통해 느낀 감정을 심리적·정신적·신체적 표현에서 기쁨과 감사와 아름다움과 편안함, 그리고 때로는 어머니의 품안과 같이 포근하고 아늑함을 향유할 수 있는 기쁨의 바탕을 길러 준다. 이와 같은 기쁨의 원천은 이들에게 수반되는 정서·행동장애나 언어장애 등 많은 문제점을 비언어적 언어로서 치료·수정·개선·증진 하는 효과를 가져온다.

(2) 정서·행동장애아를 위한 음악 치료

자신을 통제할 기능이 상실된 정신질환자들에게, 음악 치료는 보여지는 문제 행동을 파악하여, 체계적인 과정의 적용을 통해 근본적인 문제를 해결·변화시킴으로써 환자들의 손상된 자아상을 회복시켜 주는 효과적인 치료 방법이라 할 수 있다. 정신질환은 정신분열증, 불안, 기분장애, 신경증, 스트레스 등 심리적 장애를 나타낸다. 이와 같은 정신질환자들을 치료하는 데 있어 주요 치료 방법이 되어온 약물 치료는 일시적인 증상 완화에 도움이 될 수 있을지 모르지만, 그들이 갖고 있는 내부의 근본적인 문제들이 해결되지 않은 상태에서는 불가능하다. 이러한 이유들로 인해 환자들로 하여금 자연스럽게 자신의 내면 표출을 유도하는 음악이 행동을 변화시키며, 문제를 해결하는 치료의 도구가 된다.

Wheeler(1983)는 정신과에서 적용되고 있는 음악 치료를 활동 중심적인 치료, 내면적 과정에 입각한 치료, 카타르시스적인 치료로 구분하여 설명하고 있다.

첫째, 활동 중심의 음악 치료

활동 참여를 통해 치료 목적을 달성하고자 하는 형태로서, 행동 이면에 감추어진 환자의 심리 상태라든지 내면적인 문제보다는 경험 활동을 통해 원하는 행동을 증진시키는 데에 주력하는 치료이다. 이 경우 현실 인식, 대인 관계 증진, 사회성 발달 훈련, 행동 조절 등의 목표가 적용된다. 예컨대, 신경증에 따른 신체의 통증을 느끼는 환자의 경우, 치료 그룹 활동에 참여하면서 내부의 긴장이나 갈등에 몰입하는 것을 줄일 수 있다. 이러한 경험을 반복적으로 훈련함으로써 신경증에 따른 통증이 느껴질 때, 다른 것에 주의를 돌림으로써 신경증에 따른 통증 반응이 감소하게 된다. 활동시 집단 구성은 10여 명 정도가 적절하며, 이때 치료사는 환자가 적극적으로 활동에 참여하여 만족스런 경험들을 가질 수 있도록 계획하고 도와야 한다.

둘째, 내면적 과정에 입각한 음악 치료

음악 치료 활동 속에서 느끼는 생각이나 감정들에 대해 치료사와 함께 대화하면서, 환자 스스로가 자신의 문제를 인식하고, 문제에 따른 해결 방법을 발견하고, 원하는 행동으로 이끄는 치료이다. 이 단계에서의 음악 치료 활동은 현실 감각에 바탕을 둔 의식 활동을 통해 이루어져 현재의 행동과 상황을 인식함으로써 내면의 발달을 조장한다.

셋째, 카타르시스적인 음악 치료

발달 과정에서 환자가 경험한 일 가운데 환자의 잠재 의식 속에서 해결되지 않은 정신적, 감정적인 문제들을 음악 활동을 통해 카타르시스를 경험함으로써 외부로 분출시켜 해결해 가는 방법이다. 장기적인 치료 기간이 요구되며, 환자의 자발적인 참여가 중요하다. 또한 무의식 속에 잠재되어 있던 문제들을 다루는 치료인 만큼 별도의 훈련을 통해 자격을 갖춘 치료사가 요구된다.

정서·행동장애아 중에서 자폐아를 위한 음악 치료에 대해서 좀 더 구체적으로 알아보도록 하자. 자폐는 언어 사용과 사회성 발달에 심각한 장애를 일으켜 활동에 대한 동기 유발이나 흥미를 제한하는 증세라 할 수 있다. 이러한 자폐의 증세는 특정 영역에서 심각한 장애를 보이는 발달의 정도, 특정 소리에 지나친 과민반응을 보인다거나, 주변 사람들의 소리에 전혀 반응을 보이지 않는 등의 상황에 적절하지 않은 잘못된 감각 조절, 아무런 이유 없이 반복적으로 손을 계속해서 움직이는 자기 반응 행동, 언어 사용의 혼란, 정보 인지의 어려움, 다른 사람들과의 관계 형성에 따른 어려움 등으로 구분될 수 있다.

자폐를 치료하기 위한 원인 규명이 지속적으로 진행되어 왔으며, 증상 완화를 위한 다양한 교육 프로그램들이 개발되어 많은 효과를 보고 있다. 또한 음악 치료가 자폐아의 의사소통과 의사소통적 행동을 강화시키고, 자기 표현 능력을 기르는 한편 사회성 발달에 기여한다는 연구들이 발표되면서, 음악 치료가 자폐 아동의 치료에 크게 기여할 수 있음을 시사하였다.

사회적인 접촉을 의도적으로 피하거나 거부하는 자폐아동들에게 악기는 호기심을 자극하는 매력적인 매체가 될 수 있으며, 악기의 강약 조절, 주고받는 반응, 빠르기 조절 등의 음악적 교류를 통해 사회적 활동에 반응하는 것을 배우게 된다. 또한 음악을 통해 자신의 감정을 표출하고, 집단 내 다른 사람들과의 접촉을 경험하면서 타인과의 원만한 관계를 형성할 수 있으며, 악기를 직접 다루는 과정 속에서 감각적 기능이 발달하고, 노래부르기, 음악 감상, 연주 등의 활동을 통해 공간 개념, 수학과 언어 등의 발달을 경험할 수 있게 된다.

음악 치료가 자폐아에게 효과적이라는 연구가 많이 보고되고 있다. 이러한 연구들을 종합하여 Thaut(1987)는 음악 치료가 다음과 같은 영역에서 자폐아의 치료에 기여하고 있다고 했다.

- 대·소근육 운동을 향상시킨다.
- 집중력을 향상시킨다.
- 신체 인식을 발달시킨다.
- 자기 인식을 발달시킨다.
- 사회적 기술을 발달시킨다.
- 언어 및 비언어적 커뮤니케이션을 발달시킨다.
- 학문에 대한 기본적인 개념을 발달시킨다.
- 습관적인 행동을 진정시키거나 다른 방향으로 돌리거나 수용될 수 있는 행동을 유도한다.
- 불안이나 짜증내는 것을 줄이고 과잉 행동을 감소시킨다.
- 감각에 대한 개념을 일깨우고 감각 운동과 연결시킨다.

CHAPTER

14

원예 치료

1 원예 치료의 정의

기록에 따르면, 원예나 농경 활동을 치료 및 건강 증진에 활용하기 시작한 것은 고대 이집트에서 의사가 환자에게 정원을 산책하게 함으로써 시도된 바 있다고 한다.

이와 같은 식물을 통한 치료 효과는 정신병학이 과학으로 인정되기 이전부터 등장한 후 〈표 14-1〉과 같이 발달하였는데, 주로 미국과 유럽을 중심으로 이루어져 왔으며, 우리나라는 최근에야 원예 치료의 개념이 도입되어 논의를 불러일으키고 있다(손기철·박석근·부희옥·배공영·백기엽·이상훈 외, 1997).

〈표 14-1〉 원예 치료의 발달 단계

단계	시기	내용
초창기	18세기~ 2차대전	정신질환자나 정신박약자를 수용하고 있는 시설에서 자급자족이나 환자의 일과를 목적으로 시작한 농경 작업이 치료에도 효과가 있는 것으로 인정되었다.
변혁기	2차대전후~ 1970년	미국에서 상이군인의 재활이나 직업 훈련에 원예가 도입되어 작업 치료와 연결함으로써 원예 치료가 재평가되었다. 그로인하여 원예 치료의 응용 범위가 급격히 확대됨과 동시에 대학에서는 원예치료사 강좌가 개설되었다.
성장기	1970년이후	원예치료의 촉진과 치료사 육성을 목적으로 하는 전문기관이 발족되었다. 또 원예 치료를 치료적인 면 외에 사회적 권리나 생활의 질 향상이라는 측면에서 재평가 하기에 이르렀다.

출처: 손기철·박석근·부희옥·배공영·백기엽·이상훈외(1997). 원예치료. 서울: 서원.

이러한 원예 치료에 대하여 미국원예치료협회가 공식적으로 'Horticultural therapy'라는 용어를 채용하기 전까지 몇 가지 명칭들이 동시에 사용되어 왔다(표 14-2 참조). 현재 국제적으로 'Horticultural therapy'라는 용어로 통일되었으나, 일본에서는 원예 요법으로, 우리나라에서는 원예 치료 요법·원예 요법·원예 치료 등으로 혼용되어 사용되고 있는 실정이다. 본서에서는 국제적으로 통용되어 사용되고 있는 '원예 치료'라는 용어를 이하 사용하기로 한다.

〈표 14-2〉 원예 치료에 관련된 영어 호칭과 내용

호칭	내용
Horti cultural therapy	미국원예치료협회에서 정식으로 채용한 호칭으로 동협회에서는 1987년부터 Horticultural therapy를 협회 공식 명칭으로 사용하고 있다.
Herti therapy, Horti-therapy	미국 North Carolina 지방에서 사용된 애칭이었지만 1980년 중기 이후부터는 거의 사용되고 있지 않고 있다.
Horticulture therapy, Horticulture-therapy	원예 치료는 원래, 원예에 의해 치료하는 의미이므로 Horticultural이라는 형용사를 사용하는 것이 옳고 Horti culture(원예)와 Therapy(치료)를 연결한 것은 틀리다는 지적도 있다. 그러나 문법적으로는 맞지않지만 Art therapy(예술 요법)나 Play therapy(오락 요법) 등의 호칭처럼 종종 사용되어 오다가 최근에는 거의 사용되고 있지 않다.
Hort, therapy, Hort Therapy	Hort는 Horti culture의 약어로서 Hort Science, Hort Technology 등과 같이 사용되고 있다. 그렇기 때문에 Hort, therapy, Hort Therapy는 Horti cultural therapy의 간략형이라고 할 수 있는데 미국이나 유럽에서는 전문적이지 않다는 이유로 거의 사용되고 있지 않다. 특히 미국에서는 예전부터 Hort Therapy라는 잡지가 있었지만 1988년에 폐간되었다.
Outdoor-therapy	실외 활동으로 원예의 효용을 의식한 말로 보이지만 Plant therapy와같이 산과 들의 녹음에 의해 얻어진 효과도 포함된다. 경우에 따라서는 캠프 등의 실외 활동 외에 실외에서 하는 운동도 포함시키는 것이 가능하다.
Garden therapy	정원과 그곳에서 행하는 원예활동의 효용을 활용하는 요법을 의미하는 것으로 보이지만 Plant therapy에 포함시킬 수 있다.
Plant therapy, Plant-therapy	우리나라 말로 표현하자면 식물 요법이 될 것이다. 식물을 이용한 요법이라는 의미로 Horti cultural therapy 보다는 넓은 의미로 사용된다. 그렇기 때문에 원예 식물뿐만 아니라 실외의 조경 식물을 이용하거나 삼림욕을 하는 것도 포함된다.

출처: 손기철외(1997). 원예치료. 서울: 서원.

원예 치료에 대한 정의는 대체적으로 서로 비슷하지만 세부적인 면에 있어서는 제대로 정의되지 않는 것이 대부분이다. 따라서 원예 치료의 범위를 정확히 이해하는 것도 상당히 중요하다고 본다. 왜냐하면 극단적으로 치우쳐 'If it is horticulture, it is therapy'라고 말하거나, 원예 치료를 받는 것을 '씨를 심는 일이고'원예치료사는 '씨를 심으라'라고 하면 된다고 말할 수도 있기 때문이다. 그러나 움직인다고 다 물리 치료가 아닌 것처럼, 원예 치료를 너무 지나치게 확대하는 것으로 원예 치료의 전문성을 제한하는 것이 될 것이다(한국원예치료연구회, 2000).

이러한 원예 치료에 대한 정의들에서 다음 3가지의 공통점을 찾아볼 수 있다. 첫째, 식물과 원예 활동을 이용한다는 것, 둘째 장애인을 대상으로 한다는 것, 셋째 직접적인 치료뿐 아니라 재활(rehabilitation) 및 삶의 질 개선을 목적으로 한다는 것이다.

여기서 우리가 고려해야 할 것은 원예 치료의 대상인 장애인을 어떻게 정의하느냐에 따라 장애의 범위와 정의가 달라질 수 있다는 점이다. 일반적으로 장애를 인간의 정상적인 사고·활동·환경과의 관계 등에서 장애를 받는 상태로 본다면, 좁은 의미로 볼 때는 비정상적인 것으로 간주되는 정신적 혹은 신체적 장애인을 들 수 있을 것이다. 그러나 보다 넓은 의미로 해석한다면, 고령자·빈곤자·명예퇴직 혹은 정년퇴직자, 경우에 따라서는 전문 직종에 근무하는 자로서 심한 육체적, 정신적 스트레스를 받고 있는 자 모두를 포함시킬 수 있을 것이다(손기철 외 6인, 1997). 원예 치료의 목표가 장애인의 치료, 재활 그리고 삶의 질 개선이라면 비정상인을 치료 또는 재활시키는 것뿐만 아니라, 정상인이지만 장애를 가진 자의 비정상적인 육체적·정신적 불균형을 바로잡음으로써 삶의 질을 높이는 활동까지도 포함된다고 하겠다.

또, 식물이나 원예 활동을 통한 치료, 재활, 삶의 질 개선에 있어 어떤 수단과 방법까지를 원예 치료로 보아야 할 것인가에 대하여 고려해야 할 것이다. 현재 그 경계는 모호하나 식물을 음식물 또는 약으로 인체에 투여함으로써 치료·재활·삶의 질 개선을 돕는 것을 원예 치료에 포함한다면 원예 치료의 범위가 과다하게 확장되는 동시에 원예 치료의 전문성을 제한하는 것이기 때문에 이는 제외되어야 한다고 판단되나, 이러한 구별에도 문제가 야기될 수 있다. 이를 테면, 직접적인 치료는 아니지만 채소류나 과채류를 통한 원예 활동과 그 결과로서 얻은 수확물을 섭

취함으로써 느끼는 만족감·즐거움은 원예 치료의 중요한 수단이 될 수 있기 때문이다. 따라서 이러한 범위는 기존의 의학·약학·식품영양학 등을 고려하여 그 전문적인 분야로 자리매김할 수 있도록 충분히 논의되어야 할 것이다.

따라서 원예 치료란 식물 및 원예 활동을 통하여 사회적, 교육적, 심리적 혹은 신체적 적응력을 기르고 이로 말미암아 육체적 재활과 정신적 회복을 추구하는 것으로 좁게는 장애인의 재활과 회복을, 크게는 심신의 치료와 재활, 환경 회복의 매체로서 식물 및 원예 활동을 이용하는 전문적인 기술 및 방법을 의미한다. 즉, 원예 치료는 인간과 환경적인 측면에서는 인간이 지배하는 환경을 만드는 수단이 아니라 본래 인간 삶의 터전이었던 환경으로서의 회복에 이바지하는 수단과 방법이 될 것이다. 또한 인간과 식물의 관점에서 볼 때는 식물이나 다양한 원예 활동을 통하여 심신의 치료와 재활을 달성하는 기술이나 방법을 의미한다고 볼 수 있을 것이다(한국원예치료연구회, 2000).

2 원예 치료의 효과

원예 치료는 원래 정신장애인이나 정신박약자에게 농경 활동을 시키는 과정에서 나타나는 효과가 주목된 데서 비롯되었다. 이들 정신장애인이나 정신박약자에게 있어 원예 치료는 ① 불안과 긴장을 풀어 주고, ② 창조적 표현을 할 수 있게 하며, ③ 충동을 억제할 수 있게 하고, ④ 실패나 좌절에 견딜 수 있게 하고 ⑤ 계획·준비·판단을 할 수 있게 하며, ⑥ 자신의 행동과 결과에 대한 자기 평가의 만족도가 높아지는 등의 효과가 있는 것으로 인정되고 있다(손기철 외 6인, 1997). 앞으로 유아교육기관에서 원예 치료를 활용하여 특수유아교육을 실시하면 그 효과가 클 것으로 기대된다.

그런데 최근에는 원예 치료가 장애인뿐만 아니라 보다 많은 사람에게 폭넓게 적용됨에 따라 그 효과도 다양해지고 있으며, 원예 치료가 시각을 통해 보고, 후각을

〈표14-3〉 오감을 사용하는 원예 치료 프로그램 특성

감각기관특성	실내 · 외에 있어서의 예
시 각 원예 치료 중 가장 많은 영향을 미치는 요소임. 특히 녹색 식물 자체와 주위환경 및 그 변화	〈실외〉 시각에 영향을 미치는 다양한 화색의 식물을 심는다. 옥외에서 일정 시간 일광욕을 하며 환경을 수동적으로 감상할 수 있도록 간단한 시설을 만든다. 〈실내〉 직접조명보다는 간접조명을 하며, 따뜻한 색과 차가운 색이 주는 심리적 효과를 고려하여 식물과 함께 배치시킨다. 식물 사진이나 포스터로 꾸밀 경우는 계절에 따라 정기적으로 바꾼다.
청 각 시각과 청각은 동시에 상승 작용을 하는 효과를 지님. 따라서 시각 자극과 동시에 적절한 청각 자극이 필수적이며 자연스러운 소리의 하모니가 중요함.	〈실외〉 식물이 서로 부딪치거나 혹은 식물 사이로 지나가는 자연스러운 바람소리를 들을 수 있는 식물을 심는다(예:대나무, 소나무). 물의 존재와 흐름, 낙수 등을 느낄 수 있는 간단한 시설을 만든다. 〈실내〉 자연에 존재하는 생물체의 소리를 통하여 시간과 계절을 느낄 수 있도록 녹음된 소리를 이용한다(예:새,개구리,귀뚜라미소리).
촉 각 촉각은 시각이 정상적으로 작용할 때 감지하는 것과 그렇지 못한 것에는 차이가 있음을 인식해야 함. 또한 인간 신체의 부위에 따라 민감 정도가 다르다는 것을 염두에 두어야함.	〈실내 · 외〉 만져서 서로 차이가 나며, 심리적으로 포근함이 느껴지는 식물을 심는다(예 : 부드럽고 침이 없는 다육식물). 신체 부위별 감촉을 체험할 수있는 시설을 꾸민다(예 : 통로-풀, 모래, 솔잎 등; 다양한 식물을 밀집해 지나가며 다양한 느낌을 가질 수 있도록 함). 식물종에 따라 서로 다른 부위별 촉감을 느끼게 한다(예: 관엽식물과 적은 수목등).
후 각 현대의 삶은 자연의 향기가 철저히 배제된 합성향 속에서 생활하고 있음. 자연에서 느끼는 자연스러운 향은 하나의 대상에서 방출되는 것이 아니라 복합적으로 발생됨.	〈실외〉 방향성이 있는 초본류와 목본류를 함께 심는다. 〈실내〉 실내에서는 허브가 든 작은 주머니나 포푸리를 사용한다. 너무 지나치지 않는다면 합성된 상품향을 사용해도 될 것이다. 의식주에서 흔히 느낄 수 있는 향과 자연향을 복합하는 방법을 고안한다(예: 숲속 향과 동시에 진한 커피향을 느낌). 음식물이나 식탁에 허브 식물을 이용한다.

출처: 손기철 외(1997). 원예치료. 서울: 서원.

통해 향기를 맡고, 촉각을 통해 느끼고, 생각을 통해 움직이는 등 다양한 감각기관을 통해서 이루어진다는 점에서 그 효과가 돋보인다(표 14-3 참조).

이러한 원예 치료의 효과를 창의적·인지적·사회적·정서적·신체적 효과로 나누어서 정리하면 다음과 같다.

1 창의적 효과

원예 활동은 호기심을 야기시키고, 사물을 예민하게 관찰하게 함으로써 민감성을 발달시킬 수 있다. 또 원예 활동 과정에서 일어나는 문제 상황에 적절하게 대처함으로써 문제 해결 능력을 기를 수 있다. 그리고 꽃의 종류, 색 배합이나 배열, 꽃꽂이나 모둠 심기, 정원 설계 등의 수행에 있어 창의적인 표현력과 심미안적인 능력을 계발할 수 있다.

2 인지적 효과

원예 활동을 통하여 보다 구체적인 경험을 함으로써 지식을 배우게 되는 것뿐만 아니라 이러한 지식과 기술을 활용하는 능력을 습득할 수 있도록 돕는다. 또한 서로 다른 식물을 다루어 봄으로써 판단력과 대처 능력이 배양되며, 자연적이고 살아 있는 것을 체험하게 됨으로써 언어 발달 및 적절한 언어 표현 능력을 기를 수 있다.

3 사회적 효과

원예 활동은 개별적으로 이루어질 수도 있으나 동일한 목적을 향해서 집단으로 진행하지 않으면 안 되는 경우도 있다. 이렇게 공공의 흥미와 공유된 경험을 제공함으로써 인간 관계의 기회를 제공하게 된다. 예를 들면 각자 맡은 역할 수행을 통하여 책임감과 자신감을 가질 수 있게 되고, 역할 분담의 효과를 알 수 있게 된다. 또한 서로의 권리를 존중해야 하고 협력해야 하며, 상호 작용의 효율성과 의사 소통 방법을 익힐 수 있게 된다. 또 원예 활동에 필요한 물건을 구입하는 과정을 경험함으로써 경제적·사회적 참여를 경험하고, 원예 활동에 의해 생산된 것을 타인에게 나누는 경험 속에서 대인 관계의 호전은 물론 자신의 존재 가치를 일깨워 주어 자립심과 자율성을 발달시킬 수 있다.

4 정서적 효과

원예 활동은 긍정적, 부정적인 감정을 승화시킬 수 있는 역할을 제공한다. 예를 들면 정원의 잡초를 뽑거나 꽃꽂이를 위해 꽃의 줄기를 자르는 등 사회적으로 허용될 수 있는 경로를 통해 분노와 공격적인 감정을 완화시킴으로써 내부에서 겪게 되는 갈등을 다루는 적절한 방법과 기술을 더욱 증진시켜 자제력이 발달된다. 그리고 모든 감각을 통하여 생명체의 아름다움을 느끼므로 중년이나 정서적으로 불안한 자, 미래에 대한 희망을 상실한 자에게는 파종 후 싹이 트고 꽃이 피는 것과 같은 기대감으로 인해 장래에 대한 관심을 불러일으켜 희망을 줄 수 있다. 또, 식물은 관리 정도에 따라 비교적 빠른 반응을 나타내므로 자신감과 자부심을 증가시킬 수 있어 긍정적인 감정을 풍부하게 할 수 있다.

5 신체적인 효과

원예 활동에서의 작업은 대·소근육을 함께 발달시킴으로써 모든 근육 운동의 기술을 개선하고 발전시킬 수 있다. 예를 들면 파종하고, 물을 주고, 잡초를 제거하고 가꾸는 섬세한 과정을 통해 소근육 발달을 가져오며, 도구를 이용하여 밭을 일구고 흙을 부드럽게 하고 이랑과 고랑을 만드는 데에는 대근육 운동을 하게 된다. 뿐만 아니라 손을 사용하는 것은 대뇌에 자극이 되며, 균형감각을 유지시켜 주기도 한다.

3 원예 치료의 대상

초창기의 원예 치료는 정신장애인이나 정신박약자들을 수용하는 시설에서 환자들의 노동력을 활용하여 환경 미화 또는 채소·과일·꽃 등을 생산하는 것을 목적으로 하였으나, 그 후에는 상이군인들의 재활이나 직업 훈련으로 원예 치료가 도입되어 작업 치료로서 이용되는 등 주로 정신장애인 및 신체장애인을 그 대상으로 하였다. 그러나 오늘날에는 정신적·신체적인 장애인뿐만 아니라 정상인이라 할지라도 정신적·사회적으로 피해를 받고 있는 사람, 정년퇴직자, 고령자 등 복잡한 사회 구조 속에서 장애를 겪고 있는 사람들에게 있어서도 효과적인 건강 증진법의 일환이 되고 있다.

4 원예 치료의 적용 분야와 활용 범위

원예 치료의 대상자가 포괄적이었던 것만큼 원예 치료의 적용 분야와 활용 범위 또한 무궁무진하다. 즉, 병원뿐만 아니라 노인 복지 시설, 신체장애인 시설 등과 같은 입소 시설은 물론 교육 시설, 나아가 개인 정원까지도 적용할 수 있는 등 매우 다양한다. 원예 치료의 활용 범위에 있어서도 환자를 치료하는 것뿐만 아니라 직업교육이나 레크리에이션, 취미 활동 등에 광범위하게 활용될 수 있다(표 14-4 참조).

〈표 14-4〉 원예 치료를 적용할 수 있는 시설 및 단체

치료 시설 단체	치료장소
병 원	물리치료실, 청소년 만성질환 병동, 정신병 내 · 외래 병동, 보양원, 작업치료과, 노인병내 · 외래 병동, 정신장애인 병동 등
입소 시설	노인복지 시설, 신체장애인 시설, 지적장애인 시설, 지적장애인을 위한 커뮤니티 그룹시설,정신병자를 위한 커뮤니티 그룹 시설, 교도소 등
교육 시설	특수양호학교, 보통학교 내 양호학교, 장애인을 위한 성인교육센터, 대학내 교육 관련 실습 센터 등
지적장애인센터	성인 훈련 센터, 보호 작업장 및 취업장 등
공공 시설	국 · 도립공원, 근린공원등
개인 정원	장애인의 상태에 맞게 개조된 정원, 가족공원, 관광농원, 주말농장 등
종교 단체	종교단체에서 실시되는 다양한 시설 및 프로그램

출처: 손기철외(1997). 원예치료. 서울: 서원.

5 원예 치료의 적용 과정[1)]

원예 치료를 적용할 때 최대의 효과를 얻기 위해서는 계획적이며 체계적이고, 효율적인 과정을 설정하는 것이 중요하다. 손기철 외 6인(1997)이 제시한 것을 중심으로 원예 치료의 적용 과정을 살펴보면, 진단 및 준비 단계, 계획 단계, 실행 단계, 그리고 평가 단계의 순으로 구분하였으며, 구체적인 과정은 다음과 같다.

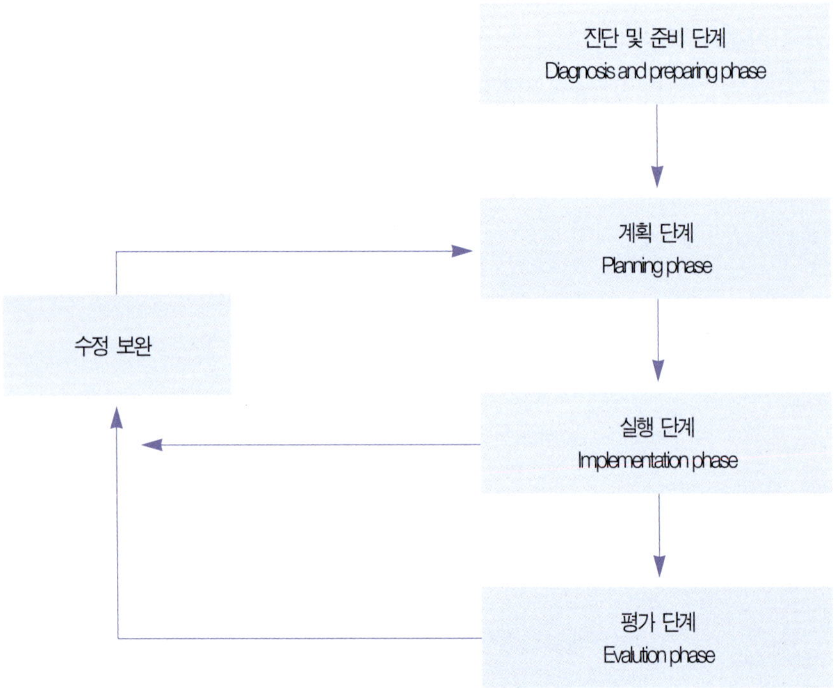

[그림14-1] 원예 치료의 적용 과정

1) 손기철 외(1997).「원예치료」.(서원)에 제시된내용을 저자손기철의 승인하에 요약·발췌함.

1) 진단 및 준비 단계

진단 및 준비 단계는 목적의 명확화, 자료 수집 그리고 유·무형의 자원 확인 단계로 구분해 볼 수 있다(그림 14-2 참조).

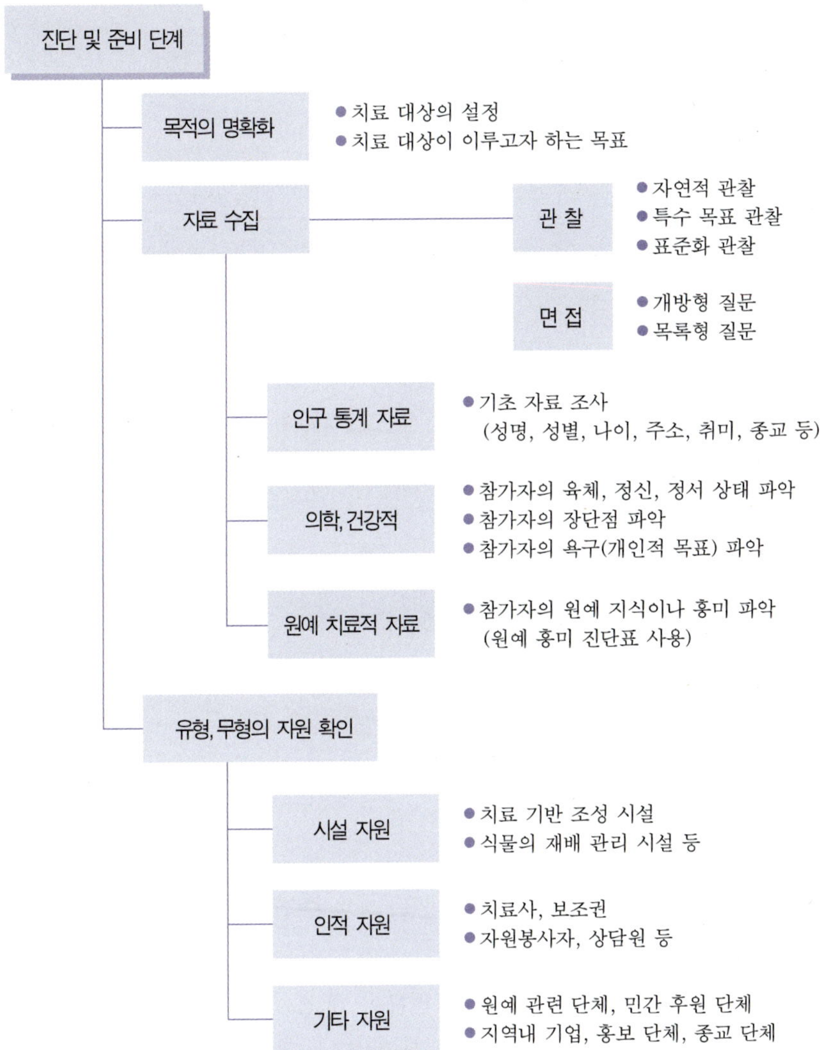

[그림14-2] 원예치료 진단 및 준비과정

2) 계획 단계

계획 단계는 목표 설정 및 프로그램 개발, 그리고 프로그램의 편성과 진행 계획표 작성으로 구분할 수 있다(그림 14-3 참조).

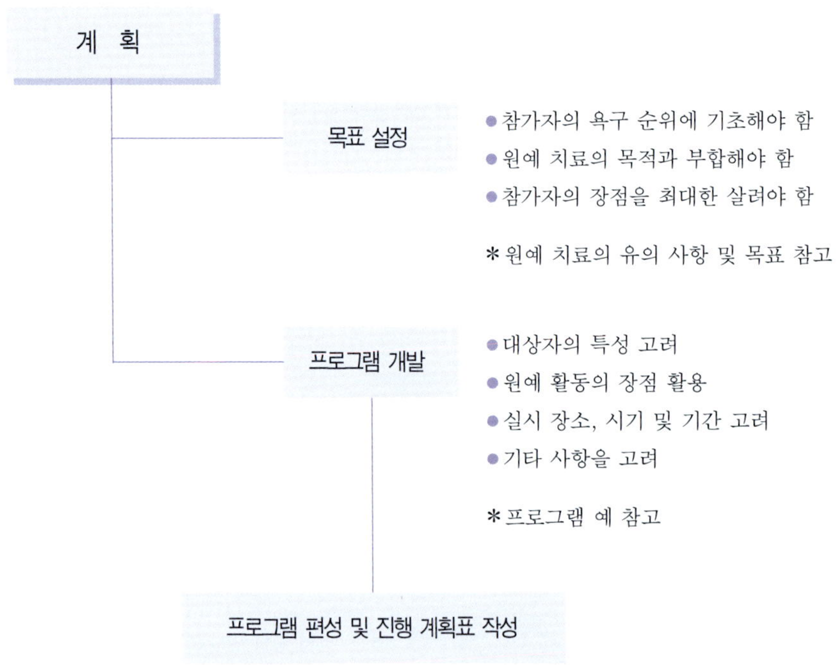

[그림14-1] 원예 치료의 적용 과정

(1) 목표 설정

목표 설정은 대상과 목표가 결정된 다음, 자료 수집의 분석과 통합을 토대로 구체적으로 실현 가능한 목표를 설정하는 것이다. 목표를 설정할 때는 무엇보다도 ① 참가자의 신체적, 정신적 상태를 고려해야 하고, ② 참가자의 열망 및 욕구에 우선 순위를 두어야 하며, ③ 참가자의 단점보다는 장점을 최대한으로 활용할 수 있는 것에 기본을 두어야 한다.

〈표 14-5〉 대상자에 따른 원예 치료의 일반적인 목표

대상	원예치료의 목표
어린이	• 자연 학습, 교육
비장애인	• 취미, 레크리에이션, 스트레스해소 등
정신장애인	• 기능의 회복 및 재활 • 교통, 자신, 자기평가, 사회적 상호 교류의 증진 • 자극 전달, 공격적 태도 완화, 창조성, 책임감, 현실인식 • 일하는 습관 확립 또는 새로운 흥미 촉진
지적장애인	• 교재, 계산, 지각, 집중력, 인내력, 결단능력 함양 • 자신감, 책임감, 사회적 상호교류, 성취감, 현실인식, 창조성, 공격적 태도의 완화 등 개인적, 사회적 능력함양 • 직업 또는 취미로서 원예활동을 활용할 수 있게 함
고령자	• 노쇠한 근육 및 뇌졸중 후의 기능 재활이나 회복 • 흥미, 사회적 교류, 존재 가치 부여, 책임감을 촉진 • 취미 생활로 활용할 수 있는 기술습득
시각장애인	• 일 또는 휴양으로서 원예 훈련 • 일반적인 교육프로그램의 일환 • 사회적 교류, 자신, 신뢰, 고독감의 감소, 해석 능력 촉진
휠체어 이용자	• 사고나 수술 등의 기능 재활이나 회복 • 일이나 휴양으로 활용할 수 있는 능력 함양 • 흥미, 사회적 교류, 존재 가치 부여, 책임감 촉진 • 취미 생활로 활용할 수 있는 기술습득
지체장애인	• 놀이와 레크리에이션 제공 • 공격적 태도나 욕구불만의 해소 • 교육과 훈련 및 흥미의 유발과 촉진 수단
이동이나 운동력이 반감된 자	• 기능 재활이나 회복 • 훈련 및 교육 • 장애의 범위내에서 능력을 향상시킴

(2) 프로그램의 개발

원예 치료 프로그램은 일정하게 정해진 것은 없으며, 계절에 따라 혹은 치료 기간, 참가자의 욕구에 따라 다양하게 작성할 수 있다. 다음 사항을 유의하면서 프로그램을 개발하여 치료 효과를 높일 수 있도록 해야 한다.

- 대상자의 특성에 맞는 프로그램이어야 한다.

◎ 원예 치료 대상이 어디에 속하는지를 확실히 구분하여 〈표 14-6〉과 같은 유의점을 고려하여 프로그램을 작성한다.

〈표 14-6〉 원예 치료 대상자별 특성과 프로그램상의 유의점

대상자	특성	프로그램상의유의점
정신 장애	• 다양한 연령층에 존재한다. • 단기, 중기, 장기환자가있다. • 정신착란, 우울증, 집중력저하, 공격적,편집광 등 다양한증세가 있다.	• 개인작업과 집단 작업 제공이 필요 • 레크리에이션이나 휴양의 기회가 필요 • 파괴행동이 허락되는 공간이 필요 • 신체장애인을 위한 높은 화단이나 컨테이너가 필요
정신 지체	• 전달능력이 떨어지는 사람이 많다. • 이해력과 집중력이떨어지는 사람이 많다. • 다른 사람에 대한 의존도가 높다. • 심한 신체장애를 동반하는 경우가 많다.	• 체력을 요하는 활동이 필요 • 참가자의 능력에 맞는 단계적 작업이 필요 • 신체적 장애인을 위한 시설과 장비가 필요 • 최대한 자극재료와 안전 대책이 필요
시각 장애	• 시각 장애에는 전혀 안 보이는 경우, 약간 보이는 경우, 시력에 결함이 있는 경우가 있다. 다른 장애를 동반하는 경우도 있다. • 다른 감각기관이 발달해 있다. • 일반적으로 우호적이며 관심과 호기심이 많다.	• 안전 대책이 필요 • 접근 및 활동이 양호하고 복잡하지 않아야 함 • 환경에 대한 인식과 판단이 용이하도록 하는 대책이 필요(점자정보, 촉감, 향기 등) • 시각을 발달시키거나 다른 감각의 자극이 필요
지체 장애	• 이동보조기구를 사용하는 경우가 많다. • 사회적 소외감을 많이 느낀다. • 복수의 장애를 갖고 있는 경우가 많다.	• 놀이, 표현, 흥미, 사회적 상호 교류를 자극하는 시설과 장비가 필요 • 파괴적 행위가 허용되는 공간이 필요 • 난폭한 대우나 놀이에 견딜 수 있는 튼튼한 식물식재, 폭넓은 표현이나 자극을 가능케 하는 식물, 물 · 모래 등의 소재의 도입이 필요 • 사생활이 지켜지는 공간이 필요

원예 활동의 장점을 최대한 활용한다.

원예 활동은 다음과 같이 다양한 장점이 있으므로 이를 최대한 활용할 수 있도록 한다.

- 원예 활동은 국가, 성별, 연령에 관계 없이 거부감이 적은 활동이다.
- 원예 활동을 통해 자연에 대한 친근감을 느낄 수 있다.
- 활동 내용이 다양하고 선택의 폭이 넓다.
- 식물 재배는 다른 치료 행위에 비해 알기 쉬운 목적 의식을 갖게 한다.
- 식물은 사람의 감정이나 손길을 거부하지 않으며 위험성도 적다.
- 식물의 생장, 먹거리 생산, 개화 등은 흥미를 유발시킨다.
- 작업 내용에 따라 신체 기관을 다양하게 사용해야 한다.
- 사회적 관계의 기회를 만들기 쉽다.
- 교육적 기능으로서 계산이나 식별 능력 개발이 가능하다.
- 장래의 직업이나 취미 생활로서도 활용이 가능하다.

원예 치료의 단점을 고려한다.

- 원예에 관심이 없거나 원예 활동이 즐겁지 않은 사람들에게는 그 효과가 적다.
- 장애인에게는 무조건 원예 치료가 좋다는 단편적인 견해를 가질 수도 있다.
- 원예 치료는 반드시 재활 또는 치료에 이용된다는 편견을 금물이다.
- 식물이 고사하거나 병충해에 피해를 입었을 때 치료 대상자가 실망할지도 모른다.
- 안전성의 문제로 알레르기를 유발하거나 가시가 있는 식물도 있다.
- 참가자의 능력이나 기호가 서로 다른 경우 동일한 효과를 얻기 힘들 때가 있다.

실시 장소, 시기 및 기간을 고려한다.

원예 치료의 실시 장소는 아이디어에 따라 다양한 곳에서 실시할 수 있지만 무엇보다도 치료 대상자의 활동 정도와 식물의 생육 환경을 고려하여 결정한다. 일반적으로 원예 치료는 병원을 포함하여 식물원이나 개인의 농장 등 다양한 장소에서 이루어질 수 있으나 정상인을 대상으로 할 경우라면 반드시 병원 내에서 실시할 이유는 없다. 원예 치료를 위한 기반으로는 크게 포장, 정원, 시설(식물표본

온실, 재배 온실, 강의실, 도서실, 실습실, 작업실 등), 숙박 시설, 휴게실 등이 있어야 한다. 또 실시 장소는 그 활동 내용에 따라 실내외로 나눌 수 있다(표 14-7 참조).

〈표 14-7〉 실내외에서 할 수 있는 원예 활동

실 외	실 내	실내외에서동시에할수있는것
과수 · 채소 · 화훼재배, 정원관리, 화단 만들기 및 화단 꾸미기, 용기 재배, 벽걸이 및 공중걸이, 화분식물 재배, 자연 관찰, 견학, 자연 재료 수집, 낙엽 모으기, 퇴비와 화분용 흙 만들기	수경 재배, 실내 정원 시공 및 관리, 드라이 플라워 장식, 꽂꽂이, 포푸리 만들기, 드레스 플라워 만들기, 접시 정원, 테라리움, 실내 식물 관리, 원예 생산물을 이용한 요리 등	삽 목 파 종 난 재배 분재 재배 관엽식물 재배 화분 관리 등

실시 시기는 대상자의 특성과 프로그램에 따라 다르게 적용해야 한다. 따라서 실시 시기는 대상자의 상태, 그 지역의 기후나 환경 및 시설을 충분히 감안하도록 한다. 또 필요한 자재나 도구의 조달에 요하는 일수를 고려한다. 프로그램 진행 시간은 대상자와 프로그램 내용 및 실시 장소 등의 여건에 맞게 설정할 수 있다. 단, 하루 중 실외 활동은 1시간 반, 실내 활동은 1시간으로 제한하는 것이 좋다.

식물은 원예 치료의 적용시 근본이 되는 중요한 요소이므로 다음의 사항을 고려하여 선택하도록 한다.

- 강건하여 키우기 쉽고 친근감이 있는 식물을 선택한다.
- 미모사와 같이 움직임이 있어 시각 효과를 주거나 히야신스와 같이 향이 강해 후각을 자극하는 등 오감이 쉽게 반응할 수 있는 식물을 선택한다.
- 생장 속도가 빨라 그 변화를 쉽게 느낄 수 있음과 동시에 성취감을 얻을 수 있는 식물을 선택한다.
- 생산물(과일, 채소, 화훼 등)을 통해 성취감을 느끼며, 이것을 주변에 나누어 주면서 기쁨을 나누고 또 쉽게 가공하여 즐길 수 있는 것을 선택한다.
- 식물의 생장 과정을 볼 수 있도록, 가능하면 처음부터 키울 수 있는 것을 선택한다.

◉ 시력이 약한 사람에게는 강렬한 색채가 있는 식물이 좋다.

◉ 생명력이 강해 쉽게 번식되는 식물을 선택한다.

◉ 가시가 있는 것, 잎 끝이 뾰족한 것, 알레르기를 유발하는 독성이 있는 것은 피한다.

시설 상황을 고려한다.

원예 치료를 적용하기 위해서는 그 나름대로의 시설이 필요하다. 특히 장애인을 위해서는 그들이 이용하기에 편리하고 위험성이 없는 시설이 필요하다. 그리고 시설의 이용은 까다롭고 어렵지 않을 뿐더러 쉽게 접근할 수 있고, 대상자들이 흥미를 느낄 수 있는 시설이어야 한다. 또 식물의 재배 관리면에서도 식물 생육에 적당한 시설이 필요하므로 이 점을 충분히 고려해야 한다.

작업 도구를 고려한다.

작업 도구는 원예 작업이나 정원 활동을 보다 간단히 그리고 즐겁게 할 수 있도록 하는 중요한 요소이므로 충분히 고려해야 한다. 치료 대상자가 장애인일 경우에는 장애의 상황에 따라 그에 맞는 도구를 선택하는 것이 좋지만 장애인에 따라서는 도구를 사용하지 않는 것이 오히려 기능 회복에 도움이 되는 경우도 있으므로 도구의 선택은 신중히 한다.

쉽게 할 수 있는 원예 활동을 선택한다.

원예 작업은 그 활동에 따라 〈표 14-8〉과 같이 독특한 특성을 가지고 있으므로 대상자가 쉽게 할 수 있는 원예 활동을 선택하도록 한다.

〈표14-8〉 원예 치료 측면에서 원예 활동의 특징

활동	특징
삽 목	• 작업 테이블만 있으면 그다지 장소에 구애받지 않는다. • 특히 대상에 구애받지 않는다.
화분 심기, 용기 재배	• 화초에서 채소 재배까지 약간의 공간만 있으면 병동에서도 가능하다. • 소수 혹은 개인, 이동이 어려운 사람에게도 알맞다. • 근채류 외에는 거의 재배가능하며, 1~2개월 혹은 비교적 단기 재배의 엽채류, 20일 무 등의 미니채소와 화초 등이 좋다.
수경 재배	• 히아신스 등의 구근꽃, 무순, 발아한 어린 싹을 이용하는 채소, 토마토 등 흙이 없어도 재배 가능하다. • 소수, 개인, 이동이 불편한 사람에게 적당한 관엽식물 재배도 있다. • 실내에서 할 수 있는 것이 특징이며, 종류에 따라 계절의 영향을 받지만, 거의 주년 재배가 가능하다.
관엽식물 관리	• 소수, 개인, 이동이 불편한 사람에게도 적절하다. • 여러 사회복지시설 등에 화분을 빌려주어 그 관리를 하도록 하는 서비스를 행할 수도 있다.
꽃꽂이	• 꽃꽂이 재료는 키워서 수확하기까지 3~6개월이 걸리고, 계절적인 제한도 있기 때문에 비교적 만성적인 재활 환자에게 적절하다. • 통상의 수공예처럼 사용할 수 있다. • 소수, 개인, 이동이 불편한 사람에게도 적절하다.

기타 고려 사항

◉ 치료 대상자의 상태에 따라 전문의와 상담이 필요하다.

◉ 원예 치료 전문가, 보조원 및 자원 봉사자의 상황을 고려한다.

◉ 원예 치료의 적용과 목적이 다양한 만큼 원예와 조경에 대한 지식을 골고루 적용하되, 지루하고 싫증나지 않도록 이따금 레크리에이션도 도입하도록 하고 관찰과 수집을 위한 여행이나 등산 등의 기회도 제공한다.

3) 실행 단계

(1) 실행 단계의 정의

실행 단계는 치료사가 프로그램을 실행하고, 진행 상황을 파악하고 점검하며 대안을 마련하며, 원예 치료 평가표를 작성하는 단계이다.

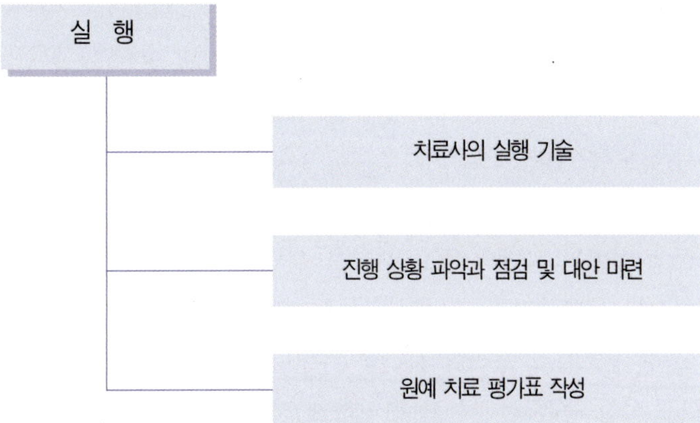

[그림14-4]원예치료실행과정

(2) 치료사의 실행 기술

원예 치료는 식물과 치료 대상자 그리고 치료사의 조화에 의해서 이루어지며, 치료를 목적으로 할 때 외면적으로는 대상자의 협력을 최대한으로 이끌어내지만, 내면적으로는 치료사가 의도한 대로 이끌어 가기 때문에 치료사의 자질과 능력이 무엇보다도 중요하다. 따라서 치료사는 많은 원예적 지식 외에도 관련 학문에 대한 깊은 조예와 인격을 함양하면서 다음과 같이 치료를 진행한다.

- 치료 대상자들의 대화와 작업을 통해 그들이 무엇에 관심을 갖고 있으며, 또 무엇을 원하는지를 파악하는 등 대상자와 친숙해지도록 한다.

- 매 회 밝은 인사로 시작한다. 지난 번 모임의 문제를 화제로 하거나 식물의 모습을 관찰하는 것으로부터 시작한다.
- 실외 활동은 최대 1시간 반, 실내 활동은 1시간으로 제한하여 대상자가 피로하지 않도록 한다.
- 대상자 개개인의 신체적, 정신적 조건이나 요구를 염두에 두고 가능한 평등하게 대한다.
- 대상자의 노력을 칭찬하고 나서 도움을 청한다. 무엇이 잘 되었고 어떻게 해서 이루어졌는지를 간결하게 설명한다.
- 대상자들에게 다른 사람의 손을 빌리지 않고 이뤄낸 일이 가장 학습 효과가 높다는 것을 기억하게 한다. 또 해야 할 일을 먼저 보여 주고 대상자가 가능한 혼자서 하도록 한다.
- 혼자서 결단할 기회를 가능한 한 많이 만들어 준다.
- 활동이 끝날 때에는 그날의 중요 사항을 설명해 주고 다음 모임의 활동에 대해서 이해시킨다(대상자가 그날의 활동을 모두 수행할 수 있도록 종료 5~10분 전에 알려 청소하고 정리할 시간을 가진다).
- 자료, 도구, 식물 등은 안전하고 편리하게 사용할 수 있도록 잘 보관, 관리한다. 빈번히 사용하는 것은 손이 잘 닿는 장소에 보관한다.

한편, 집단 활동은 사회적 상호작용과 협력 관계 속에서 치료 대상자의 관심을 불러일으킬 수 있는데, 지도 요점은 다음과 같다.

- 프로그램 내용은 명확히 하고, 계획에 참가시키거나 대상자에게 결정을 내리게 한다. 가령 어떤 식물을 키울까, 화단의 디자인은 어떻게 할까 등을 대상자가 결정하게 하고 도구 관리나 물 주기 등을 맡긴다.
- 치료 대상자는 새로운 일을 시작할 때 실패를 두려워하여 물러서는 일도 있으므로 미리 작업 내용에 대한 시범을 보여 불안을 없앤다.
- 대상자의 관심을 촉구하고 용기를 주기 위해 시설 직원, 자원봉사자, 가족의 긍정적인 협력이 필요하다. 특히 외부 사람의 질문이나 조언이 격려가 된다.
- 성공의 열쇠는 작은 것부터 시작하는 데 있다는 것을 알린다. 가령, 흙을 만

지는 데에서 시작하거나, 흙 만지기를 싫어하는 경우라면 드라이플라워나 레스플라워 장식부터 시작하는 것도 좋다.

- 다른 사람을 위해 무언가를 만들 것을 권한다. 키워낸 식물과 생산물은 가족, 친구, 직원 등에게 선물이 될 수 있다. 타인에게 선물할 수 있다는 것은 기분 좋은 일임을 느끼게 한다.
- 프로그램의 주역은 대상자이므로 치료사는 가능한 한 "도와주세요"라는 말 등을 써서 대상자가 주도적으로 참여할 것을 촉구한다.

대상자에 따라서는 〈표 14-9〉에 유의하면서 진행한다.

〈표 14-9〉 원예 치료 프로그램의 진행 시 유의점

구분	유의점
신체장애인	• 한 번에 완성할 수 있는 작업을 선택하여 적용한다. • 한꺼번에 여러 가지 작업을 주문하지 말고 하루에 한 두가지씩 한다. • 혼자서 할 수 있도록 끝까지 맡겨둔다. • 독촉하지 않는다. • 작업대나 도구는 장애인 개개인에게 맞도록 고안한다.
지적장애인	• 작업 전에 그날의 활동을 반드시 실연해 보인다. • 작업은 단계별로 익히도록 한다. • 1주 정도의 반복작업으로 작업에 자신감을 갖도록한다. • 재배한 작물을 수확하여 친지들에게 나누어 주도록하여 작업에 대한 흥미와 보람을 느끼도록 한다. • 지각(知覺)을 자극할 수 있는 활동을 해보게 한다.
정서 · 행동 장애인	• 자극적이기보다는 정적인 식물을 선택한다. • 모두가 쉽게 따라할 수 있도록 작업전에 시범을 보인다. • 원예작업을 통해 생명의 신비함과 소중함을 느낄 수 있도록 유도한다. • 서로 간에 흥미롭게 치료를 받을 수 있도록 대화의 기회를 부여한다.

4) 평가 단계

평가는 처음에 계획되었던 프로그램의 목표가 얼마나 기대치에 접근했는가를 평가하는 것이며, 이를 통해 프로그램을 수정하거나 보완하는 작업도 포함된다. 평가는 목표 달성 평가, 상황 평가, 기술 평가로 구분이 가능하다(그림 14-5 참조).[2)]

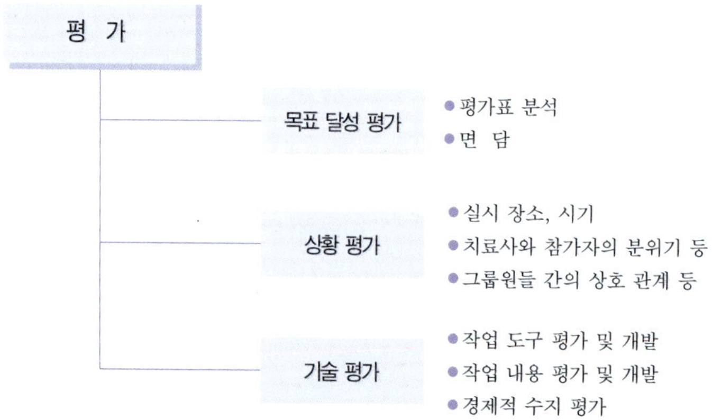

[그림14-5] 원예 치료 평가 과정

6 지적장애 아동의 사회 적응 훈련을 위한 원예 치료 프로그램[2)]

최근 원예 치료에 대한 국내·외적인 관심을 일으키면서 사회적 프로그램, 교육적 프로그램, 치료적 프로그램 등의 활발한 적용이 이루어지고 있으며, 직접적인 임상 치료는 일종의 대체의학으로서 재활 및 물리 치료의 매우 효과적인 수단이

2) 권혜진·김형득·박정주·최영애·김민웅·조정래(2000). '정신지체아동을 대상으로 실시한 원예 치료 활동사례; 장애인과 아동을 위한 원예 치료'의 연구를 요약함.

되고 있다. 다음에서 지적장애 아동을 대상으로 한 원예 치료 프로그램의 두 가지 사례를 좀더 살펴보고자 한다.

1) 연구 목적 및 대상

지적장애 아동의 사회 적응 훈련을 위한 원예 치료 프로그램의 개발과 효과 검증에 목적을 두고 있으며, 경기도 장애인협회 사회적응훈련센터 프로그램 참가자를 대상으로 하였다. 대상자들의 연령은 13세부터 20세까지이고 장애 등급별로는 정신지체 3급 6명, 2급 5명, 다운증후군 2급 1명, 중복장애(지적장애+뇌성마비) 2명, 기타 지적장애 장애범주는 지적장애, 다운증후군, 중복장애, 기타 지적장애 4명이었다.

2) 프로그램 특징

지적장애 아동을 대상으로 본 원예 치료 활동에서는 원예작물을 기르고 가꾸는 과정에서 자애롭게 양육되고 싶은 욕구를 식물 기르기에 투영하고 승화시켜 자기 존중과 자아의 개발, 성숙으로 유도하는 것을 원예 치료적 주요 접근 방법으로 설정하였다. 계절의 변화와 날씨에 따라서 식물이 생장해 가는 과정에는 사계절의 리듬과 함께 생명의 리듬이 있다. 이러한 자연의 리듬은 계절감과 시간감각, 기본적 순환 과정에 맞추어 식물심기와 수확 등의 활동을 할 수 있게 순서를 정하여 양육 과정을 자연스럽게 체득하도록 하였다.

3) 프로그램 구성

프로그램은 첫째, 식물을 기르고 가꾸는 과정에서 자신감, 성취감 등을 증진시키고자 하였다. 둘째, 식물의 자연스런 순환 과정에 맞추어 식물심기와 수확 등의 활동을 하면서 자연스럽게 신체 활동의 기회 부여 및 간단한 원예 기술을 습득할 수 있도록 하였다. 셋째, 사회적응훈련센터의 학생들에게 사회 적응 능력을 향상시키고 공동 사회에 대한 관심 증대 및 사회성을 증진시키고자 하였다(표 14-10 참조).

〈표 14-10〉 지적장애 아동의 사회 적응 훈련을 위한 원예 치료 프로그램 구성표

월/일	목 적	활동명
9/3, 7	삽목묘을 포장해서 타인에게 줌으로써 자기 표현과 성취감을 느끼고 원예라는 새로운 것에 대한 친근감과 관심을 가지게돕는다.	관엽식물 삽목표 심기 및 화분 포장
9/17, 21	식물 성장에 필요한 환경 조성의 중요성을 이해하고 생명체를 키우는 과정을 통해 사랑을 주는 법과 자신의 정체성을 알게 한다.	채소심기
10/1, 5	자기표현과 집중력 훈련 및 인지력 향상을 목적으로 한다.	꽃바구니 만들기
10/15, 19	자애롭게 양육되고 싶은 욕구를 식물을 가꾸는 일에 투영되게 하여 자기존중, 자아의 개발, 성숙을 유도한다.	채소가꾸기(김매기, 비료주기) 및 사과따기
11/5, 9	적당한 운동기회를 제공하고 주변의 식물 및 환경에 대한 관심을 통하여 무력감에서 벗어나도록 한다.	압화용 식물 채집
11/19, 23	채소 거두기를 통하여 기쁨과 보람을 얻는다.	깍두기 담그기
12/7	직접 키운 배추를 나눠줌으로써 성취감과 동정심 및 배려하는 마음을 부여한다.	배추 나눠주기
12/3, 17	죽은 식물재료를 이용하여 새로운 작품을 창작해 낸다. 직접 만든 것을 선물하여 자신감을 부여한다.	압화로 만든 크리스마스 카드, 책갈피, 액자 만들기
12/21	압화로 만든 작품들로 패널꾸미기를 하여 성취감과 자부심을 느끼고 창의력을 기를 수 있도록 돕는다.	전시회용 패널 꾸미기

4) 효 과

원예 활동을 실시한 초기와 후기에 관심 및 조력성, 언어 소통 능력, 낯가림, 대인 관계 능력, 운동 지각 능력, 정서의 6가지 영역에서 통계적으로 유의성 있는 변화를 나타냈다($p < .05$).

7 지적장애 아동의 사회성 발달(적응행동)을 위한 프로그램[3)]

1) 연구 대상

충북 청주시에 위치한 H복지관의 방과 후 프로그램에 참여하는 초등부 지적장애 아동 5명을 대상으로 삼았다.

2) 프로그램

지적장애 아동의 사회성 발달을 목표로 설계된 원예 활동 프로그램은 첫째, 대상아의 특성에 맞게 실내 활동과 실외 활동을 적절히 배치하였다. 둘째, 주변 환경을 이용하여 적절한 실외 활동이 되도록 계절을 고려하였다. 셋째, 대상이 아동이라는 특성에 따라 위험성이 없는 도구를 주고 사용하도록 고려하였다. 넷째, 식물의 생육 환경과 생육 기간을 고려하였다. 다섯째, 아동의 요구와 흥미를 고려하였다(표 14-11 참조).

3) 강정순·이영노·한성희·이상훈(2000), '원예활동이 정신지체 아동의 적응 행동에 미치는 영향'의 연구를 요약함.

〈표 14-11〉 지적장애 아동의 사회성 발달을 위한 프로그램 구성표

단계 및 회기		활동주제	주요활동과제
1단계	1회기	꽃 포장(1)	오리엔테이션, 포장지에 장미꽃 싸기
	2회기	채소 모종 심기	밭이랑 만들기 오리, 토마토, 고추 모종 심기
	3회기	채소 사진 오리기 채소 달력 만들기 채소 모종 심기(2)	채소 사진이나 그림 오리기, 5 · 6 · 7월 달력 만들기 / 오린 사진 붙이기, 달력에 활동 주제를 그림으로 표시하기
	4회기	파 종	잎채소(상추, 고구마)모종 심기
	5회기	견학(1)	들깨씨 파종하기
	6회기	거름주기, 솎기	식물원 주변 관찰
	7회기	지주 세우기	실습지에 비료 주기, 들깨순 솎기 / 오이, 토마토, 고추에 지주 세우기, 잡초 제거하기
	8회기	화분 만들기	지점토로 화분 만들기 화분에 색칠하기
	9회기	조화 만들기	꽃종이를 오려 조화 만들기
2단계	10회기	꽃모양 그려 보기	크레파스로 꽃모양 그리기
	11회기	모양 옮기기	자란 모종 넓은 장소로 옮기기
	12회기	향기 주머니 만들기	마른 꽃을 헝겁에 싸서 향기주머니(포푸리)만들기
	13회기	꽃 포장(2)	수확물 포장하기
	14회기	솎기, 수확하기	들깨순을 솎아서 수확하기
	15회기	장식품 만들기	조화를 이용하여 장식품 만들기
	16회기	나무 조형	공동으로 점토를 이용하여 나무 만들기
3단계	17회기	견학(2)	허브 식물원
	18회기	삽목 정식하기	나무심는 법 알기,공동으로 나무심기
	19회기	수경 재배	물잔디 뿌리기
	20회기	화분 만들기	화분에 식물 심기
	21회기	견학(3)	꽃가게 견학, 돈을 사용하여 꽃 사기
	22회기	꽃 포장(3)	코사지 만들기
	23회기	요리하기	수확물로 요리하기 수확하기 / 수확물 나누기, 수확물 선물하기 / 원예 활동 작품 전시
	24회기	총정리	평가하기

3) 효 과

원예 치료 프로그램은 지적장애 아동의 의사소통 기능과 사회화 기능에 영향을 미치는 것으로 나타났다. 또 행동 수정 프로그램으로 적절하다고 할 수 있는데, 예를 들면, 교실에 들어오지 않고 소리를 지르며 부정어를 반복하여 쓰던 아동이 프로그램의 단계가 올라가면서 점차 그러한 행동이 줄어들어 마침내는 문제 행동이 거의 소멸되는 결과를 볼 때, 행동 수정의 교육적 도구로서 원예 활동 프로그램의 활동이 기대된다. 그리고 인지력이 부족한 아동에게 직업 준비로 적절한 프로그램이라고 보이는데 예를 들면, 주의집중과 의욕 영역에서 유의한 변화를 보이는 것 등을 볼 때 원예 활동이 지적장애 아동에게 직무적인 접근을 통해 장차 사회의 일원으로 적응하는 데 매우 유익한 활동이라 할 수 있다. 또한, 프로그램의 진행 과정에서 매일 자신의 원예 실습 구역에 물을 주고 반복된 과제를 주었을 때 1단계 후반부터 자신감과 의욕적인 행동의 변화를 보이는 아동이 많아졌으며, 과제의 내용이 반복되었을 때 싫증을 내기 보다는 솔선하는 모습을 나타내었다.

이 외에 지적장애 아동뿐만 아니라 다양한 특성을 지닌 여러 계층을 대상으로 실시한 결과 원예 치료 프로그램의 효과는 긍정적인 것으로 밝혀지고 있다.

BOX 14-1 특수교육 보조원 1000명 추가 배치

오는 2학기부터 특수교육 보조원이 추가 배치되고, 병 · 허약학생을 특수교육 대상자에 포함,무상교육을지원키로했다.

교육인적자원부는 19일 장애학생의 개별화교육 강화 및 학습권 보장을 위해 내달중순부터 전국 초 · 중 · 고등학교의 통합학급과 특수학급 및 특수학교에 추가 배치, 오는2학기부터활동할수있도록했다.

교육인적자원부는 교육 복지 실현을 위해 특수학교 등에 대한 지원을 지속적으로 확대해 나가기로 했다. 교육부는 당초 올해부터 특수교육 보조원을 1000명씩 늘려 2007년까지 4000명을 배치할 계획이었으나 차순위 지원 대상인 중도 및 중복 장애학생 부모들의 요구가 증대됨에 따라 내년도 배치 예정인 1000명을 앞당겨 배치키로 했다.

특수교육 보조원은 지난 3월 처음으로 국고 지원을 통해 배치된 이후 일반학생들의장애학생에 대한 이해를 도와 특수교육의 세계적 추세인 통합교육의 보편화를 촉진하고, 유휴인력의 일자리 창출에도 기여함으로써 장애학생의 부모들과 교사들로부터 선진적이고 효과적인 교육복지 사업으로 평가를 받고 있다.

특수교육 보조원은 특수교육 대상자로 선정된 장애학생에 한해 배치하게 되는데 배치순서는 일반학교의 통합학급 · 특수학급, 특수학교의 장애학생 순으로 하되, 중도 · 중복장애학생부터 우선 배치하게 된다.

특수교육 보조원의 지원을 희망하는 장애학생의 학부모는 학교에서 배부하는 특수교육 보조원 배치 신청서를 작성해 이달 말까지 학교에 제출하면 되고, 지역 교육청은 특수교육운영위원회의 심사를 거쳐 적격자에 대해 특수교육보조원을 배치하게된다.

한편 특수교육 보조원은 기능직 또는 학교 회계 계약직으로서, 고등학교 졸업 이상의 학력을 소지하고 특수교육에 관심이 있는 자로 특수교육기관이나 장애인복지관에 근무한 경력이 있는 자를 우선해 각급 학교장이 채용하게 되는데 이들에게는 시도 교육청에서 오는 8월 중순부터 10일간 60시간의 연수를 실시하게 된다.

교육부는 이와 함께 '특수교육발전종합계획'에 따라 병 · 허약학생을 특수교육대 상자에 포함, 입학금 · 수업료 · 교과용 도서대 외에 급식비와 학교운영지원비를 무상으로지원한다.

교육부는 이를 위해 특수교육진흥법과 동법 시행령의 개정을 입법 예고하는 등 장애학생에 대한 지원 확대를 통해 교육복지를 실현해 나가기로 했다.

교육부는 앞으로도 특수교육 기관의 신 · 증설, 특수교육교사와 치료교육 교사의 배치확대, 특수교육 지원센터 운영의 내실화, 일반학교 내 장애인 편의시설 확충 등을 위해지속적인 노력을 기울여 나갈 계획이다.

교육인적자원부e-교육소식

CHAPTER

15

장애 영역별 창의성 통합교육

1 CAPA 프로그램과 ACCM 모델

1) CAPA 프로그램과 ACCM 모델

CAPA(Creativity-A Process Approach) 프로그램의 주창자인 전경원은 유아들의 창의성 계발 프로그램에 흥미를 느끼기 시작하여 다양한 실험 연구를 통하여 유아들의 창의성 계발 가능성을 탐색하였고, 유아들에게 적합한 단원들을 개발하였다. 창의적인 과정(process)을 중심으로 개발된 CAPA 프로그램은 그동안 평재들과 영재들에게 적용되어 왔다.

창의적 과정을 중시하는 CAPA 프로그램은 장애아동들에게도 적용될 수 있다. 원래 CAPA 프로그램은 유치원 교육 과정과 유아 발달 단계에 맞추어 전통문화를 중심으로 한 창의적인 프로그램으로 창의적인 기법 및 다양한 교수매체를 활용하여 각 유아의 연령과 발달 단계에 따라 차등 적용하도록 고안되어 있으며, 5개 영역의 표현 경로와 6가지 창의성의 기본 요소 30(또는 36)가지를 상호 교차시킨 ACCM(A Comprehensive Creativity Model) 모델(표 15-1 참조)에 따라 창의성 프로그램이 구성되어 있다. 여기서는 장애아동들의 통합교육 과정에서 사용하기 위해 기존의 CAPA 내용과는 달리, 장애 영역별로 구성하였다. 이에 대한 자세한 내용은 동·서양의 하모니를 위한 창의학(전경원, 2000)을 참고하도록 한다.

〈표 15-1〉 ACCM 모델

	초급		중급		고급	
유형 / 채널	민감성 Sen(Sn)	상상력 Ima(Im)	유창성 Fln(Fl)	융통성 Flx(Fx)	정교성 Ela(El)	독창성 Org(Or)
언어 창의성 L	L1(말) : L1. Sn L2(글) : L2. Sn	L1. Im L2. Im	L1. Fl L2. Fl	L1. Fx L2. Fx	L1. E IL2. El	L1. Or L2. Or
도형 창의성 F	F. Sn	F. Im	F. Fl	F. Fx	F. El	F. Or
소리 창의성 S	S. Sn	S. Im	S. Fl	S. Fx	S. El	S. Or
동작 창의성 B	B. Sn	B. Im	B. Fl	B. Fx	B. El	B. Or
조작 창의성 M	M. Sn	M. Im	M. Fl	M. Fx	M. El	M. Or

창의성 유형

Sen(Sensitivity, Sn) : 민감성
Ima(Imagination, Im) : 상상력
Fln(Fluency, Fl) : 유창성
Flx(Flexibility, Fx) : 융통성
Ela(Elaboration, El) : 정교성
Org(Originality, Or) : 독창성

창의성 채널

Linguistic Creativity(L) : 언어창의성
Figural Creativity(F) : 도형창의성
Sound Creativity(S) : 소리창의성
Behavioral Creativity(B) : 동작창의성
Manipulative Creativity(M) : 조작창의성

2) CAPA 프로그램 교수 활동

CAPA 프로그램은 사전 활동(창의 준비하기), 본 활동(창의 떠올리기－창의 무르익기－창의 가다듬기－창의 점검하기), 사후 활동(창의 확장하기)의 총 3단계의 교수 과정으로 이루어진다. 이를 좀더 자세히 살펴보면 〈표 15-2〉와 같다.

〈표 15-2〉 CAPA 프로그램의 교수 단계

<table>
<tr><th>단계</th><th colspan="2">내 용</th></tr>
<tr><td>1단계
(사전활동단계)</td><td colspan="2">1단계는 활동에 대한 유아의 과거 경험들을 공유해 보고, 활동을 원활하게 이해하고 수행하는 데 필요한 기본적인 지식을 쌓는 단계이다.</td></tr>
<tr><td>2단계
(본활동단계)</td><td>2단계에서는
• 창의 떠올리기
• 창의 무르익기
• 창의 가다듬기
• 창의 점검하기의 4단계에 걸친 활동이 이루어진다.</td><td>① 창의 떠올리기에서는 활동에 대한 동기유발의 단계로 다양한 교수 매체와 교수 방법으로 접근하게 된다.
② 창의 무르익기에서는 창의적인 사고가 고도화되는 단계로 다양한 활동(작업, 동시짓기, 토의, 실험 등)과 확산적인 발문을 토대로 창의적인 생각이 무르익어가는 단계이다.
③ 창의 가다듬기에서는 지금까지의 활동을 경험하고 난 느낌을 공유하고, 결과물의 발표 및 전시를 통해 수업내용을 마무리하는 단계이다.
④ 창의 점검하기에서는 창의 무르익기에서 강조한 창의적인 태도와 표현 경로 및 요소들을 제대로 표현했는지 평가해 보는 단계이다.</td></tr>
<tr><td>3단계
(사후활동단계)</td><td colspan="2">3단계는 활동과 관련되어 추가적으로 진행될 수 있는 '창의확장단계' 로 각 영역에서 다양한 교수매체와 창의성 기법이 활용된 활동들을 교사가 융통성을 발휘해 그룹 형태를 달리 해 적용할 수 있는 추후 활동단계이다.</td></tr>
</table>

2 장애 영역별 창의성 통합교육 활동

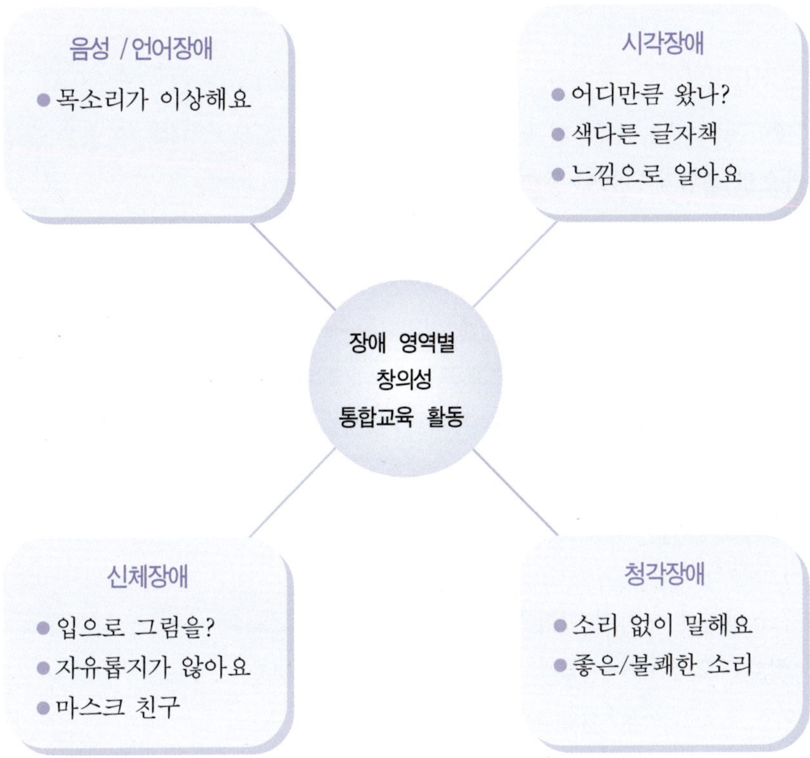

[그림15-1] 장애 영역별 창의성 통합교육 활동의 예시

1) 음성/언어장애

주제: 목소리가 이상해요

- **인지목표** 음성/언어장애에 대해 이해할 수 있다.
- **창의목표** 독특한 방법으로 자신의 생각을 표현할 수 있다.
- **준 비 물** 동화, 얼음, 바구니, 단어(그림)카드, 다양한 재료, 미술 도구 등
- **주의사항** 활동 중 ※로 표기

창의 떠올리기

- "말더듬이 호도애"(유진 휘르나사리 글, 아칠레 페두치 그림, 이영춘 옮김, 성바오로 출판사, 1993) 동화를 듣는다.

T : 말더듬이 호도애(비둘기과에 속하는 철새)는 어떤 목소리로 엄마를 불렀을까요?

T : 내가 만약 호도애였다면 기분이 어땠을까요?

T : 친구들이 백합꽃이라면 호도애에게 어떤 말을 해주었을까요?

직접 말, 소리, 동작으로 표현해 보세요.

※동화를 듣는 과정에서 유아들이 언어장애를 가진 사람들의 마음을 자연스럽게 이해할 수 있도록 한다.

창의 무르익기

- 가상 상황에 대하여 이야기 나눈다.

T : 잠을 자고 일어났더니 갑자기 목소리가 변했어요.
어떤 목소리일까요? 직접 표현해 보세요.

T : 목소리가 변해서인지 친구들이 나의 말을 알아듣지 못해요.
어떻게 나의 생각을 전할 수 있을까요? 독특한 방법을 생각해 보세요.

※다양한 상황 제시를 통하여 유아들이 언어/음성장애아들의 입장을 경험하고,

'T'는교사의상호작용을의미한다.

그들의 어려움을 이해하는 시간을 갖는다. 더불어 자신의 생각을 독특한 방법으로 표현할 수 있는 창의적인 사고의 시간이 되도록 자연스러운 분위기 조성이 요구된다.

- '~으로 말해요' 활동을 진행한다.

T : 말을 할 수 없는 친구에게 멋진 물건을 선물하고 싶어요.

T : 이 친구에게 가장 필요한 물건은 무엇일까요? 상상해 보세요.

T : 준비된 재료를 이용해 친구에게 필요한 물건을 만들어 보고, 작품에 어울리는 독특한 이름도 지어 주세요.

- 작품 소개의 시간을 갖는다.

T : 우리 친구들이 꾸민 작품들은 어떤 기능을 가지고 있을까요?

T : 다른 친구들에게 자세하게 설명해 주세요.

창의 가다듬기

- '오물오물 이야기하기' 게임을 진행한다.

T : 선생님이 얼음을 준비해 오셨어요.

T : 얼음을 입에 넣고, 바구니 속에 있는 단어(그림)카드를 뽑아 친구들에게 설명해 주는 거예요. 단 말로만 표현해야 해요.

※ 유아들이 글 읽는 것에 익숙치 않을 시는 단어카드 대신 간단한 그림카드(나비, 강아지 등의 그림)를 제시하여 유아들이 설명하도록 유도한다. 이때 얼음은 너무 작지 않은 것으로 미리 준비한다.

창의 점검하기

- 언어/음성장애에 대해 잘 이해했는지 살펴본다.
- 자신의 생각을 독특한 방법으로 표현했는지 평가한다.
- 음성/언어장애인에게 도움이 될 수 있는 물건을 독특하게 꾸몄는지 살펴본다.

2) 시각장애

주제: 어디까지 왔나?

- **인지목표** 시각장애에 대해 알 수 있다.
- **창의목표** 볼 수 없는 친구에게 독특한 방법으로 자신을 알릴 수 있다.
- **준 비 물** 동화, 눈가리개, 다양한 재료, 미술 도구 등
- **주의사항** 활동 중 ※로 표기

창의 떠올리기

- "심청전" 동화를 듣는다.

T : 심봉사는 어떻게 집을 찾아갈 수 있을까요?

T : 눈을 떴을 때 어떻게 심청이를 알아보았을까요?

※동화의 다양한 상황을 함께 이야기 나누어 보는 시간을 통하여, 시각장애를 가진 사람들의 불편한 점을 생각해 볼 수 있다.

창의 무르익기

- 시각장애 친구에게 나를 소개해요.

T : 앞을 보지 못하는 친구가 있어요.

T : 그 친구에게 나를 소개하고 싶은데 어떻게 해야 할까요?
나만의 독특한 방법을 생각해 보세요.

※나를 소개할 독특한 방법을 생각해 본 후, 한 사람씩 앞으로 나와 자신을 소개하는 시간을 갖는다. 이때 다른 친구들은 모두 눈을 감고 그 친구가 누구인지 생각해 본다.

- '시각 도우미 만들기' 활동을 진행한다.

T : 앞을 보지 못하는 친구에게 필요한 물건은 무엇일까요?

T : 친구를 위해 독특한 물건을 꾸며 보세요.

- 작품 소개의 시간을 갖는다.

T : 친구들이 꾸민 작품을 정교하게 소개해 볼까요?

T : 작품에 어울리는 독특한 이름도 지어주세요.

창의 가다듬기

- ‘어디까지 왔나?’ 게임을 진행한다.

※2인 1조가 되어 한 유아는 인도자가 되고, 다른 유아는 인도자의 등에 고개를 대어 앞을 보지 않는다. ⇒ 길을 갈 때 중간중간 ‘어디까지 왔나?’하고 물어보면서 위치를 파악할 수 있다. 목적지에 도착하면 서로의 역할을 바꾸어 되돌아오면 게임이 끝난다.

창의 점검하기

- 시각장애에 대해 이해했는지 살펴본다.
- 앞을 보지 못하는 친구에게 자신을 잘 소개했는지 평가한다.
- 시각장애인에게 도움이 될 수 있는 물건을 독특하게 꾸몄는지 살펴본다.

주제: 색다른 글자책

- **인지목표** 점자책에 대해 알 수 있다.
- **창의목표** 점자책을 민감하게 살필 수 있다.
- **준 비 물** 점자책, 호일, 끝이 뾰족한 물건(볼펜, 붓대 등), 신문지
- **주의사항** 활동 중 ※로 표기

창의 떠올리기

- 시각장애인을 위한 시설(물건)에 대해 이야기 나눈다.

T : 눈이 보이지 않는 사람들은 어떻게 길을 건널 수 있을까요?

T : 시각장애인을 위해 만들어진 시설에는 어떤 것들이 있나요?

※함께 생각해 보는 시간을 통하여, 평소 무심코 지나쳤던 장애시설(사물)의 용도를 다시 한번 생각해 볼 수 있다.

창의 무르익기

- 점자책에 대하여 살펴본다.

T : 헬렌켈러는 눈이 보이지 않았지만 아주 훌륭한 일을 많이 하였어요.

T : 어떻게 책을 읽었을까요?

※점자책을 준비하여 유아들이 직접 만져 보고, 그 느낌을 이야기 나눠 볼 수 있다.

- '호일판화' 활동을 진행한다.

T : 뾰족한 물건으로 점을 꾹꾹!

T : 표현하고 싶은 모양을 점으로 마음껏 꾸며 보세요.

※신문지를 두툼하게 깐 후, 그 위에 호일을 올려 놓는다. ⇒ 끝이 날카롭지 않지만 점을 찍었을 때 표시가 나는 물건(볼펜, 붓대 등)을 사용하여 모양을 꾸미도록 한다.

활동 전에 유의 사항을 미리 이야기 나누도록 한다.

창의 가다듬기

- 작품 소개의 시간을 갖는다.

※자신이 구성한 작품을 친구에게 소개하는 시간을 가진 후, 독특한 이름을 붙이고 게시판에 작품을 전시하는 시간을 갖는다.

창의 점검하기

- 점자책에 대해 이해했는지 살펴본다.
- 자신의 생각과 느낌을 유창하게 표현했는지 평가한다.
- 점을 이용해 독특한 작품을 구성하였는지 살펴본다.

주제: 느낌으로 알아요

- **인지목표** 감각 변별력을 기를 수 있다.
- **창의목표** 물건을 만짐으로써 특징을 민감하게 파악할 수 있다.

준 비 물 다양한 촉감의 물건들(솜, 털, 밀가루 반죽 등), 비밀상자, 눈가리개, 다양한 소리가 녹음된 테이프, 녹음기

주의사항 활동 중 ※로 표기

창의 떠올리기

● '비밀 상자'속의 물건을 살펴본다.

T : 오늘은 선생님이 비밀 상자를 준비해 오셨어요.

T : 이 속에는 우리 친구들이 많이 보았던 물건들이 들어 있답니다.

T : 과연 어떤 물건들이 들어 있을까요?

T : 상자 속은 너무 캄캄해서 들여다볼 수가 없답니다.
어떻게 이 물건을 알아맞힐 수 있을까요?

※물건을 만질 때, 그 느낌을 정교하게 표현할 수 있도록 자연스러운 분위기를 유도한다.

창의 무르익기

● 누구일까요?

T : 앞을 볼 수 없다면 어떻게 친구를 알아볼 수 있을까요?

T : 친구의 얼굴을 민감하게 만져 보세요. 누구일까요?

T : 왜 ○○라고 생각했나요?

※눈을 가리개로 가린 후, 직접 친구의 얼굴을 만져 보고 알아맞혀 보는 활동을 통하여 친구의 특징을 민감하게 파악할 수 있는 시간을 갖는다.

● '소리를 그림으로?' 활동을 진행한다.

T : 우리 주변에는 너무나 많은 소리들이 있어요.

T : 그 중에는 아름다운 소리/기분 나쁜 소리들도 있지요.

T : 지금부터 어떤 소리가 들리는지 잘 들어 보고, 그 느낌을 그림으로 표현해 봅니다.

※녹음된 테이프 외에도, 유아들이 눈을 감고 주변에서 들리는 소리를 자연스럽게 그림으로 표현해 볼 수 있다.

예 새소리 : ~~ 걸어오는 소리(뚜벅뚜벅) : 〉〉〉

창의 가다듬기

- 활동 후, 작품 소개의 시간을 갖는다.

※소리를 묘사한 다양한 그림을 함께 살펴보고, 같은 소리에 대해 각각 다르게 표현된 작품을 비교해 볼 수 있다.

창의 점검하기

- 감각기관을 통하여 민감하게 사물을 파악했는지 살펴본다.
- 소리를 듣고 느낌을 독특하게 잘 표현했는지 살펴본다.

3) 청각장애

주제: 소리 없이 말해요

- **인지목표** 청각장애에 대해 알 수 있다.
- **창의목표** 입 모양 관찰을 통하여 이야기를 정교하게 파악할 수 있다.
- **준 비 물** 거울
- **주의사항** 활동 중 ※로 표기

창의 떠올리기

- "내게는 소리를 듣지 못하는 여동생이 있습니다"(J. W. 피터슨 지음, D. K. 레이 그림, 박병철 옮김, 히말라야, 1995) 동화를 듣는다.

T : 동생은 어떤 말을 하고 싶었을까요?

T : 어느 날 갑자기 세상의 소리가 모두 사라진다면 어떻게 될까요?

※귀를 막고 옆의 친구와 이야기 나누어 보는 활동을 진행해 봄으로써 청각장애인의 불편한 점을 경험할 수 있다.

창의 무르익기

- 어떻게 할까요?

–청각장애 친구들은 어떻게 자신의 생각을 이야기할까요?

T : 듣는 것과 말하는 것이 어려운 친구들은 어떻게 이야기를 나눌까요?

T : '기분이 너무 좋아요'를 어떻게 이야기할까요? 직접 표현해 보세요.

※수화로 이야기하는 모습(방송)을 녹화하여 살펴보고, 간단한 수화를 배워 보는 시간을 갖는 것도 좋다.

–듣지 못하는 친구에게 위급한 상황을 알려야 해요.

T : ○○가 길을 걷고 있네요.

T : ○○는 소리를 듣지 못해요. 그래서 항상 고개를 숙이고 길을 걷지요.

T : 어? 어떡하면 좋아요. ○○ 뒤에서 자전거가 아주 빠르게 달려오고 있어요.

T : 지금 비키지 않으면 다칠 것 같아요. 어떻게 빨리 ○○에게 길을 비키라고 알려줄 수 있을까요? 독특한 방법을 생각해 보세요.

※다양한 상황을 제시해 주어 유아들이 상황에 따른 대안책을 유창하게 표현할 수 있도록 한다.

창의 가다듬기

- '입 모양으로만 말해요' 게임을 진행한다.

–한 친구씩 앞으로 나와 두 친구가 마주 앉아 소리 없이 단어를 이야기할 때, 입 모양을 민감하게 살펴, 친구가 이야기한 내용을 알아맞힌다.

※"절대 소리를 내면 안 돼요." "이야기를 할 땐 크고 정확한 입 모양으로 표현해 주세요." 등의 유의 사항을 함께 이야기 나눈 후 게임을 진행하도록 한다.

창의 점검하기

- 자신의 생각과 느낌을 유창하게 표현하였는지 살펴본다.
- 친구가 이야기하는 것을 민감하게 잘 파악하였는지 평가한다.

주제: 좋은/불쾌한 소리

- **인지목표** 다양한 소리를 알 수 있다.
- **창의목표** 주변에서 들을 수 있는 소리를 민감하게 파악할 수 있다.

▶ **준 비 물** 종이, 미술 도구 등

▶ **주의사항** 활동 중 ※로 표기

창의 떠올리기

- 좋은/불쾌한 소리에 대하여 살펴본다.

T : 기분을 좋게 하는 소리에는 어떤 것들이 있나요?

T : 기분을 나쁘게 만드는 소리에는 어떤 것들이 있나요?

T : 그 소리들을 정교하게 표현해 보세요.

창의 무르익기

- '침묵 나라' 활동을 진행한다.

T : 이곳은 '침묵 나라'.

T : 이곳에서는 어떤 소리도 들을 수 없어요.

T : 어떻게 서로의 생각을 전할 수 있을까요?
나만의 독특한 방법을 생각해 보세요.

※'침묵 시간'의 경험을 통하여 청각장애인들의 불편을 조금이나마 이해하는 시간이 될 수 있다.

- 들리지 않는 친구에게 필요한 '도우미 설계하기'

T : 소리를 잘 듣지 못하는 친구가 있어요. 며칠 후면 이 친구의 생일이거든요.

T : 음~ 친구에게 가장 필요한 선물을 하고 싶은데…….

T : 일일 발명가가 될 수 있다면 어떤 것을 만들어 보고 싶나요?

T : 멋진 작품을 설계해 보세요.

※다양한 종류의 재료를 준비해 주어, 직접 구성해 보는 활동으로 확장해 볼 수도 있다.

창의 가다듬기

- 활동 후 작품 소개의 시간을 갖는다.

※자신이 꾸민 작품의 용도와 기능에 대하여 정교하게 표현하는 시간을 갖는다. 더불어 작품에 어울리는 독특한 이름을 지어 보도록 한다.

창의 점검하기

- 주변에서 들을 수 있는 소리에 대해 민감하게 반응하였는지 살펴본다.
- 나만의 독특한 의사 전달법을 구사했는지 살펴본다.
- 독특한 작품을 설계하였는지 평가한다.

4) 신체장애

주제: 입으로 그림을?

- **인지목표** 신체장애를 이해할 수 있다.
- **창의목표** 신체를 융통성 있게 활용할 수 있다.
- **준 비 물** "반쪽이" 동화, 미술 도구(물감, 붓, 사인펜 등)
- **주의사항** 활동 중 ※로 표기

창의 떠올리기

- "반쪽이" 동화를 듣는다.

※신체장애를 가진 사람들도 나름대로 세상에서 아름답고 건강한 모습으로 활기있게 살고 싶어한다는 것을 이해하는 시간을 갖는다.

창의 무르익기

- 오체 불만족

T : 한쪽 다리를 들고 움직여 보세요.

T : 이번엔 한쪽 손으로만 물건을 들어 봅니다. 어떤가요?

※신체의 한 부분을 사용하지 못한다면 어떨지 함께 생각해 보는 시간을 통하여 신체장애인들의 불편함을 느껴볼 수 있다.

- '입으로 그림을?' 활동을 진행한다.

T : 오늘은 손 외에 다른 신체 부위를 사용하여 그림을 그려 보도록 해요.

T : 다리를 사용해도 좋구요, 입으로 그림을 그려도 좋아요.

T : 준비됐나요? 그럼 시작해 볼까요?

※손 외의 다른 신체 부위를 이용하여 독특한 그림을 그려 볼 수 있도록 적절한 재료를 준비한다.

- 활동 후 작품 소개의 시간을 갖는다.

창의 가다듬기

- 꼬불꼬불~ 산골길 걷기

⇒ 바닥에 실을 놓아 길을 만든다. ⇒ 한 줄로 길게 늘어서서 꼬불꼬불 놓인 실을 밟으며 걸어 본다.

※유아 수가 많을 때는 팀을 나누어서 길을 따라가 보도록 한다.

창의 점검하기

- 신체를 융통성 있게 활용하였는지 평가한다.
- 독특한 작품을 구성하였는지 살펴본다.

주제: 자유롭지가 않아요

- **인지목표** 신체의 움직임을 이해할 수 있다.
- **창의목표** 신체를 민감하게 움직일 수 있다.
- **준 비 물** 필기도구, 미술 도구, 줄
- **주의사항** 활동 중 ※로 표기

창의 떠올리기

- 균형을 잡아봐요.

T : 오른발을 들어 흔들리지 않게 균형을 잡아 보세요.

T : 한쪽 발을 든 채 앞으로 걸어 보세요. 어떤가요?

※신체가 불편한 상황을 직접 경험해 봄으로써, 신체장애인들의 불편한 점을 체험할 수 있다.

창의 무르익기

- 어떻게 할까요?

T : 다리에 깁스를 했는데 화장실에 가고 싶어요.

T : 어떻게 해야 할까요?

※신체의 불편에 따른 문제 상황에 대한 대안책을 함께 이야기 나누어 본다.

- '희망 열거' 활동을 진행한다.

T : 오늘은 신체가 불편한 친구를 위해 도움이 될 수 있는 물건을 살펴보기로 해요.

T : 어떤 기능의 물건들이 만들어진다면 좋을지 함께 생각해 보기로 해요.

※소그룹을 구성하여 유아들이 각자 희망하는 사항들을 열거해 보고, 도형으로도 표현해 보는 시간을 갖는다.

- 활동 후 그룹별 작품 소개의 시간을 갖는다.

창의 가다듬기

- 2인 3각 게임

⇒ 2명이 짝이 된다. ⇒ 다리 한쪽씩을 줄로 묶어 출발 신호에 맞춰 반환점을 돌아온다.

※서로 호흡을 맞춰 함께 하는 동안 협력을 유도할 수 있다.

창의 점검하기

- 제시된 상황에 적절하게 반응하였는지 살펴본다.
- 독특한 아이디어를 냈는지 평가한다.

주제: 마스크 친구

- **인지목표** 신체장애 친구들도 나와 같음을 인식할 수 있다.
- **창의목표** 제시된 상황에 대하여 타인을 민감하게 이해할 수 있다.
- **준 비 물** 다양한 종류의 점토(밀가루, 찰흙 등)
- **주의사항** 활동 중 ※으로 표기

창의 떠올리기

● 마스크 친구!

T : ○○는 항상 마스크를 쓰고 다녀요.

T : 아주 더운 여름철에도 마스크를 벗을 수가 없대요.

T : ○○는 왜 항상 마스크를 쓰고 다닐까요?

T : 어쩔 수 없이 마스크를 써야 한다면 어떨까요?

※화상과 같은 상황에 대해 함께 이야기 나누어 보고, 그 친구의 입장이 되어 생각해 보는 시간을 갖는다.

창의 무르익기

● 친구의 입장이 되어 봐요.

T : 여러 종류의 점토가 있어요.

T : 이 점토를 나의 몸에 여러 가지 형태로 붙여 봅니다.

※묽은 점토를 준비하여 신체의 각 부분에 붙여 보고, 불의의 사고로 인해 상처를 입은 친구의 입장을 이해해 보는 시간으로 구성해 볼 수 있다.

● 생각과 느낌을 나눠요.

T : 점토로 붙인 나의 몸을 살펴보세요.

T : 어떤 기분이 드나요? 나의 몸이 항상 이렇게 되어 있다면 어떨까요?

※누구나 자신이 원해서 상처를 입거나 장애를 갖게 된 것이 아님을 인식하고, 장애를 가진 친구들 모두가 나와 같다는 것을 인식할 수 있도록 한다.

창의 가다듬기

● 장애인 복지회관 방문하기

다양한 장애로 인해 어려움을 겪고 있는 장애인들을 만나 보고, 그들과 함께 하는 시간을 통해 장애인에 대한 편견을 버리는 시간이 되도록 유도한다.

창의 점검하기

● 자신의 생각과 느낌을 유창하게 표현했는지 살펴본다.
● 타인의 입장을 이해하는 시간이 되었는지 평가한다.

참고문헌

제1장

교육부 (1993). 특수교육백서. 교육부.

교육부 (1998). 교육 50년사: 1948~1998 (1998). 교육부.

교육부 (2013). 2013 특수교육통계.

국립특수교육원 (2022). 2022 특수교육 연차보고서.

김병하 (1983). 특수교육의 역사적 이해. 서울: 형설출판사.

김승국 (1995). 특수교육학. 서울: 양서원.

김종현·이성현·이은림·정대영 (1996). 특수유아교육. 서울: 창지사.

이소현·박은혜 (2011). 특수아동교육. 서울: 학지사.

Hallahan, D. P. & Kauffman, J. M. (1994). *Exceptional children : Introduction to special education* (6th Ed.). Boston : Allyn and Bacon.

Heward, W L and Orlansky, M D (1992). *Exceptional Children: An. Introductory Survey of Special Education*. New York: MacMillan Pub Co. Kirk, S. A. & Gallagher, J. J. (1979). Educating exceptional children (2nd ed.). Boston : Houghton Mifflin.

Kirk, S. A. & Gallagher, J. (1986). *Education of exceptional children* (3rd ed.). Boston : Houghton Mifflin.

Lewis, R. B., & Doorlag, D. H. (1995). *Teaching Special students in the mainstream* (4th ed.). Englewood Cliffs, NJ: Prentice-Hall.

Meyen, E. L. (1982). Exceptional children in today's schools. Denver, Colorado : Love pub. co.

Turnbull, A. P. & Schulz, J. B. (1979). *Mainstreaming handicapped students*. Boston : Allyn & Bacon.

World Health organization (1993). *International classification of impairments, disabilities and handicaps*. Geneva : World Health organization(pp27-29).

제2장

구본권 (2002). 제54기 유치원장격연수 자료집. 서울: 서울대학교 사범대학 부설 중등교육연수원.

김광웅 (1990). 정신지체유아의 통합교육에 관한 연구. 단국대학교 특수교육연구소.

김광웅 (1992). 아동발달. 서울:형설출판사.

김삼섭 (1995). 학령기 단계에서의 통합교육의 과제와 대책. 특수교육학회지, 16 (2), 73-94, 대한특수교육학회.

김삼섭 (1996). 장애아 통합교육: 비교교육학적 접근. 서울: 양서원.

김숙경 (1985). 유아기 통합교육을 위한 부모 및 교사의 태도에 관한 연구. 이화여자대학교 석사학위논문.

김옥기·유균화 (편역) (1993). 학습장애아교육. 단국대특수교육과 (미간행)

박승희 (1994). 특수학급의 비장애학생과 특수학급의 장애학생과의 사회적 관계에 대한 일분석: 통합교육을 통한 비장애학생의 긍정적 경험. 특수교육논집(1994) 제11편.

유수옥 (1998). 성공적인 장애유아 통합교육 실천을 위한 탐색연구. 18(2), 303-318.

이소현 (1996). 유치원에서의 장애아 통합교육: 일반학급에서의 사회적 통합을 중심으로. 초등교육연구, 10, 153-175.

이소현·박은혜 (1990). 특수아동교육의 이해(3판). 서울:학지사.

이소현·박은혜 (2011). 특수아동교육. 서울: 학지사.

한국일보 2001. 3. 8 기사. '자폐아 둔 부부의 관찰일기 출간 화제'

Bailey, D. B. & Winton, P. J. (1987). *Stability and change in parents' expectations about mainstreaming*. Topics in Early Childhood Special Education, 7(1), 73-88.

Bricker, D., Bruder, M., & Bailey, E. (1982). Developmental integration of preschool children. Analysis and Intervention in Developmental Disabilities, 2, 207-222.

Bricker, D. D. (1978). *A rationale for the integration of handicapped and nonhandicapped preschool school children*. In M. Guralnick (Ed.), Early intervention and the integration of handicapped and nonhandicapped children (pp. 3–26).

Bricker, D. D. & Sandall, S. (1979). *Mainstreaming in preschool programs: How and shy to do it*. Education Unlimited, 29.

Donaldson, J. & Martinson, M. C. (1977). *Modifying attitudes toward physically disabled persons*. Exceptional Children, 43, 337–341.

Esposito, B. G. & Peach, W. J. (1983). *Changing attitudes of preschool children toward handicapped persons*. Exceptional Children, 43, 202–210.

Friend, M. & Bursuck, W. (1996). *Including students with special needs: A practical guide for classroom teachers*. Boston: Allyn & Bacon.

Garrett, F. M. & Crump, W. D. (1980). *Peer acceptance, teacher preference, and self-appraisal of social status of learning disabled students. Learning Disability* Quarterly, 3(3), 42–48.

Hallahan, D. P. & Kauffman, J. M. (1994). *Exceptional children : Introduction to special education* (6th Ed.). Boston : Allyn and Bacon.

Handlers, A. & Austin, K. (1980). *Improving attitudes of high school students toward their handicapped peers*. Exceptional Children, 47, 228–229.

Kauffman, M. J., Gottlieb, J., Agard, J. A., & Kukic, M. D. (1975). *Mainstreaming: Toward and explication of the construct.* In E. L. Meyen, G. A. Vergason, & R. J. Whelan (Eds.), Alternatives for teaching exceptional children (pp. 35–54). Denver: Love.

Lewis, R. B. & Doorlag, D. H. (1995). *Teaching Special students in the mainstream* (4th ed.). englewood Cliffs, NJ: Prentice-Hall.

Mikkelsen, G. (1992). *Building a Welcoming classroom: What's working. Minneapolis: Minnesota Inclusive Education Technical Assistance Program*. University of Minnesota College of Education.

Odom, S. L. & McEvoy, M. A. (1988). *Integration of young children with handicaps.* In S. L. Odom & M. B. Karnes (Eds.), Early intervention for infants and children with handicaps: An empirical base(pp. 241–268). Baltimore: Paul H. Brookes.

Schaps, E. & Solmon, D. (1990). *Schools and classrooms as caring communities*. Educational

Leadership, 48(3), 38-42.

Schulz, J. B. & Carpenter, C. D. (1995). *Mainstreaming exceptional students: a guide for classroom teachers* (4th ed.). Boston: Allyn and Bacon.

Stainback, W. & Stainback, S. (1992). *Schools as inclusive communities*. In W. Stainback (Eds.), Controversial issues confronting special education: Divergent perspectives (pp. 29-43). Boston: Allyn and Bacon.

Thousand, J. S. & Villa, R. A. (1990). *Strategies for educating learners with severe disabilities within their local home, school, and communities*. Focus on Exceptional Children, 23(3), 1-10.

Turnbull, A. P. (1982). *Preschool mainstreaming: A policy and implementation analysis*. Education and Policy Analysis, 4, 281-291.

Will, M. (1986). *Educating children with learning problems: A shared responsibility.* Exceptional Children, 52(5), 411-415.

Yell, M. L. (1955). *Least restrictive environments, inclusion, and students with disabilities*: A legal analysis. Journal of Special Education, 28(4), 389-404.

제3장

교육부 (1998). 교육 50년사: 1948-1998. 교육부.

국립특수교육원 (2022). 2022 특수교육 연차보고서.

김승국 (1995). 특수교육학. 서울: 양서원.

김승국·김옥기 (1985). 사회성숙도검사. 서울: 중앙적성출판사.

김종현 외 (1996). 특수유아교육. 서울: 창지사.

박경숙·윤점룡·박효정·박혜정·권기욱 (1987). KEDI-WISC. 서울: 한국교육개발원.

박승희 (역) (1994). 정신지체 정의, 분류, 지원의 체계. 서울: 교육과학사.

박은혜 (1997). 중도장애아를 위한 지역사회중심의 교수방법. 이화특수교육학술대회 발표 논문집 "중도장애아 교육의 기초와 방법론", 79-101.

변호걸·남경욱·김용범·이병혁·권미은(2016). 특수교육의 이해. 서울: 동문사.

보건복지부 (2017). 2017 장애인 실태조사.

이상춘·조인수 (1989). 정신지체아 교육. 서울: 신아출판사.

이소현·박은혜 (2011). 특수아동교육. 서울:학지사.

전용신 (1971). 고대-비네 검사요강. 서울: 고려대학교 행동과학연구소.

Adams, G. L. (1984). *Comprehensive Test of adaptive Behavior*. Columbus, OH: Merrill.

Anderson, R. M. & Greer, J. G. (Eds.) (1976). Educating the severely and profoundly retarded Baltimore, MD: University Pard Press.

Bray, N. W. (1979). *Strategy production in the retarded*. In N.R. Ellis (Ed.), Handbook of mental deficiency: Psychological theory and research(2nd ed.). Hillsdale, NJ: Lawrence Erlbaum Associates.

Bruininks, R. H., Woodcock, R. W., Weatherman, R. F., & Hill, B. K. (1984). *Scales of Independent Behavior*. Allen, TX: DLM/Teaching Resources.

Corman, L. & Gottlieb, J. (1978). *Mainstreaming mentally retarded children: A review of research*. In N.R. Ellis (Ed.) International review of research. In mental retardation(vol.9). New York: Academic Press.

Cprman, L. & Gottlieb. J. (1978). *Mainstreaming mentally retarded children: A review of research*. In N.R. Ellis (Ed.), International review of research. In mental retardation (vol.9) New York: Academic Press.

Cromer, R. F. (1974). *Receptive language in the mentally retarded: Processes and diagnostic distinctions*. In R. L. Schielbusch & L.L. Lloyed (Eds.), Language Perspectives: Retardation, acquisition and intervention. Baltimore: University Park Press.

Doll, E. A. (1953). *Vineland Social Maturity Scale*. Minneapolis: American Guidance Services.

Dunn, L. M. (1973). *Children with mild general learning disabilities*. In L. M. Dunn (Ed.), Exceptional children in the schools (2nd ed.) New York: Holt, Rinehart and Winston.

Edwards, M. S. (1981). *Fetal Alcohol syndrome*. Journal of Nursing, 14, 6-8.

Ellis, E. S. (1983). *The effects of teaching disabled adolescents an executive strategy to facilitate self-generation of task-specific strategies*. Doctoral dissertation, Lawrence, KA: University of Kansas.

Giangreco, M. F., Dennis, R., Cloninger, C., Edelman, S., & Schattman, R. (1993). "I've counted John": *Transformational experiences of teachers educating students with disabilities*. Exceptional Children, 59(4), 359–372.

Hagen, J. W. & Huntsman, N. J. (1971). *Selective attention in mental retardates.* Developmental Psychology, 5, 151–160.

Hallahan, D. P. & Kauffman, J. M. (1994). *Exceptional Children: Introduction to special education* (6th Ed.). Boston: Ally and Bacon.

Harter, S. & Zigler, E. (1974). *The assessment of effective motivation in normal and retarded children*. Developmental Psychology, 10. 169–180.

Hetherington, E. M. & Parke, R. D. (1986). *Child Psychology: A contemporary viewpoint* (3rd ed.). New York: McGraw–Hill.

Janney, R. E., Snell, M. E., Beers, M. K., & Raynes, M. (1995). *Integrating students with moderate and severe disabilities into general education classes*. Exceptional Children, 61(5), 425–438.

Jordan, I., Gustason, G. R., & Rosen, R.(1976). *Current communication trends in programs for the deaf.* American Annals of the Deaf, 121(6), 527–532.

Kaufman, A. S. & Kaufman, N. L. (1983). *Kaufman Assessment Battery for Children*. Circle Pines, MN: American Guidance Services.

Kirk, S. A. & Gallagher, J. J. (1983). *Educational children*(4th ed.). Boston: Houghton Mifflin.

Lambert, N. M. & Windmiller, M. B. (1981). *AAMD Adaptive Behavior Scale-School edition*. Monterey, CA: Publishers Test Services.

Lewis, R. B. & Doorlag, D. H. (1995). *Teaching Special students in the mainstream* (4th ed.). englewood Cliffs, NJ: Prentice–Hall.

Luckasson, R., Coulter, D. L., Polloway, E. A., Reiss, S., Schalock, R. L., Snell, M.

E., Spitalnick, D. M., & Stark, J. A. (1992). *Mental retardation: Definition, classification, and systems of supports* (9th Edition). Washington, DC: American Association on Mental Retardation.

McLaren, J. & Bryson, S. E. (1987). *Review of recent epidemiogical studies of mental retardation*: Prevalence, associated disorders and etiology. American Journal of Mental Retardation, 92, 243–254.

Mercer, J. R. (1973). *Labelling the mentally retarded*. Berkerly: University of Montagu, A. (1977). Life before Birth. New York: Signet Books.

Nihira, K., Foster, R., Shellhaas, M., & Leland, H. (1974). *Adaptive Behavior Scales*. Washington, DC: American Association on Mental Deficiency.

Orelove, F. P. & Sobsey, D. (1996). *Educating children with multiple disabilities* (3rd ed.). Baltimore: Paul H. Brookes.

Reschly, D. J. (1987). *Adaptive behavior*. Tallahassee: Florida Department of Education.

Reschly, D. J. (1990). *Adaptive behavior*. In A. Thomas & J. Grimes (Eds.), Best practices in school psychology(2nd ed., pp. 29–42). Washington, DC: National Association of School Psychologists.

Ryndak, D. L. & Alper, S. (1996). *Curriculum content for students with moderate and severe disabilities in inclusive settings*. Boston: Ally and Bacon.

Silbert, J., Carnine, D., & Stein, M. (1990). Direct instruction mathematics (2nd ed.). New York: Merrill.

Sparrow, S. S., Balla, D. A., & Cichetti, D. V. (1984). *Vineland Adaptive Behavior Scales*. Circle Pines, MN: American Guidance Services.

Tarjan, G., Wright, S. W., Eyman, R.K., & Keeran, D.V. (1973). *Natural history of mental retardation: Some aspects of epidemiology*. American Journal of Mental Deficiency, 77, 369–379.

Thorndike, R. L., Hagen, E., & Sattler, J. (1985). *Stanford-Binet Intelligence Scale*. Chicago, IL: Riverside.

Vitello, S. J. (1976). *Quantitative abilities of mentally retarded children*. Education and Training of the Mentally Retarded, 11, 125–129.

Wechsler, D. (1967). *Wechsler Preschool and Primary Scale of Intelligence*. San Antonio, TX: Psychological Corp.

Wechsler, D. (1981). *Wechsler Adult Intelligence Scale-Revised*. San Antonio, TX: Psychological Corp.

Wechsler, D. (1991). *Wechsler Intelligence Scale for Children-III*. San Antonio, TX: Psychological Corp.

Westling, D. L. & Fox, L. (1995). *Teaching students with severe disabilities*. Englewood Cliffs, N.J: Prentice Hall.

Zeaman, D. & House, B. J. (1963). *The role of attention in retardate discrimination learning*. In N.R. Ellis (Ed.), Handbook of mental deficiency. New York: McGraw–Hill.

제4장

교육부 (1998). 교육 50년사: 1948–1998. 교육부.

국립특수교육원 (2022). 2022 특수교육연차보고서

권준수 · 김재진 · 남궁기 · 박원명 · 신민섭 · 유범희 · 윤진상 · 이상익 · 이승환 · 이영식 · 이헌정 · 임효덕 · 강도형 · 최수희 역 (2015). DSM–5 정신질환의 진단 및 통계 편람(제5판). 서울: 학지사.

김승국 (1995). 특수교육학. 서울: 양서원.

보건복지부 (2017). 2017 장애인 실태조사.

송준만 · 유효순 (1990). 특수아동교육. 서울: 교문사.

이소현 · 박은혜 (2011). 특수아동교육. 서울: 양서원.

지성애 역 (1998). 유아행동지도. 서울: 양서원.

American psychiatric Association (2013). *Diagnostic and statistical mental manual of mental disorders* (5th ed.). Washington DC : American Psychiatric Association.

Bower, E. M. (1969). *Early Identification of Emotionally Handicapped Children in school* (2nd ed.). Springfield, Ill. : Charles C. Thomas.

Bower, G. H. (1981). Mood and memory. American Psychologist, 36, 129~148.

Coleman, M. C. (1986). *Behavior disorders*. Englewood cliffs, N. J : Prentice Hall.

Feldman, D., Kinnison, L., Jay, R., & Harth, R. (1983). *The effects of differential labeling on professional Concepts and attitudes toward the emotionally disturbed behaviorally disordered*. Behavioral Disorders, 8, 191−198.

Gattesman, I. I. (1991). *Schizophrenia genesis: The origins of madness*. New York : W. H. Freeman.

Hethrington, E. M. (1979). *Divorce:A child's perspective*. American psychologist, 34, 851−858.

Huntze, S. (1985). *A position paper of the council for children with Behavioral Disorder*. Behavioral Disorders, 10, 167−174.

Kauffman, J. M. (1993). *Characteristics of emotional and behavioral disorders of children and youth* (5th ed.). New york: Merrill.

Kerr, M. M. & Nelson, C. M. (1989). *Strategies for managing behavior problems in the classroom* (2nd ed.). New York : Merrill.

Martin, B. (1975). Parent−child relations. In F.D. Horowitz (ed.), Review of child development research, 4. chicago : University of chicago press.

Plomin, R. (1989). Developmental behavioral genetics: Stability and instability. In M. H. Bornstein & N. A. Krasnegor (Eds.), Stability and continuity in mental development (pp.273−291). Hillsdale, NJ: Lawrence Erlbaum Associates.

Prior, M. & Welly, J. S. (1986). *Autism, schizophrenia, and allied disorders*. In H. C. Quay & J. S. Werry (Eds.), Psychopathological disorders of childhood (3rd ed.). New York : Wiley.

Quay, H. C. (1979). Classification. In H. Quay & J. Werry (Eds.), Psychopathological disorders of childhood (2nd ed.). New York : Wiley.

Thomas, A., Chess S., & Brich, H. G. (1968). *Temperament and behavior disorders in children*. New York university press.

제5장

강위영·윤치연(2004). 한국 자폐증 진단검사(K-ADS). 부산: 테스피아.

권미은·노진아· 백유순·최민숙(2013). 유아교사를 위한 성공적인 통합교육 전략. 서울: 시그마프레스.

권준수·김재진·남궁기·박원명·신민섭·유범희·윤진상·이상익·이승환·이영식·이헌정·임효덕·강도형·최수희 역 (2015). DSM-5 정신질환의 진단 및 통계 편람(제5판). 서울: 학지사.

김동일·손승현·전병운·한경근(2010). 특수교육학개론. 학지사.

김태련·박량규 공역(1996). 아동기 자폐증 평정척도(CARS). 서울: 도서출판 특수교육.

김태련·박량규(1992). 이화-자폐아동 행동발달평가도구(E-CLAC). 서울: 도서출판 특수교육.

김희규·강정숙·김은영·김의정·김주영·김형일·박계신·오세철·옥정달·정동일·정동훈·정해진·채희태·홍은숙·황복선(2010). 특수교육학개론. 학지사.

이은주·최지은·박숙희(2011). 특수아동의 이해. 공동체.

이소현·박은혜(2011). 특수아동교육. 학지사.

이승희(2009). 자폐스펙트럼장애의 이해. 학지사.

유희정(2007). 자폐증 진단 면접지(ADI-R). 서울: 학지사.

유희정· 곽영숙(2009). 자폐증 진단 관찰 스케줄(ADOS). 서울: 학지사.

조현춘·송영혜·조현재(2002). 아동이상 심리학. 시그마프레스.

American Psychiatric Association. (2013). Diagnostic and statistical manual of mental disorders(5th ed., text rev.). Washington, DC: American Psychiatric Association.

Mash. E. J., & Wolfe. D. A. (2002). Abnormal child psychology. wadsworth, a division of Thomson Learning, Inc. p. 268.

제6장

강위영·정대영 (1986). 학습장애아의 출현율과 행동특성. 재활과학연구, 7(1), 5-22. 대구대학교 재활과학연구소.

국립특수교육원 (1996). 특수교육대상자의 출현율.

국립특수교육원 (1998). 특수교육대상자의 출현율.

국립특수교육원 (1998). 특수교육 연차보고서.

국립특수교육원 (2022). 2022 특수교육 연차보고서.

김승국 (1985). 일반학급에 통합되어 있는 장애학생의 실태조사 연구. 단국대학교 사대논총. 51-76.

김승국 (1995). 특수교육학. 서울: 양서원.

김종현·이성현·이은림·정대영 (1996). 특수유아교육. 서울: 창지사.

이상훈 (2000). 학습장애아의 정의와 사정에 대한 논의. 정서, 학습 장애 연구, 15(2).

이소현·박은혜 (2011). 특수아동교육. 서울: 학지사.

Cruickshank, W. & Hallahan, D. (1973). *Psychoeducational foundations of learning disabilities*. Englewood Cliffs, N.J: Prentice-Hall.

Englemann, S. E. (1977). *Sequencing Cognitive and academic tusks*. In R.D. Kneedler and S. G. Tarner (Eds.), Changing Perspectives in special education. Columbus, OH: Merrill.

Engelmann, S. E. & Osborn, J. (1976). *DISTAR language: AN instructional system*. Chicago: Science Research Associates.

Graham, S., Harris, K. R., & Sawyer, R. (1987). *Composition in structure with learning disabled students: self-instructional strategy training*. Focus on Exceptional Children, 20, 1-11.

Hallahan, D. P. (1975). *Comparative research studies on the psychological characteristics of learning disabled children*. In w. Cruickshank and D.P. Hallahan (Eds.), Perceptual and learning disabilities in children: psychoeducational practices. (vol. 1). Syracuse: Syracuse University Press.

Hallahan, D. P., Kauffman, J. M., & Lloyd, J. (1985). *Introduction to learning disabilities* (2nd ed.). Englewood, Cliffs, NJ: Prentice-Hall.

Hallahan, D. P., & Kauffman, J. M. (1994). *Exceptional Children: Introduction to special education* (6th Ed.). Boston: Allyn and Bacon.

Hallgren, B. (1950). Specific dyslexia: *A Clinical and genetic study*. Acta Psychiatrica et Neurologica, 65, 1-287.

Hynd, G. W., Marshall, R., & Gonzalez, J. (1991). *Learning disabilities and presumed central nervous system dysfunction*. Learning Disability Quarterly, 14(4), 283-296.

Kaluger, G. & Kolson, C. J. (1978). *Reading and learning disabilities* (2nd ed.). Columbus, OH: Merrill.

Learner, J. (1981). *Learning disabilities: Theories, diagnosis and teaching strategies* (3rd ed.) Boston: Houghton Mifflin.

Mercer, C. D. (1987). *Students with learning disabilities* (3rd ed.). Columbus, OH: Merrill.

Noel, M. (1980). *Referential communication abilities of learning disabled children*. Learning Disability Quarterly, 3, 70-87.

Reynolds, M. C. & Birch, J. W. (1977). *Adaptive mainstreaming* (3rd ed.). New York: Longman.

Rutter, M. (1975). *Helping troubled children*. Harmondsworth, England:Penguin Books.

Rutter, M. & Yule, W. (1976). The concept of specific reading retardation. Journal of child psychology and psychiatry, 16, 181-187.

Semel, E.M., & Wiig, E.H. (1982) Clinical Language Intervention Program San Antonio, TX: The Psychological Corporation.

Smith, C. R. (1983). *Learning disabilities. The interaction of learner, task, and setting*. Boston: Little, Brown.

U. S. Department of Education (1985). *Seventh annual report to Cogress on the implementation of the Education of the Handicapped Act*. Washington, D. C.: Author.

Wiig, E. H. & Semel, E. (1976). *Language disabilities in children and adolescents*. Columbus, OH: Merrill.

제7장

국립특수교육원 (1998). 특수교육대상자의 출현율.

국립특수교육원 (2002). 특수교육대상자 출현율.

송준만·유효순 (1990). 특수아동교육. 서울: 교문사.

Bernstein, D. K. & Tiegerman, E. (1985). *Language and Communication disorders in children* (2nd ed.). Columbus, OH: Merrill Macmillan.

Culatta, B. K. & Culatta, R. (1993). *Students with Communication Problems*. In A.e. Blackhurst & W.H. Berdine (Eds.), An introduction to special education (3rd ed., pp. 283–269). New York: HarperCollins.

Johnson, W. R. (1961). *Special education for mentally handicapped-A paradox.* Exceptional Children, 19, 62–69.

Kelly, R. H. & Rotatori, A. F. (1986). *Counseling the Language disordered child*. In A. F. Rotatori, P. J. Gerber, F. W. Litton, & R.A. Fox (Eds.), Counseling exceptional students (pp. 144–161). New York: Human Sciences.

Lahey, M. (1988). *Language disorders and language development*. New York: Macmillan.

Rogow, S. (1987). *Children with communication disorders*. In M. Winzer, S. Rogow and C. David, Exceptional children in Canada. Scarborough, Ont.: Prentice–Hall.

Shames, G. & Florance, C. (1982). *Disorders of fluency*. In G. Shames and E. Wiig (Eds.), Human communication disorders. Columbus, OH: Merrill.

Shames, G. H. & Ramig, P. R. (1994). *Stuttering and other disorders of fluency*. In G.H. Shames, E. H. Wigg, & W. A. Secord (Eds.), Human Communication disorders (4th ed., pp. 336–386). New York: Merrill/Macmillan.

VanRiper, C. (1973). *The treatment of stuttering. Englewood Cliffs*, NJ: Prentice–Hall.

VanRiper, C. (1978). *Speech Correction* (5th ed.). englewood Cliffs, NJ: Prentice–Hall.

Wiig, E. (1982). *Language disabilities in the school-aged child*. In G. Shames and E. Wiig

(Eds), Human communication disorders Columbus, OH: Merrill.

제8장

교육부 (1998). 교육 50년사: 1948-1998. 교육부.

김태근 (1996). 시각장애아동의 통합교육에 대한 맹학교 교사와 일반교사의 태도 비교 연구. 이화여자대학교 석사학위논문.

보건복지부 (2017). 2017 장애인 실태조사.

송준만·유효순 (1997). 특수아 지도. 서울: 한국방송대학교 출판부.

송준만·유효순 (1990). 특수아동교육. 서울: 교문사.

이소현·박은혜 (2011). 특수아동교육. 서울: 학지사.

Barraga, N. (1983). *Visual handicaps and learning* (rev.ed.). Austin, TX: Exceptional Resources.

Boldt, W. (1969). *The development of scientific thinking in blind children and dolescents*. Education of the Visually Handicapped, 1, 5-8.

Corn, A. (1980). *Development and assessment on an inservice training program for teachers of the visually handicapped*. Optical aids in the classroom. Unpublished doctoral dissertation. Teachers College. Columbia University.

Cutsforth, T. D. (1951). The blind school and society: A psychological study. New York: American Foundation for the Blind.

Hallahan, D. P., & Kauffman, J. M. (1988). *Exceptional Children: Introduction to special education* (4th Ed.). Boston: Ally and Bacon.

Meyen, E. L. (1996). *Exceptional children in today's school* (3rd ed.). Denver: Love.

Pasanella, A. L. & Volkmor, C. B. (1981). *Teaching handicapped students in the mainstream* (2nd ed.). Columbus, OH: Merrill.

Report of the Subcommittee on Rehabilitation (1971). *National Institute of Neurological Diseases and blindness*. Organization for Social and technical Innovation, Inc.

Scholl, G. T. (1976). *What does it mean to be blind?* In G.T. Scholl (Ed.), Foundation for education for blinded and visually handicapped children and youth(pp. 23–34). New York: American Foundation for the Blind.

Smits, B. W. & Mommers, M. J. C. (1976). *Differences between blind and sighted children on WISC verbal subtests*. New Outlook for the Blind, 70, 240–246.

Vander Kolk, C. J. (1982). *A comparison of intelligence teast score patterns between visually impaired subgroups and the sighted*. Rehabilitation Psychology, 27, 115–120.

Warren, D. H. (1994). *Blindness and children*. New York: Cambridge University Press.

Weiss, J. B. & Weiss, J. (1981). *Use of the talking calculator to improve mathematical skill*. Journal of Visual Impairment and Blindness, 75, 61–63.

제9장

교육부 (1998). 교육 50년사: 1948–1998. 교육부.

국립특수교육원 (2022). 2022 특수교육 연차보고서.

동아일보 2001.7.25 기사, '청각 왜곡 언어발달 장애'

송준만·유효순 (1997). 특수아 지도. 서울 : 한국방송대학교 출판부.

Gregorey, S. (1976). *The deaf child and his family*. London: Allen & Unwin.

Hallahan, D. P. & Kauffman, J. M. (1988). *Exceptional Children: Introduction to special education* (4th Ed.). Boston: Ally and Bacon.

Hallahan, D. P. & Kauffman, J. M. (1976). *Introduction to Learning Disabilities: A Psychobehavioral Approach*. Englewood Cliffs, N.J. : Prentice. Hall.

Hardy, J. B. (1968). *The Whole child: A plea for a global approach to the child with auditory problems*. Education of the deaf: The challenge and the charge. Washington, D.C.: U. S. Government Printing Office.

Higgins, P. C. (1992). *Working at mainstreaming*. In P.M. Ferguson, D.L. Ferguson, & S.J. Taylor (Eds.), Interpreting disability (pp. 103–123).

Meadow, K. P. (1980). *Deafness and child development*. Berkeley: University of California Press.

Meyen, E. L. (1996). *Exceptional children in today's school* (3rd ed.). Denver: Love.

Moores, D. F., Weiss, K. L., & Goodwin, M. W. (1975). *Receptive abilities of deaf children across five modes of communication*. Exceptional Children, 40, 22-28.

Martin, F. N. (1975). *Introduction to audiology*. Englewood Cliffs, NJ: Prentice-Hall.

제10장

교육부 (1998). 교육 50년사: 1948-1998. 교육부.

김승국 (1995). 특수교육학. 서울: 양서원.

송준만·유효순 (1990). 특수아동교육. 서울: 교문사.

송준만·유효순 (1992). 특수아동교육 (3판). 서울 : 교문사.

보건복지부 (2017). 2017 장애인 실태조사.

Batshaw, M. L. & Perret, Y. M. (1986). *Children with handicaps: a medical primer* (2nd ed.). Baltimore: Paul H. Brooks.

Berdine, W. H., & Blackhurst, A. E. (1985). *An introduction to special education*. Boston: Little, Brown.

Bigge, J. (1991). *Teaching individuals with physical and Multiple disabilities* (3rd ed.). New York: Merrill.

Bigge, J. & O' Donnell, D. (1977). *Teaching individuals with physical and multiple disabilities*. Columbus, OH: Charles E. Merrill.

Cruickshank, W. M. (Ed.) (1976). *Cerebral palsy: A developmental disability*. New York: Syracuse University Press.

Denhoff, E. (1976). *Medical aspects*. In W.M. Cruickshank (Ed.), Cerebral palsy: A developmental disability (3rd ed.) pp. 97-210 Syracuse, NY: Syracuse University Press.

Douglas, J. W. (1964). *The home and the school*. London: Meckgibbon and Kee.

Lefebue, A. (1983). *The child with physical handicaps*. In P.D. Strenhauser and Z. Rae-grant (Eds.), Psychological problems of the child in the family (2nd ed.). New York: Basic Books.

Lewis, R. B. & Doorlag, D. H. (1995). *Teaching special students in the mainstream* (4th ed.) (p. 399) Englewood cliffs, NJ: Prentice-Hall.

McCoy, K. M. (1995). *Teaching special learners in the general education classroom* (2nd ed.). Denver: Love.

Nelson, K. B. & Ellenberg, J. H. (1978). *Epidemiology of cerebral palsy*. Advances in Neurology, 19, 421-435.

Ples, I. B. & Roghmann, K. (1971). *Chronic illness and its consequences: Observations based on three epidemiologic surveys*. Journal of pediatrics, 79, 351-359.

Stubblefield, R. L. (1974). *Psychiatric complications of chronic illness in children*. In J. A. Downey and N. L. Low (Eds.), The child with disabling illness. Philadelphia, PA: Saunders.

제11장

김승국 (1995). 특수교육학. 서울: 양서원.

전경원 (2000). 한국의 새천년을 위한 영재교육학. 서울: 학문사.

조선일보 2001. 9. 10 기사, '영재로 지목되면 불행해져'

Barbe, W. B. (1956). *A study of the family background of the gifted*. Journal of Educational Psychology, 47, 302-309.

Dunkin, M. S. & Biddle, B. J. (1974). *The study of teaching*. New York: Holt, Rinehart and Winston.

Ehrlich, V. Z. (1982). *Gifted children : A guide for parents and teachers*. Monroe, NY : Trillium Press.

Feldhusen, J. F. (1986). *A conception of giftedness*. In R.J.Sternberg, & J. E. Davidson,. (Eds.), Conceptions of giftedness. New York: Cambridge Univ. Press.

Fisch, R. O., Bilek, M. K., Horrobin, J. M., & Chang, P. (1976). *Children with superior intelligence at 7 years of age*. American Journal of Disease of Children, 13, 481-487.

Gallagher, J. (1985). *Teaching gifted children*. Boston: Allyn and Bacon.

Gardner, H. (1983). *Frames of mind: The theory of multiple intelligences*. New York: Basic Books.

Getzels, J. W. & Jackson, P.W. (1962). *Creativity and intelligence: Exploration with gifted students*. New York: Wiley.

Hagen, E. (1980). *Identification of the gifted*. N.Y.:Tenders College, Columbia University.

Hallahan, D. P. & Kauffman, J. M. (1982). *Exceptional Children: Introduction to special education*. 2nd ed. Englewood Cliffs, N.J.: Prentice-Hall.

Hollingworth, L. S. (1942). *Children above 180 IQ, Stanford-Binet*. New York: World Book Company.

Kirk, S. A. & Gallagher, J. J. (1983). *Educating exceptional children*(4th ed.). Boston: Houghton Mifflin.

Marland, S. P., Jr (1972). *Education of the gifted and talented* (Report to the subcommottee on Education, Committee on Labor and Public Welfare, U.S.Senate). Washington, DC: U.S. Government Printing Office.

Mitchell, P. & Erickson, D. K. (1978). *The education of gifted and talented children: A status report*. Exceptional Children, 45, 12-16.

Renzulli, J. S. (1978). *What makes gifteness? A reexamination of the gifted and the talented*. Ventura, CA: Office of the Superintendent of Ventura County Schools.

Renzulli, J. S. (1982). *Dear Mr. and Mrs. Copernicus: We regret to inform you*. Gifted Child Quarterly, 26(1), 11-14.

Silverman, L. K. (1987). *An interview with Elizabeth Hagen: Giftedness, intelligence, and the new Stanford-Binet*. Roeper Review, 8(3), 168-171.

Terman, L. M. & Oden, M. H. (1947). *The gifted child grows up: Twenty-five years follow up of a superior group: Genetic studies of genius* (Vol.4). Stanford, CA: Stanford University Press.

Whitmore, J. R. (1983). *Changes in teacher education: The key to survival for gifted education*. Roeper Review, 6(1), 8-13.

제12장

권기덕·김동연·최외선 (1993). 가족미술치료의 이론과 실제. 특수교육.

김동연 (2000). 미술치료의 이론과 실제. 제27회 미술치료연수회자료집. 한국미술치료학회.

김주연·백은희 (1999). 자기표현 미술활동이 정서장애 아동의 자아개념에 미치는 효과. 미술치료연구, 6(1), 175-188. 한국미술치료학회.

김창은 (1990). 대인표현훈련 프로그램이 대인불안 및 자아 존중감에 미치는 효과. 한국교육대학교 석사학위논문.

류정자·김동연·정옥락 (1996). 다양한 미술활동프로그램이 아동의 주의집중 결함과 조음오류에 미치는 영향. 미술치료연구, 3(1). 한국미술치료학회.

서울대학교 교육연구소 (1995). 교육학 용어사전. 서울: 하우.

인간발달 복지 연구소 (1997). 내 마음을 읽어주세요. 서울: 중앙적성출판사.

정대영 (1991). 학습·정서장애아와 정신지체아의 일반 및 변별적 인지요인 분석. 대구대학교 박사학위논문.

한국미술치료학회(1997). 미술치료의 이론과 실제. 대구: 동아문화사.

홍준표 (1996). 정서장애아의 사회적 위축 및 공포반응에 대한 집단치료 방안 연구. 한국심리학회지, 9(2), 176-192. 한국심리학회.

Landgarten, H. B (1987). *Family Art Psychotherapy*. N.Y.: Brunner/Mazel.

Levy, S. (1952). *Figure drawing as a projective test* 〉 In Abt, L. E., Bellak, L Projictive Psychology. New York.: Grove Press.

Rogers, C. R. (1961). On becoming a person. London. : Constable.

Wadson, H. S. (1980). *Art Psychotherapy*. N.Y.: John Wiley & Sons.

제13장

문장원 (1997). 장애학생과 음악치료 (3). 현장특수교육, 봄호.

최병철 (1999). 음악치료학. 서울: 학지사.

Bruscia, K. E. (1989). *Defining music therapy*. Spring City, PA: Spring House Books.

Thaut, M. H. (1987). *Visual vs. auditory(musical) stimulus preferences in autistic children: A pilot study*. Journal of Autism and Developmental Disorders, 17, 425-432.

Wheeler, B. (1983). *A psychotherapeutic classification of music therapy practices: A continuum of procedures*. Music Therapy Perspectives, 1(2), 8-12.

제14장

강정순·이영노·한성희·이상훈 (2000). 원예활동이 정신지체 아동의 적응행동에 미치는 영향. 장애인과 아동을 위한 원예치료한국원예치료연구회 학술심포지엄 자료집, 86-94.

권혜진·김형득·박정주·최영애·김민웅·조정래 (2000). 정신지체아동을 대상으로 실시한 원예치료 활동사례. 장애인과 아동을 위한 원예치료, 제3회 한국원예 치료연구회 학술심포지엄 자료집, 135-146.

손기철·박석근·부희옥·배공영·백기엽·이상훈·허북구 (1997). 원예치료. 서울: 서원.

한국원예치료연구회 (2000). 홈페이지 www.khta.or.kr, 한국원예치료연구회.

제15장

전경원 (2000). 동·서양의 하모니를 위한 창의학. 서울: 학문사.

유진 휘르나사리(저), 이영춘(역)(1993). 말 더듬이 호도애. 서울: 성바오로출판사.

J.W.피터슨(저), 박병철(역) (1995). 내게는 소리를 듣지 못하는 여동생이 있습니다. 창원: 히말라야.

전 경 원 (田景媛)

■ 약 력

- 현 전경원의 행복한 창의성 연구소 Founder
- 현 광주대학교 유아교육과 교수
- 현 (사)창의공학연구원 운영위원
- 현 한국창의력교육학회 고문

■ 경 력

- 한국창의력교육학회 회장
- 하버드 대학교 객원학자
- 퍼듀대학교 객원 조교수
- 아시아-태평양 영재학회 부회장
- Gifted Education International 학술지 편집위원
- 국제영재학회 한국대표위원
- 광주대학교 학생생활연구소 소장
- 퍼듀대학교 부속 영재교육 연구소 교사훈련가 및 연구원

■ 학 력

- 2012~2014 고려사이버대학교 예술경영학과 예술경영학사
- 1986~1989 미국 퍼듀대학교 교육심리(영재교육전공) 박사
- 1985~1986 미국 남다코타 주립대학교 대학원 상담학(영재교육전공)석사2
- 1983~1985 미국 남다코타 주립대학교 대학원 교육학(영재교육전공)석사1

■ 저서 및 역서

- 창의력 백서(2024년 출간예정, 전경원의 행복한 창의성 연구소)
- 창의성 테크닉(2022, 창지사, 공저)
- 창의적인 아동미술교육(2021, 교문사, 공저 Kates Kim)
- 창의성을 키워주는 아동문학(2021, 정민사, 공저)
- 뇌brain의 창의적인 잠재능력을 키워주는 "교육심리학" (2020, 창지사)
- 발문을 중심으로 한 "유아창의성교육"(2020, 정민사, 공저)
- 2020년 개정 누리과정에 기초한 "영유아의 창의성 교육"(2019, 정민사)
- 장애유아 통합교육의 이해(2019, 정민사, 공저)
- 유아의 질적연구(2018, 정민사)
- 아동연구방법론(2015/2020 2nd, 창지사, 공저)
- 전경원의 창의성 검사 논문 편람(2016, 학지사, 공동)
- 창의성 본질과 교육(2015, 정민사, 저)
- 융합창의성을 중심으로 한 유아과학교육 (2015, 정민사)
- 창의력 두뇌는 만들어진다(2014, 아주 좋은 날)
- 영화를 통해 엿보는 "특수아동의 이해(2014, 정민사, 공저)
- 창의력 콤플렉스(2013. 아주 좋은 날, 저)
- 영화닥터 119(2012, 정민사, 저)
- 유아의 창의성 교육(2012. 정민사, 공저)
- 서바이벌 크리에이티브(2011 아주좋은날, 저)
- 창의력도 키워주는 "아동 독서치료"(2011, 창지사, 공저)
- 창의력 측정:행복한 생존을 위한 창의력(2010, 창지사, 저)
- 21세기 교육의 큰 두 개의 축, 1 chapter (2010, 우종옥 엮음, 교육과학사 개정판)
- "생각날개" 43권 동화책 (2010, 포에버 북스, 전경원, 전경남 공동 감수)

- 엄마가 키워주는 창의력이 공부력이다 (2009, 아주좋은날, 저)
- 창의성: 이론과 주제 (2009, 시그마 프레스, 공역)
- 특수교육 개정법에 따른 "특수유아교육" (2009, 창지사, 공저)
- 창의력이란 무엇인가? (2008, 신원, 저)
- 창의적 문제해결력을 키워라 (2008, 대교, 공역)
- 소문난 육아책 (2007, 웅진리빙하우스, 공저)
- 인간적인 창의성 (2006, 창지사, 공역)
- 창의성 교육의 이론과 실제 (2006, 창지사 저)
- 과정중심의 창의성 프로그램(CAPA) 프로그램 (2005, 행복한 창의성 연구소, 저)
- 새로운 영재·재능 교육의 이론과 실제 (2004, 학문사, 저)
- 흥미로운 유아의 상상력 세계 (2004, 교문사, 역)
- 생활 속의 창의성 계발 1: 브레인스토밍 (2004, 창지사, 저)
- 생활 속의 창의성 계발 2: 오감과 지성 (2004, 창지사, 공저)
- 생활 속의 창의성 계발 3: 크루즈 여행 (2004, 창지사, 저)
- 창의적인 문제해결을 중심으로 한 유아교육실습의 이론과 실제 (2004, 교문사, 공저)
- 유아의 심리검사와 측정 (2004, 창지사, 저)
- 신문을 이용한 창의성 교육 (2003, 창지사, 공저)
- 전경원 교수의 창의성을 키워주는 영재교육 프로그램 22권 (2003, 교문사, 공저)
- 놀잇감으로 길러주는 상상의 날개 (2002, 한울림, 역)
- 창의력 계발을 위한 유아 미술교육 (2002, 교문사, 저)
- 유아특수교육 (2002, 양지, 저)
- 전래동화를 활용한 창의성 워크북 5권 (2002, 창지사, 공저)
- 기초 창의력을 키워주는 창의성 개발 프로그램 10권 (2002, 학지사, 공저)
- 유아의 심리검사와 측정 (2001, 양지, 저)
- 창의적인 교사, 창의적인 학생 (2001, 창지사, 편역)
- 전교수의 창을 요리로 확 열자 I (2000, 창지사, 저)
- 전교수의 창을 요리로 확 열자 II (2000, 창지사, 저)
- 동서양의 하모니를 위한 창의학 (2000, 학문사, 저)
- 한국의 새천년을 위한 영재교육학 (2000, 학문사, 저)
- 창의성을 중심으로 한 유아과학교육 (1999, 학문사, 저)
- 겨울 창의마당 (1999, 창지사, 공저)
- 창의성을 중심으로 한 유아연구방법론 I (1999, 창지사, 저)
- 창의적인 문제해결력 교수 활동자료 (1999, 교육나라, 공저)
- 모난 돌은 왜 정을 맞나 (1998, 창지사, 저)
- 창의성과 동기유발 (1998, 창지사, 편역)
- 교사를 위한 창의적인 문제해결력 (1998, 창지사, 편역)
- 나도 창의를 낼 수 있다구요 (1997, 창지사, 저)
- 나는 창의적으로 문제를 해결할 수 있어요 (1997, 창지사, 공저)
- 101가지 창의력 정의, 1 definition. In Aleinikov, A, Kackmeister, S., & Koenig, R Eds, Alden B. Dow Creativity Center Press: Midland, MI.(1997)
- 학대받는 영재아들 (1996, 창지사, 저)
- 여름 창의 마당 (1996, 창지사, 공저)
- 창의성을 잡아요 확! (1995, 창지사, 공저)
- 교사를 위한 창의적인 문제해결력 (1994, 양서원, 공역)
- 당신의 자녀는 영재인가요 (1994, 삼천리, 역)
- Perspectives on gifted disadvantaged in Korea. In Belle Wallace,"World Perspectives on the Gifted Disadvantaged". Bicester, England: Academic Publisher (1993, 공저).
- 휴머니즘에 입각한 특수한 영재교육 (1992, 양서원, 저)
- 으뜸 지능계발 (1991, 삼성출판사, 공저)

■ 검사도구 및 기타

검사도구

- 초등 창의적 특성검사, K-CTC (2011, 학지사)
- 초등 도형창의성 검사, K-FCTES (전경원, 전경남 공동) (2008, 학지사)
- 전경원의 창의성 검사: 문헌분석적 연구와 논문요약집 (전경원, 조현서엮음) (2008, 학지사)
- 유아 도형 창의성 검사, K-FCTYC (2001, 학지사)
- 유아 종합 창의성 검사, K-CCTYC (2000재표준화, 학지사)
- 유아 창의적 특성 검사, K-CTC (2003, 학지사)

■ 창의성 검사도구와 지침서

- 탱그램 창의성 검사, TCT (개발책임자:전경원/ 개발연구자: 김누리) (2016.12.31학지사,/ 2019.10.30 2판)
- 초등 창의적 특성검사, K-CTC (2011, 학지사)
- 초등 도형창의성 검사, K-FCTES (전경원, 전경남 공동 개발, 2008, 학지사)
- 유아 창의적 특성 검사, K-CTC (2003, 학지사)
- 유아 도형 창의성 검사, K-FCTYC (2001, 학지사)
- 유아 종합 창의성 검사, K-CCTYC (1995, 월간유아; 2000재표준화, 학지사)

- e-mail: jeonkw333@naver.com
- blog: http://blog.naver.com/jeonkw333

권 미 은 (權美恩)

■ 약 력

- 단국대학교 교육학(특수교육전공) 박사
- 현) 남부대학교 유아특수교육과 교수

■ 저서 및 역서

- 예비교사를 위한 장애유아 통합교육의 이해(2019, 정민사)
- 정서 · 행동장애 이해와 교육(2017, 문음사)
- 특수교육의 이해(2016, 동문사)
- 영화를 통해 엿보는 특수아동의 이해(2014, 정민사)
- 유아교사를 위한 성공적인 통합교육 전략(2013, 시그마프레스)
- 아동독서치료(2011, 창지사)

제5판

특수아동의 이해

초 판 1쇄 발행 2004년 8월 26일
초 판 3쇄 발행 2007년 2월 26일
개정판 3쇄 발행 2012년 8월 28일
제3판 2쇄 발행 2016년 1월 10일
제4판 1쇄 발행 2021년 3월 17일
제5판 1쇄 발행 2023년 8월 7일

지 은 이 | 전경원 · 권미은
펴 낸 이 | 김기섭
책임편집 | 이현남
펴 낸 곳 | www.changjisa.com
08589 서울시 금천구 가산디지털 1로 83 파트너스타워1차 9층
전화 (02) 719-2211~3
팩스 (02) 701-9386
등 록 | 1977년 4월 28일 · 제1-421호

ISBN 978-89-426-1848-4 (93370)

값 21,000원